早期教育系列教材

本书是学校规划建设发展中心重庆第二师范学院儿童研究院《基于主动式学习的0~3岁早教课程及师幼操作手册研发》（CSDP19F01116）的课题成果之一，同时也是重庆第二师范学院校级科研平台“0~6岁儿童家庭教育研究中心”（编号16xjpt03）建设成果之一。

严仲连　总主编

婴幼儿动作发展与训练

主　编：代娅丽　胡红梅
副主编：雷兰川　杨小利
参　编：张杨林　陈凌霄

西南大學出版社
SWUPG　国家一级出版社　全国百佳图书出版单位

图书在版编目(CIP)数据

婴幼儿动作发展与训练 / 代娅丽, 胡红梅主编. --
重庆 : 西南师范大学出版社, 2021.8
ISBN 978-7-5697-0812-7

Ⅰ. ①婴… Ⅱ. ①代… ②胡… Ⅲ. ①婴幼儿—早期
教育 Ⅳ. ①G61

中国版本图书馆CIP数据核字(2021)第161535号

婴幼儿动作发展与训练

YINGYOU´ER DONGZUO FAZHAN YU XUNLIAN

主编　代娅丽　胡红梅

总 策 划： 杨景罡　李　玲
执行策划： 钟小族　张燕妮
责任编辑： 杨景罡
责任校对： 周明琼
书籍设计： 观止堂_未　氓
排　　版： 吴秀琴
出版发行： 西南大学出版社(原西南师范大学出版社)
地址:重庆市北碚区天生路2号
邮编:400715
市场营销部电话:023-68868624
印　　刷： 重庆长虹印务有限公司
幅面尺寸： 185mm×260mm
印　　张： 13.75
字　　数： 317千字
版　　次： 2021年8月 第1版
印　　次： 2025年6月 第5次印刷
书　　号： ISBN 978-7-5697-0812-7

定　　价： 45.00元

序

随着经济的发展,人民生活水平的提高,以及脑科学的发展,婴幼儿照护服务与管理受到人们越来越多的关注。越来越多的证据表明,0～3岁婴幼儿照护服务对儿童的未来发展起到促进作用。随着家长对婴幼儿照护服务价值的认识加深,加之人口发展的需要,我国婴幼儿照护服务未来将迎来规范化、科学化的发展。

在中国文化背景下,婴幼儿的照护任务通常在家庭中由祖辈承担。随着社会发展、家庭结构变化以及家庭生活方式的变化,传统的家庭祖辈照护形式受到挑战。同时,中国经济快速发展带来的各种压力(如年轻父母的工作压力、住房压力等)也影响到家庭在子女照护服务方面的选择。未来的婴幼儿照护服务将要求社区、企业等更多地参与进来。在此背景下,中国的婴幼儿照护服务也面临质量与公平的双重挑战。

质优价廉的婴幼儿照护服务是众多年轻家长的需求。由于婴幼儿照护服务质量以高质量的托育师资为前提,而培养高质量的托育师资需要高质量的教育,高质量的教育通常意味着高成本。也就是说,高质量的婴幼儿照护服务意味着高收费。在没有政府分担的情况下,如果想让子女享受高质量的婴幼儿照护服务,家长不得不独自承担高收费。由此会导致婴幼儿照护服务领域的不公平,即只有高收入家庭子女才有机会享受高质量的婴幼儿照护服务。

婴幼儿照护服务中的公平和质量是一个问题的两个方面,二者有紧密的关系。在不同时期,婴幼儿照护服务有不同的定位。质量和价格看似不可调和,似乎只有高价格才有高质量,但价格过高会导致婴幼儿照护服务领域的不公平。针对婴幼儿照护的公平问题,中国学者提出了普惠的婴幼儿照护服务方案以及国家、家庭实行成本分担的思路。

婴幼儿照护服务质量最终必然与婴幼儿托育师资相联系,同时党的二十大要求培养高素质教师队伍。目前,我国婴幼儿照护服务的行业标准还处于摸索阶段,适合中国国情的婴幼儿照护服务模式也还处在探索过程中。当前,以家庭为中心的传统婴幼儿照护仍为主流,同时商业(机构)婴幼儿照护、社区福利取向的婴幼儿照护开始发展起来,三者共同形成了中国婴幼儿照护服务的复杂局面。这在一定程度上加大了婴幼儿照护服务师资培养的难度。同时,婴幼儿照护服务本身也尤其复杂,其涉及护理学、心理学、教育学、家政学、社会学等诸多学科领域。这也进一步增加了婴幼儿照护服务师资培养的复杂性。在此背景下,受西南师范大学出版社的邀请与委托,众多高校(包括高职高专院校)的研究者开启了婴幼儿照护服务师资培养的探索。本套丛书呈现出以下特点:

第一,理论基础新颖。编写人员全方位地关注近年来我国婴幼儿照护服务的理论前沿和现实经验，引用了婴幼儿照护服务领域前沿的理论研究成果，如婴幼儿游戏的双主体观，强调婴幼儿照护服务中的家长参与等，使本丛书的理论基础具备了前沿性。

第二，内容和理念新颖。结合我国早期教育的火热程度和现实中的焦点——师资问题，根据婴幼儿身心发展特点和照护服务的特殊性，丛书编写者把社会的伦理要求作为照护服务师资培养的核心，以体现社会对这一问题的重视。同时，也兼顾了未来从业者可能遇到的管理与经营问题。

在编写过程中，编写者尽可能吸纳与婴幼儿照护服务相关的营养学、管理学、心理学、护理学、语言学等领域的知识，并把儿童护理和儿童膳食营养、亲子游戏放到非常重要的地位，使教材做到内容和理念新颖。

第三，教法新颖。编写人员吸纳了教育领域关于教师专业发展的最新知识，尊重高职高专学生的学习特点，坚持"学生的兴趣"原则，并把这些理念融入丛书的编写过程之中，使这套教材教法新颖。

本套丛书定位于高职高专院校教材，以通俗易懂为目的。为达到这一目的，丛书编写人员到高职高专院校进行考察，并与高职高专师生座谈，以了解高职高专学生学习现状。为了适应高职高专学生水平，本丛书还邀请了众多高职高专的教师参与编写工作。编写人员在编写过程中尽可能做到语言通俗易懂。同时，这套丛书的观点与理念也适合本科院校学生学习，对本科院校的学生学习有一定的借鉴作用。

严仲连

前言

随着社会经济的发展和科学技术的进步,尤其是脑科学的发展,早期教育受到社会各界前所未有的关注,0~3岁是人生发展的关键时期也已成为共识。婴幼儿的智力发展是以感知觉动作开始的,动作在促进婴幼儿脑神经发育、身体成长和心理发展上具有重要作用,早期动作的发展水平在某种程度上标志着幼儿心理发展水平。因此,3岁前婴幼儿的动作发展理论与实践研究尤其重要。

《婴幼儿动作发展与训练》一书是早期教育专业系列教材之一。教材的编撰具有以下几个特点:一是前瞻性。本书在婴幼儿动作发展观察与评估、动作发展迟缓和障碍的诊断与调适、感觉统合训练等章节的编写上力求与最新研究成果相结合,反映专业研究前沿和早期教育的发展趋势。二是实践性。本书结合早期教育特点,分年龄段阐述了婴幼儿动作发展中粗大动作和精细动作的核心能力,在此基础上提出相应的训练方法,力求将科学理论与实践操作相结合,适用性和操作性较强。三是立体化教材,本书是以纸质图书为主,采用二维码方式与相应拓展学习资源相链接,为学习者提供更全方位、更多视角的学习材料,满足不同学习者的需求。本书可作为高等师范院校、高等职业院校早期教育专业的教材用书,也适用于托幼中心、早教机构、亲子园等师资培训的参考用书。

本书是学校规划建设发展中心重庆第二师范学院儿童研究院《基于主动式学习的0~3岁早教课程及师幼操作手册研发》(CSDP19F01116)的课题成果之一,同时也是重庆第二师范学院校级科研平台"0~6岁儿童家庭教育研究中心"(编号16xjpt03)建设成果之一。

本书由代娅丽、胡红梅担任主编,雷兰川、杨小利担任副主编。其中,第一章和第五章由重庆第二师范学院学前教育学院代娅丽编写,第二章由重庆巴蜀幼儿园张杨林编写,第三章和第四章由重庆第二师范学院学前教育学院胡红梅和重庆幼儿师范高等专科学校杨小利编写,第六章和第七章由重庆第二师范学院雷兰川编写,第八章由重庆江北区新村幼儿园陈凌霄编写。代娅丽和胡红梅担任本书主编并负责统稿。由于作者知识水平有限,本书在编写中难免会有疏漏之处,恳请专家、同行和读者批评指正。

编者

目录

第一章

0~3 岁婴幼儿动作发展概述

动作是人类适应环境的重要手段，在 0~3 岁婴幼儿期，动作发展不仅是判断脑发育正常与否的重要指标，还对婴幼儿的感知觉、记忆、思维、情感、语言、认知及社会性发展等产生重要影响。因此，早期动作发展是婴幼儿早期发展的重要历程，也是早期教育中十分重要的内容。

学习目标

1. 理解动作、动作发展的概念，熟悉动作的不同分类。

2. 理解婴幼儿动作发展的意义，并能联系实际进行解读。

3. 掌握婴幼儿动作发展的影响因素，能针对个体婴幼儿动作水平进行影响因素分析。

4. 了解动作发展的研究理论，熟悉动作发展常见的评估工具。

学习重难点

1. 理解婴幼儿动作发展对其身心发展的意义，并能联系实际进行解读。

2. 能根据影响婴幼儿动作发展的因素对个体婴幼儿动作发展水平进行分析。

思维导图

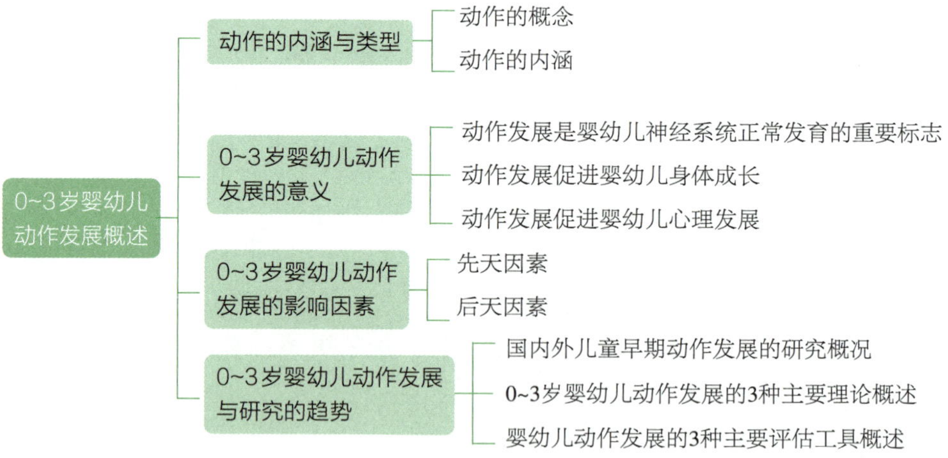

第一节

动作的内涵与类型

文文小朋友1岁半了，父母每天要上班，所以文文主要由外公、外婆在照顾。外公、外婆对文文照顾得十分细致，特别讲究卫生，他们总是嫌弃地板太脏而不让文文爬行。文文妈妈说文文是在没有学会爬行的情况下学会走路的，她大约在14个月时才能独立行走。妈妈很担心文文的动作发展，即便现在看来，文文和其他小朋友并没有什么区别。

一、动作的概念

在现代汉语词典中，动作是指个体具有一定的动机和目的并指向客体的动作系统。动作是个体的基本能力，婴幼儿的动作是婴幼儿与周围客观环境和人进行相互交流的重要工具，动作在发展早期被视为个体早期的外显智力①，家长或养育者可以通过观察婴儿外在显性的动作表现，推断婴儿各方面的发展情况。

（一）不同学科对动作的定义

第一，在运动学中，动作主要被视为在一定的时间和空间限定下，肢体躯干的肌肉、关节协同活动的模式。它既可以指多个部分共同构成的完整活动模式，也可以指部分的特定活动模式。运动学对动作的研究集中在动作模式的构成及力学和生理学规律上，旨在提示动作技能特征及影响因素。

第二，神经科学认为，任何动作，无论简单或复杂，都是在神经系统调控下进行和完成的。神经系统对动作的控制具有全程性、协同性和多水平等特点，它涉及动作皮质、小脑、脑干及大脑前额叶、顶叶、丘脑等多个区域。神经科学对动作，特别是对人类的动作的研究，主要集中在脑对动作的调控作用上。

第三，心理学将动作视为信息加工的过程和结果，认为动作是心理功能的外在表现。动作的发起和完成实际上决定于内外信息在个体心理系统中的登录、编码、储存与提取。感知觉、注意、记忆、思维、情绪、动机等心理因素通常被认为在动作过程中发挥着重要作用。

因此，动作可以被看作是运动器官、神经系统和心理系统在一定环境要求和条件作用下的协同活动过程与结果。②

---

①董奇，陶沙，曾琦，[美]凯帕斯.论动作在个体早期心理发展中的作用[J].北京师范大学学报(社会科学版)，1997(4)：48-55.

②董奇，陶沙.动作与心理发展(修订版)[M].北京：北京师范大学出版社，2004.

（二）动作的分类

1. 按照是否来自先天遗传进行分类，动作可以分为非条件反射动作和条件反射动作。

非条件反射动作是在种系发展过程中遗传下来的生来就有的反射，这是由低级中枢（脑干和脊髓）参与实现的。它是婴儿与生俱来的本能，是不学而会的，虽然它常常是表现为一种随意的动作，但对于维持有机体的生命、延续种族具有重要意义。婴儿期非条件反射动作较多，主要有：

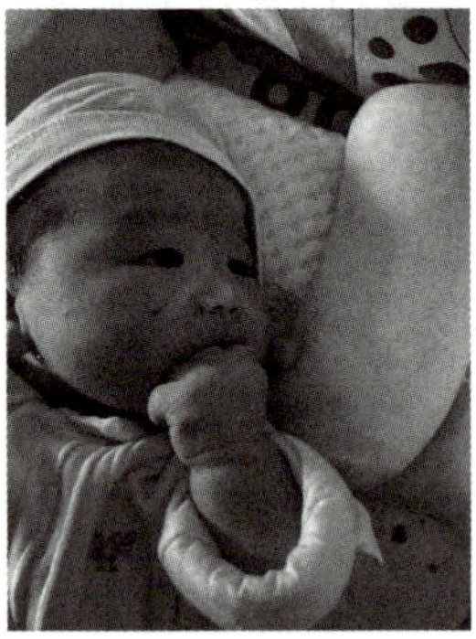

吸吮反射

（1）吸吮反射：也叫食物反射，当用奶头、手指或其他物体碰到婴儿嘴唇时，婴儿会立即做出口唇舌的吸吮蠕动。这种反射在婴儿出生后3~4个月自行消失，逐渐被主动的吮吸动作所替代。但是在睡眠时，婴儿会在1岁之前表现出自发的吸吮动作。吸吮反射是判断新生儿脑部是否正常发育的重要指标，如果这种最原始的反射在婴儿刚出生的时候没有出现，婴儿将会在进食方面发生困难。因此，此反射是新生儿得以生存下来的本能。

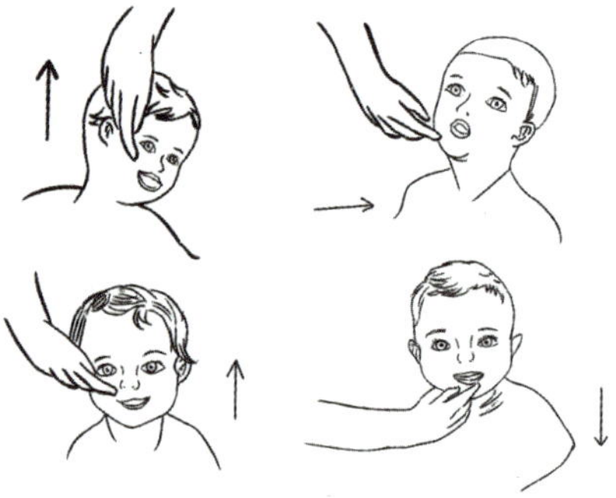

觅食反射

（2）觅食反射：当用奶头、手指或其他物体碰到的不是婴儿的嘴唇而是他的脸颊时，他会把头转向物体，同时做出张嘴和吸吮动作。这种反射在婴儿出生后3~4个月时会自动消失。觅食反射也是判断新生儿脑部是否正常发育的重要指标，智力低下及脑性瘫痪婴儿常常出现觅食反射持续①的现象。

拥抱反射

（3）眨眼反射：物体或气流刺激睫毛、眼皮或眼角时，新生儿会做出眨眼动作。这是婴儿的一种防御本能，可以保护眼睛。

（4）怀抱反射：被抱起时，新生儿会本能地紧紧贴靠着成人。

（5）拥抱反射：又叫惊跳反射，也是婴儿最具防御性的反射，当突然发生巨响或突然失去支持时，婴儿会出现两臂外展伸直，继而屈曲内收到胸前，呈拥抱状。此反射在婴儿4~6个月时消失。这是一种生理现象，医学上称为拥抱反射。

---

①韩伟成.脑性瘫痪儿童的治疗与康复[M].北京：华夏出版社，1992.

(6)抓握反射：又叫握持反射，用手指或笔杆等物体按压新生儿掌心，新生儿会用手指紧握物体不放，抓握的力量甚至可以使自己的身体悬挂起来在空中停留几秒。这种反射在新生儿出生后第1个月增强，随后逐渐减弱，直到3~4个月时消失，被随意的抓握行为所代替。

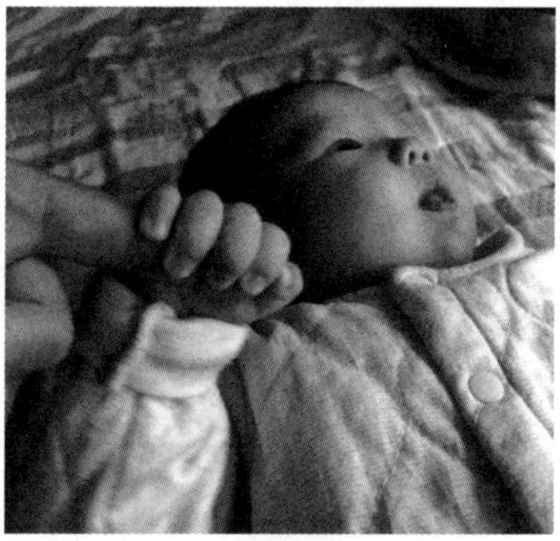
抓握反射

(7)击剑反射：把新生儿仰卧在床上，将其头转向一侧，新生儿会立即伸出与之同侧的手臂和腿，同时屈起另一侧的手臂和腿，做出击剑的姿势。

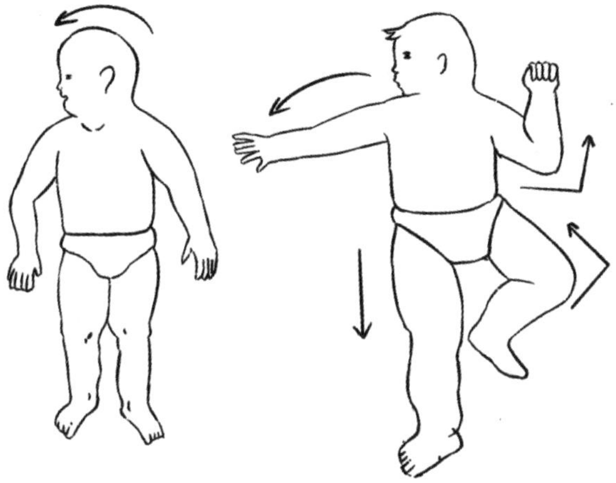
击剑反射

(8)迈步反射：当成人扶着新生儿的腋下使其直立，将其脚接触在平面上，新生儿会做出两腿协调地交替迈步的动作。这种反射在新生儿出生后2个月左右会消失。

迈步反射

(9)游泳反射：又叫潜水反射，让婴儿俯卧在床上，托住其肚子，他会抬头、伸腿，做出游泳姿势。如果将其俯伏在水里，他会本能地抬起头，同时做出协调的游泳动作。这种反射在新生儿出生4~6个月后逐渐消失，其功能在于让那些意外掉入水中的新生儿免于立即被淹死。

(10)蜷缩反射：新生儿的脚背碰到平面边缘时，会将其腿抬到桌面上，并会做出像小猫那样的蜷缩动作。这种反射在新生儿出生2个月左右时逐渐消失。

游泳反射

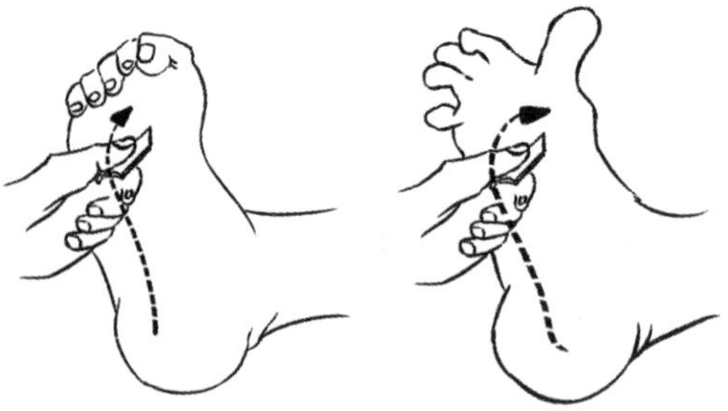

巴宾斯基反射

（11）巴宾斯基反射：用火柴棍或大头针等物体的钝端由脚后跟向前轻划过新生儿足底外侧边缘，新生儿会出现大脚趾缓缓上翘，其余脚趾则呈扇形张开的反应。这种反射反应因被法国神经学家巴宾斯基发现而得名。这种反射约在新生儿出生后6~18个月时逐渐消失。

（12）巴布金反射：又称手掌传导反射，如果新生儿的单手或双手手掌被压住，他会转头张嘴。当手掌上的压力放松时，他会打呵欠。

除上述12个婴儿非条件反射外，还有一些非条件反射，如瞳孔反射、吞咽反射、打嗝反射等。研究发现，婴儿早期有73种非条件反射动作。非条件反射是婴儿依靠皮下中枢实现的固定神经联系，它的适应性很低，但它恰恰帮助婴儿适应环境，保护了婴儿的生存，有助于发展早期社会关系，也是婴儿建立条件反射的自然前提。婴儿的非条件反射中，有的反射对维持婴儿的生命有一定现实意义，如吸吮反射、觅食反射、吞咽反射、眨眼反射、游泳反射。有些反射是婴幼儿健康发展的标志，如吸吮反射、觅食反射，也有一些反射是没有意义的，会随着婴儿的成长而消失，如果过了一定年龄再次出现，反而是不正常的表现了。比如，如果婴儿在出生9个月后出现巴宾斯基反射就需要看医生了。

条件反射是人出生后在生活过程中逐渐形成的，在大脑皮层参与下完成的一种高级神经活动。它指两种原本没有任何联系的东西，因为长期一起出现，当其中一种东西出现的时候，便不可避免地联想到另一样东西。最早研究条件反射的是19世纪末期的俄国生理学家巴甫洛夫，他通过设计实验来证明条件反射的存在。铃声不会使狗分泌唾液，但是如果在每次喂食物之前打铃，经过若干次之后，狗一旦听到铃响就会分泌唾液，这种因铃声这个信号的刺激而发生的反应叫作条件反射，铃声叫作条件刺激。

条件反射是后天获得的行为，也是婴儿在生活中的一种学习行为。它具有极大的易变性，高度适应性，能帮助婴幼儿有预见地、准确地适应环境变化，提高自己对环境的适应能力。例如，在每次吃饭前，妈妈把婴幼儿放进餐椅中坐好等待，那么，经过一段时间以后，只要妈妈将婴幼儿放进餐椅中坐好，婴幼儿就会开始分泌唾液并知道接下来要做的事情——吃饭。这就是婴幼儿在日常生活中经过一段时间的训练可以实现的条件反射行为。

2.按照牵引动作产生的肌肉类型分类，动作分为粗大动作和精细动作。

粗大动作指有关全身大肌肉活动的动作，依赖头颈部肌肉群、腰部肌肉群和四肢肌肉群参与的动作，又叫大动作。包括抬头、翻身、坐、爬、站、走、蹲、跑、钻、跳、平衡等基本动作。

精细动作指由小型肌肉或肌肉群运动而产生的动作，主要涉及手部肌肉。精细动作主要集中在两个方面，一是集中于手部的动作，主要包括抓握、手眼协调、手指对捏、搭积木、握笔、翻书、穿扣、折纸、绘画、穿串、揉捏、拼插等。我国著名手外科专家顾玉东先生认为，“人手能够完成27种复杂动作，是目前任何一台机械手都不能比拟的。这27种动作是：捏的动作，包括侧捏（开钥匙）、肚捏（写字）、尖捏（拾细物）、捻捏（辨物）、搓捏（点钱）；握的动作；屈的动作；旋转动作；还有托、扭、拧、撕、推、抓、刮、拨、叩、压、挖、弹、鼓掌、夹、穿、抹、拍、摇、绕”。二是指手眼协调、记忆、知觉等多领域参与的一种协调性动作。

目前，婴幼儿动作研究主要按此划分类型来进行研究，本书后面章节的婴幼儿动作发展与训练也将按粗大动作和精细动作来进行分类阐释。实际上，婴幼儿的粗大动作和精细动作具有密不可分的联系，大动作先发展，而后带动精细动作的发展。当婴幼儿能够抬起手臂时（大运动），他才能将自己小手举到眼前，转动手腕或玩手指（精细动作）。同样地，当婴幼儿能够舒展四肢并活动时（大运动），小手才能扶着小脚丫，将脚趾头送进嘴里尝一尝（精细动作）。

3.按照运动的部位分类，动作分为头颈部动作、躯干动作、上肢动作、下肢动作、手部动作、足部动作。

头颈部动作：左右转头、抬头等。

躯干动作：坐、爬等。

上肢动作：挥臂。

下肢动作：蹲、踢腿。

手部动作：抓握、搭积木、握笔、翻书。

足部动作：走、跑、跳。

4.按照动作是否受到意识的主动控制分类，动作分为无意识动作和有意识动作。

无意识动作：2~3个月婴儿，当手触碰到物体时，会去抚摸，这一动作是没有任何目标，没有方向性的，是纯粹的无意识动作。

有意识动作：4~5个月婴儿，动作有了简单的目的和方向，如伸手抓玩具等送到自己的嘴里，这是有意识的动作。

5.按照动作的活动性质分类，动作可以分为生活活动动作、游戏活动动作、学习活动动作、劳作活动动作、体育活动动作等。

生活活动动作：穿脱衣服、使用勺子、使用筷子、系鞋带、解便等。

游戏活动动作：搭积木、折纸、剪纸等。

学习活动动作：握笔、翻书等。

劳作活动动作：下蹲、抓握、挥臂等。

体育活动动作：赛跑、跳远、单脚独立、踢毽子等。

二、动作发展的内涵

动作发展是研究人一生所经历的动作变化过程以及动作变化的相关因素，主要是行走动作、手的抓握能力和动作技能的发展。婴幼儿运动发展是指0~3岁婴幼儿从抬头、抓握、翻身直到走路、跑、跳等一切需要身体肌肉活动的运动发展过程，包含大动作和精细动作发展两个方面。①其中，行走动作发展是婴儿一切发展的基础，是最基本的要素及其他能力顺利发展的前提。

动作的发展主要包括两个方面，一是人动作发展的先后顺序，比如走的动作发展顺序是：抬头、抬胸及肩、翻身、坐、爬、站、行走。抓握能力发展顺序是：手不会接触物体、能接触物体、一把抓、拇指与四指对立抓、食指与拇指“两指抓”。二是关注影响人动作发展的因素，即动作之间的转变是如何发生的，在什么时间发生的及如何促进动作能力发展等。比如婴幼儿从最初的“站不稳”到“站得很稳”再到“扶步走”这一过程受到哪些因素的影响，成人可以给予婴幼儿哪些训练以促进这一能力的发展。

动作的发展是有规律可循的。简单而言，一是头尾原则，即生命发育和动作发展都是从头到脚，由上至下的。二是近远原则，是指婴儿的身体和动作的发展是从中部开始，由近及远，由中央到外周依次进行的。三是大小原则，是指婴儿身体的大肌肉发展先于小肌肉的发展。具体内容在本书的第二章有详细介绍。虽然动作发展的顺序是一样的，但实际上，每个婴儿的动作发展速度却是有差异的。影响动作发展的因素很多，有遗传的先天因素，也有营养、成长环境等后天因素。因此，婴幼儿早期运动发展既要遵循儿童成长发育的基本规律，避免拔苗助长，又要重视儿童内在潜能的开发和后天的科学训练。

拓展链接

达尔文《一个婴儿的传略》中两段记录

以下两段记录来自世界著名博物学家、进化论创立者达尔文的日记《一个婴儿的传略》。

在我的婴孩出生以后的最初七天时间里，有些反射动作，例如打喷嚏、打嗝、打哈欠、伸懒腰，还有吸吮和叫喊，已经极其明显地表现出来。第七天，我用

① 戴耀华，王书荃，王小萍，陈宝英．玩出大能力 0~3岁婴幼儿早期运动发展指南[M]．北京：中国妇女出版社，2019.

一片纸去触动他的脚踵，他就把脚缩回去，同时脚趾挤紧在一起，像年纪较大的小孩子在受到搔痒时候所发生的情形一样。这些反射动作很完善。这就证明，随意动作极度不明确的情形，并不是由肌肉或者协调中心的状况来决定的而是由意志来决定的。我明显地看出，甚至在这个很早的期间里，用温暖柔和的手去触摸婴孩的面部，也会激起他的吸吮的欲望。这应该被看成是反射或本能动作，因为不可能相信，婴儿接触母亲的乳房而发生的经验和联合能这样迅速地想到行动。

在出生以后的长时间里，他的四肢和身体的动作总是无目的的和不确定的，而且通常是激烈的，但有一个例外：就是在他还只有40天的时候，他能够把双手举到嘴边。当他77天的时候，他曾经用右手去取奶瓶，再过了一个星期以后，他才用左手去取奶瓶，不过这是我设法让他去干的。因此，右手在本身发展方面要比左手超前一个星期。可是，后来才知道，这个婴孩是习惯用左手的人。这应该是一种遗传，因为他的外祖父、母亲和兄弟也是习惯用左手的。

达尔文通过对自己孩子的长期观察，详细记录下婴儿的动作、表情及心理发展等特征，写成了《一个婴儿的传略》(1876年)一书，形成了当时最早的儿童发展观察报告之一，被认为是儿童心理学早期的专题研究成果之一，这项研究与德国的生理学家和实验心理学家普莱尔(W.T.Preyer)发表的《儿童心理》一书，是最早对婴儿动作发展进行研究的成果，一同被视为科学儿童心理诞生的一个标志。

第二节

0~3岁婴幼儿动作发展的意义

蓓蓓刚满月，蓓蓓妈妈担心孩子会长成“青蛙腿”，就先用婴儿抱毯将蓓蓓的全身包裹起来，然后再顺直包裹她的双臂和双腿，捆成形如蜡烛的小包，俗称“蜡烛包”。当蓓蓓开始吃自己的双手时，为了不让她吸吮拇指，蓓蓓妈妈用手套将蓓蓓的双手给套上。蓓蓓妈妈的做法对吗？谈谈你的看法。

动作发展是婴幼儿身心发展的最重要的组成部分。3岁前的婴儿，虽然有了简单的语言，但动作仍然是婴幼儿认识事物、与人交往的最重要手段。同时，0~3岁是一个人基本动作产生和发展的关键时期，它不仅关乎婴幼儿后一阶段动作能力的发展，更是对婴幼儿的身心发展具有重要影响。

一、动作发展是婴幼儿神经系统正常发育的重要标志

儿童的神经系统与动作的发展有着密切关系，动作的产生、控制与调整都是在神经系统的统一控制下进行的。神经系统是机体内对生理功能活动的调节起主导作用的系统，主要由神经组织组成，分为中枢神经系统和周围神经系

统两大部分。中枢神经系统又包括脑和脊髓，周围神经系统包括脑神经和脊神经。

- 神经系统
  - 中枢神经系统
    - 脑
      - 大脑
      - 小脑
      - 脑干
    - 脊髓
  - 周围神经系统
    - 脑神经
    - 脊神经

人的神经系统

中枢神经系统对动作的调节和控制是在三个水平上进行的，包括最底的脊髓、中层的脑干和最高层的大脑皮质，脊髓是最基本的反射中枢，脑干是控制运动的第二神经中枢，大脑皮质是最高级的运动调节中枢，各个控制水平具有各自的功能，又是相互关联、相互协调的。

周围神经系统的功能是将外周感受器和中枢神经系统连起来。感觉器官接受外界刺激，通过外周神经将信息传达到中枢神经系统，由中枢神经系统进行整合后，再将处理的信息或指令通过外周神经传达到相应的器官。当信息通过运动神经系统传达到肌肉时，肌肉就会产生收缩和舒张完成一系列的动作。

（一）大脑

大脑是我们人体神经系统最高级的部分，它由两个大脑半球及其皮质（灰质的外层）和下面的白质区域组成。大脑皮层通常分为四个叶：额叶、顶叶、枕叶和颞叶。每个区域有着不同的功能，额叶负责判断、思维、语言、问题解决和规划未来等；顶叶负责躯体感觉和躯体运动等；枕叶处理视觉信息；颞叶负责听觉、记忆、语言。大脑皮层是人体神经细胞最密集的地方，主导机体内一切生理活动，并调节机体与周围环境的平衡。

大脑由内侧纵裂分为两个大脑半球，即左脑和右脑。右半球控制人左半边身体，而左半球控制人的右半边身体。半球之间存在强烈但不完整的双边对称性。

大脑具有运动功能、感官功能、语言功能、情绪功能和执行功能五种功能。其中运动功能是指大脑的运动系统负责产生和控制运动。由此产生的运动通过从大脑传递到身体的运动神经元来控制肌肉。皮质脊髓束将脑和脊髓的运动信息传递到躯干和四肢。

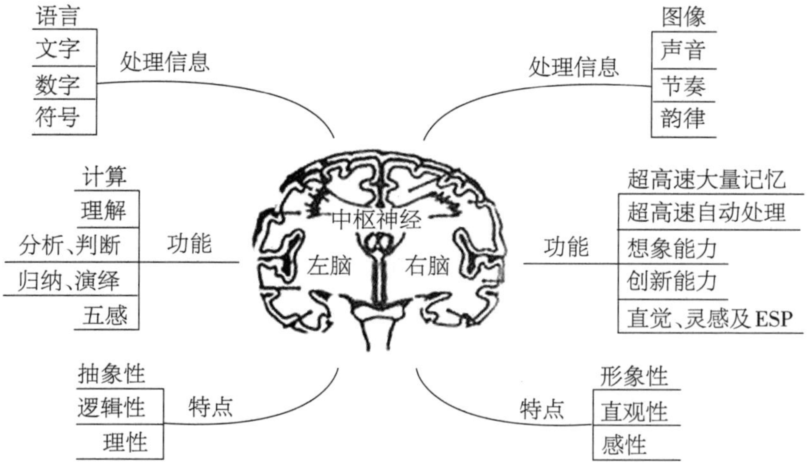

人的大脑结构

婴幼儿期是大脑生长发育最快的阶段，婴幼儿出生时的脑量约为350g，1岁时的脑量增加到约950g，出生第一年是一生中脑量增长最快的时期，到了2岁时的脑量约为1050~1150g，约占成人脑量的70%。当长到4岁时的脑量约达1260g，此时的脑量约占成人脑量的90%。脑科学家们近些年结合脑成像技术的相关研究结果表明，大脑的结构与动作机能的发展之间存在的是双向交互作用，动作机能的动态变化在一定程度上也会对大脑结构产生一定的可塑性影响，婴幼儿在运动的同时，大脑结构也发生了变化，脑区之间的连接性增强。这个时期，身体运动就是给予大脑以丰富的刺激从而促进其生长。

神经元是神经系统结构和功能的最基本单位，神经系统处理信息依靠大脑中的神经元。脑科学的研究表明，大脑有大约1000亿个脑细胞，脑细胞也称神经元。什么是神经元？神经元像一棵树，由树突、细胞体和轴突组成。树突像是灌木丛一样围绕着细胞体，它数目不定，可以分支，分支越多，表面积越大，其储存和加工信息越多。突触是实施脑功能的关键部位，脑内神经元之间通过突触的化学性传递，为脑功能的发育提供了充分的多样性和灵活性。

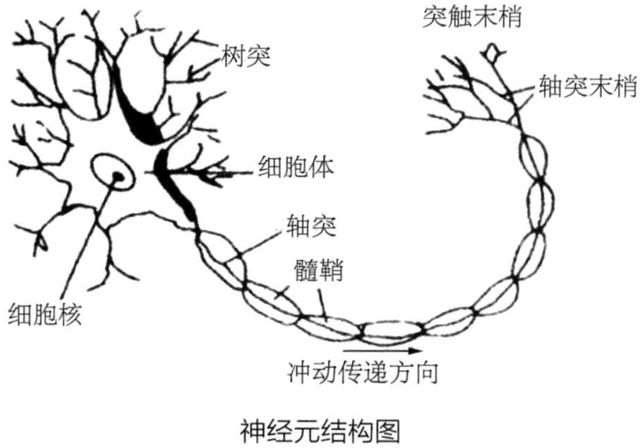

神经元结构图

神经元之间彼此孤立，当受到外界信息刺激时，每根神经元就会发育出许多树枝状的“树突”来，树突之间通过“突触”互相联结，突触越多，形成的神经网络越发达，大脑功能越强。脑科学发展提供的越来越多的研究表明，动作练习、感官刺激、语言输入、与人或环境的互动等早期教育内容能有效地促进大脑神经元的连接，从而形成网络发达的神经网格。

（二）小脑

小脑位于大脑的后下方，是运动的重要调节中枢，有大量的传入和传出联系。大脑皮质发向肌肉的运动信息和执行运动时来自肌肉和关节等的信息，都可传入小脑。小脑经常对这两种传来的神经冲动进行整合，并通过传出纤维调整和纠正各个肌肉的运动，使随意运动保持协调。小脑在维持身体平衡上也起着重要作用，如果小脑受伤，就会出现身体平衡障碍。

（三）脑干

脑干位于大脑下方，在脊髓和间脑之间，是中枢神经系统的较小部分，呈不规则的柱状形，由延髓、脑桥和中脑三部分组成。研究表明，脑干的功能极其复杂，是中枢神经中一个具有广泛调节和整合功能的结构，功能主要是维持个体生命，包括心跳、呼吸、消化在内的一系列重要生理功能，均与脑干有关。

二、动作发展促进婴幼儿身体成长

（一）新陈代谢系统与动作发展

新陈代谢是指机体与环境之间的物质和能量交换以及生物体内物质和能量的自我更新过程，包括合成代谢（同化作用）和分解代谢（异化作用）。

首先，动作训练能促进体内组织和细胞对糖的摄取和利用，增加肝糖原和肌糖原储存，动作训练还能改善机体对糖代谢的调节能力。

其次，脂肪是人体中含量较多的能量物质，在体内氧化分解时放出的能量，约为同等量的糖或蛋白质的两倍，长期坚持动作训练能提高机体对脂肪的动用能力，为人体从事各项活动提供更多的能量来源。

（二）心血管系统与动作发展

适当的运动有益于心脏健康，有规律的运动锻炼，可以减慢静息时和锻炼时的心率，大大减少心脏的工作时间，增强心脏功能，保持冠状动脉血流畅通，可更好地供给心肌所需要的营养。[①]动作训练可以增加婴儿血管的弹性，这对健康的远期效果来说是十分有益的。

（三）呼吸系统与动作发展

经常进行动作训练，特别是做一些伸展护胸运动，可以使呼吸肌力量加强，胸廓扩大，有利于肺组织的生长发育和肺的扩张，使肺活量增加。大量实验表

---

①唐敏，李国祥.0~3岁婴幼儿动作发展与教育[M].上海：复旦大学出版社，2011.

明，经常参加动作训练的人，肺活量值高于一般人。动作训练加强了呼吸力量，可使呼吸深度增加，有效地增加肺的通气效率。研究表明，动作训练可以使婴儿的肺通气量增加30%以上。一般婴儿在进行活动时只能利用其氧气最大摄入值的60%左右，而经过动作训练后可以使这种能力大大提高，活动时，即使氧气的需要量增加，也能满足机体的需要，而不会致使机体缺氧。①

（四）动作系统与动作发展

坚持动作训练，对骨骼、肌肉、关节和韧带都会产生良好的影响，经常运动可使肌肉保持正常的张力，并通过肌肉活动给骨组织以刺激，促进骨骼中钙的存储，促进骨骼生长，同时使关节保持较好的灵活性，韧带保持较佳的弹性，锻炼可以增强动作系统的准确性和协调性，促进婴幼儿动作的发展，使其能有条不紊地完成各种复杂的动作。

三、动作发展促进婴幼儿心理发展

动作发展在婴儿心理发展中的意义一直是心理学研究的一个重要内容，也是学前教育、早期教育关注的重要内容。

（一）心理与动作密不可分

个体心理起源于动作。人对客观世界的最早认知来源于简单的感知觉，而感知则来自动作，婴儿通过尝试发现新的动作方式，在实施动作的过程中获得对客观外界的最初认识。比如，当婴儿用手去触碰事物的动作产生时，婴儿才会有相应的对事物的温度、粗糙度、软硬度等的认识。

个体心理发展过程离不开动作。从心理历程来看，个体心理发展是由外内化的，而动作在内化过程中则起着关键性的作用。在心理发展初期，外显动作是婴儿认识世界的主要工具，随着婴儿与客观世界的交往，动作不断丰富、复杂和熟练，2岁左右的幼儿开始形成心理表征能力，即婴幼儿可以对自己的动作及客观事物进行内部表征，开始了心理的内化过程。在这个过程中，婴幼儿是通过动作组织来再现外界事物的特征和过去经验的。因此，动作是个体心理不断内化的基础，并为个体内化的心理活动提供丰富的素材。

（二）动作促进婴幼儿认知的发展

大量理论和实验证明，儿童早期的动作发展与认知发展有着密切的联系。首先，动作发展是婴幼儿早期认知发展的外在表现。婴幼儿最初的动作是无条件反射动作，为了适应外在环境，4个月或5个月的婴儿在先天性非条件反射基础上，通过机体整合将个别动作连接起来形成新的动作，即使此时的动作还缺乏目的性。5~9个月时，婴儿的动作渐渐有了目的性，我们称为智慧动作的萌芽。手眼协调也在这一时期可以顺利实现。9~12个月时，动作目的与方法之间

---

① 唐敏，李国祥.0~3岁婴幼儿动作发展与教育[M].上海：复旦大学出版社，2011.

开始协调，直到18个月左右，婴幼儿能够按照一定目的，进行有意识的动作，不断调整动作以解决新的问题。因此，正如皮亚杰指出的，婴幼儿的智力实际上在语言之前就出现了，而这种智力是以玩弄客体为基础的一种完全实践性的智力，其外显形式就是婴幼儿的动作。其次，动作使儿童的认知结构不断复杂化、高级化。动作首先可以为个体认知发展提供认识经验，随着婴儿动作发展，婴幼儿独立去到更多地方，接触到更多事物，从而扩大其认识范围，进而丰富对事物的认知经验，使得婴儿的认知结构不断改组和重建。比如，当婴幼儿依靠自己的力量移动身体时，他可以拿到自己想吃的东西、想玩的玩具，开始对更多的事物进行探索。婴幼儿认识和适应周围世界，都是依赖感觉与动作的互动经验，即依赖不同的视、听、触、味、嗅及平衡感官等与婴幼儿动作、行为的互动经验。婴儿在自发的动作活动中形成精确的大小、形状、深度与方位等空间知觉。

随着动作的不断复杂化，儿童的认知方式也发生了变化。动作发展不断为婴幼儿创造经历新问题、面临新挑战的情境，并使其在原有动作的基础上形成新的更复杂、更灵活的动作，这种更高阶动作增加了婴幼儿面对新问题、新情景的机会。举个例子，当婴幼儿刚学会站立时，他会很乐意地不断尝试从坐姿变为站姿，突然有一天，他发现他把手放在凳子上，双手可以推着凳子行走。这一新情境的出现，让他变得很兴奋，使他可以得出“我可以借助凳子行走了”这一结论。

（三）动作促进婴幼儿社会性发展

从发展心理学和儿童教育的角度来讲，社会性是个体为适应社会所表现出的心理与行为特征。[①]作为一种心理特征，社会性主要包括社会认知、社会情感和社会行为三个方面。[②]个体的社会性是在与周围环境的互动过程中发展起来的，在儿童早期，动作成为个体与环境互动的重要中介。通过动作的发展，婴幼儿不断建构自己与环境的关系，也改变着自己与环境的互动模式。随着婴幼儿动作技能的日益成熟，越来越多地参与到更多的活动中，动作技能发展与社会性发展会产生交互影响。研究表明，动作发展在促进婴幼儿个体自主性、独立性发展时具有重要作用。一个动作发展水平较高的婴幼儿相比动作技能发展水平稍差的婴幼儿更容易产生较高的自我价值感。当婴幼儿在该月龄段的动作发展能力较强时，其行为表现更为独立，同时自我效能感会得到增强，主动性的社会交往行为会增多，从而促进其与同伴交往的信心和技能发展。

动作发展同时也深刻地影响着婴幼儿的社会交往特点，进而对个体的情绪、社会知觉、自我意识等产生影响。研究发现，婴儿在会爬行之后，自我独立

①孙瑜．家庭教养方式与儿童社会性发展的思考［J］．现代教育科学（普教研究）．2006（3）：121-122．

②文颐．婴儿早期教育指导课程（0~3）［M］．北京：北京师范大学出版社．2012．

探索的范围扩大，于是开始改变原有的以与母亲等养育者为依恋对象、以身体接触为主要方式的安全感，此时，婴儿开始发展与母亲交往的新形式，这恰恰促进了婴幼儿与母亲之外的其他人建立社会交往关系。当婴幼儿越来越多地感受到与社会中其他人交流的乐趣时，他参与活动的积极性会进一步提高，运动技能也会因此得到更多练习。婴幼儿的生活动作能力的训练可以培养其自理能力和自信的人生态度。游戏动作训练可以培养婴幼儿合作协同、乐观开朗的品格。体育活动动作训练可以培养婴幼儿持久、集中注意力等积极的意志品质。

第三节

0~3岁婴幼儿动作发展的影响因素

豆豆是一个2岁大的小男孩，周末回外公外婆家，外公外婆发现他用左手拿勺子吃饭，用左手拿笔画画，在组装玩具时也较多使用左手。外公外婆赶紧打电话给豆豆妈妈："哎哟，可了不得了，豆豆是左撇子呢。左撇子必须要纠正得呀，左撇子可是太不方便了呀，你小时候就是左撇子呀，你左手一拿筷子我就立马打你的手，现在右手用得多好呀。"豆豆妈妈才知道自己原来也是"改邪归正"的左撇子。对此，请谈谈你的看法。

婴幼儿动作发展有其特定的规律和顺序，但不同个体的动作发展水平和速度是有差异的。这是因为动作发展并不是由单一因素所决定的，而是受多种因素共同的影响。研究0~3岁婴幼儿动作发展的影响因素，是为了更好地帮助我们理解和把握婴幼儿个体动作发展情况，且提供有效的指导和练习。

一、先天因素

（一）遗传素质为婴幼儿动作发展提供了物质前提

遗传素质是指婴幼儿从亲代那里获得的生理解剖方面的生物特点，如机体的形态、结构、感官特征和神经系统的结构和机能等特点，特别是人的大脑的结构和机能的特点。遗传素质是婴幼儿身体发展的基础，对婴幼儿的动作发展起着相当重要的作用。动作是神经系统支配的骨骼、肌肉系统的活动，也与呼吸系统有关，因此动作的发展与整个身体的发展有密切关系。研究表明，在体格发育上，遗传因素占相当大的比例。体格在相当程度上与遗传有关，而体格又影响着动作和运动能力的发展。如遗传带来的身体个别部位的特征或缺陷，对其相应动作的发展有较大影响。

（二）成熟机制在婴幼儿动作发展中的制约作用

“成熟”一词的最早提出者是美国心理学家格塞尔（Arnold Gesell）和麦克格雷（Myrtle McGraw）两位学者，他们从个体肌肉、骨骼、神经系统成熟的角度去解释和说明动作产生的特定阶段和出现的序列性，并将动作发展的主要原因归于个体的成熟因素。他们著名的“双生子爬楼梯实验”指出：“成熟”为婴儿的动作发展提供了一种可能，不成熟就无从学习，而学习只是对成熟起一种促进作用。每个生命体带着先天的成熟时间表来到这个世界，其前3年按照成熟规律所决定的时间表来展开生命初期的发展历程。儿童的发展必然遵守这张时间表，这种用来指导发展过程的机制，就是成熟。格塞尔指出：“儿童在成熟之前处于学习的准备状态。”所谓准备，就是由不成熟到成熟的生理机制的变化过程。只要准备好了，学习就发生。而在未准备好之前，成人应等待，等待儿童达到对新的学习产生接受能力的水平。各种学习、训练内容，都是在儿童达到一定的成熟水平时展开的。例如，训练一个7个月的儿童爬行是完全可能的，但这时训练他走路，则由于机体的构造和机能尚未成熟，不仅不可能也无益。

但很多学者对单纯强调成熟作用的观点提出了质疑。研究发现，生理成熟水平相当的个体的动作发展存在个体差异。此外，与人类社会完全隔离、缺少社会学习经验的个体不能获得和正常个体一样的动作发展水平。比如从小在狼群中长大的“狼孩”，他们并不会直立行走。因此，可以认为，成熟固然重要，但它不是决定儿童动作发展的唯一因素。

二、后天因素

（一）营养与健康

营养不良或营养过剩都会影响婴幼儿生理、心理的发育，直接表现在婴幼儿的动作发展上。婴幼儿的营养与健康应从胎儿开始，20世纪50年代以来，对胎儿发育的研究表明了母亲的营养、疾病、药物和情绪对胎儿发育有重大影响。已有研究表明，由于母亲营养不良或出生后第一年中营养不良，胎儿的脑细胞数量会低于正常数，有时只达预期数量的60%。母亲的营养还会影响胎儿出生以后的智力发展。如哈勒尔于1955年开展的一项实验研究显示，对营养不良的孕妇，一半人给以营养补助，另一半人给以安慰剂，在他们孩子3~4岁进行智力测评时，发现给予营养补助的一组孩子智力的平均分数高于另一组。

研究表明，过于肥胖的婴幼儿在动作的灵敏度、速度等方面相对落后于体态匀称婴幼儿；而营养不良导致身体瘦弱的婴幼儿在动作的力度、速度和灵敏度等方面往往也会落后于正常婴幼儿。因疾病或意外伤害导致婴幼儿身体器官功能障碍的，其动作发展障碍可能是持续终生的。

（二）家庭的教养环境

家庭的教养环境为婴幼儿动作发展提供活动的场地和前提条件，包括家庭物质环境和家庭心理环境。

从家庭物质环境上看，家庭室内条件匮乏会限制婴幼儿动作的发展。家庭室内条件如室内是否宽敞、平坦、安全，温度是否适合婴儿穿较薄的衣服进行爬行等。部分城市居住面积狭小的父母为保护婴儿安全很少让婴儿自己在地上玩耍，减少了婴儿练习爬行动作的机会，从而限制了婴幼儿动作的发展。

家庭心理环境为婴幼儿动作发展提供活动的机会和必要支持，教养人的教育理念、教养方式直接影响着婴幼儿动作发展。从教养理念上看，父母对待第一个孩子与对待第二个孩子的冒险行为的态度不一样，可能导致出生顺序不同的孩子在动作发展上的差异。父母对不同性别婴幼儿动作活动的态度，可能是导致男孩和女孩子动作发展差异的重要原因之一。大多数父母更希望女孩子进行一些安静的精细动作活动，更多鼓励男孩子进行较为激烈的粗大动作活动。从教养方式来看，民主型、放任型和限制型在促进婴幼儿动作发展上存在差异性。限制型的教养方式常常让婴幼儿缩手缩脚而缺乏动作训练的机会，比如隔代教养人由于隔辈儿亲、担心婴幼儿安全、省心省力等因素，提供过多的保护和帮助而导致婴幼儿动作训练不足。放任型教养方式任其婴幼儿发展而缺少关注，缺乏及时、有效的指引和训练而导致婴幼儿动作发展有效性不足。

（三）自然环境

自然环境对动作发展的影响主要体现在气候上。关于出生季节不同婴儿爬行动作发展的分析研究显示，婴儿在可能开始爬行阶段的气温与其爬行动作的发展存在着密切的联系，冬季出生的婴儿较之其他三个季节出生的婴儿，其爬行起始年龄平均提前约2~4周。那是因为春、夏、秋出生的婴儿，在其可能开始爬行的几个月中，由于气温正处于逐渐下降阶段，父母对婴儿动作发展的态度和抚育活动会相应地变化，会有意识地减少为婴儿提供爬行的机会，而冬季出生的婴儿在其可能开始爬行的几个月中，气温则处于上升阶段，父母会进行与爬行动作发展相关的活动。

（四）学习与训练

与成熟论观点正好相反，学习论则认为个体的动作必须经过学习获得，后天的学习与训练因素在儿童动作发展中起决定作用。儿童动作的获得不是自然而然的结果，而是环境给予儿童学习与训练动作的机会，决定了儿童发展哪些动作，以及这些动作的发展水平。比如，对1岁以下的婴幼儿每天给予15分钟的爬行训练，他们会比控制组婴儿更早地发展起爬行动作。个体的学习为个体提供必要的刺激与经验，影响着动作发展的速度、水平以及顺序和倾向等，对个体的动作发展具有一定的促进或阻碍作用。

第四节

0~3岁婴幼儿动作发展与研究的趋势

小杰快满3岁了，即将要上幼儿园，但他的情况让父母很担心。小杰性格比较孤僻、任性，与小朋友交往相处不融洽；他很少参加体育活动，动作发展很不协调，对体育活动或有点难度的动作表现出畏惧和胆怯，缺乏自信。小杰的父母说，小杰是一个早产儿，眼睛有点斜视，走路也不是很稳当。在生活中外公外婆包办得比较多，小杰生活上很依赖别人，由于身体不太好也较少参加运动，养成了不愿与人交往的个性。

一、国内外儿童早期动作发展的研究概况

关于婴幼儿动作发展的研究最早可以追溯到19世纪达尔文针对自己孩子写的日记《一个婴儿的传略》和德国生理学家普莱尔（William Thierry Preyer）的开创性工作。动作发展描述研究的全面繁荣开始于20世纪20年代，格塞尔和麦克格雷的开拓性研究是其标志。这一时期的动作发展研究留下了三个重要成果：第一个研究成果是动作发展研究先驱者们的理论贡献，把人类发展置于强有力的生物学背景，这个时期关注的焦点是成熟理论。第二个研究成果是引入详细和丰富的动作描述，建立了实证研究方法及自然实验；第三个研究成果是动作发展常模的建立。格塞尔和麦克格雷提供了有关儿童早期动作发展的大量描述。格塞尔及其同事于20世纪二三十年代完善的成套测验在今天仍然是广泛使用的婴儿测试的基础，如贝利婴儿发展量表和丹佛儿童发展筛选测验。格塞尔认为，儿童的动作发展是由生物学上的神经成熟决定的，而神经成熟的顺序取决于遗传决定的时间表，环境的作用在于支持内在顺序的展开。在格塞尔看来，在儿童准备好之前就对他们进行训练是没有意义的。20世纪50年代，对动作发展的研究开始衰落，在随后的30年里几乎处于停滞状态。直到20世纪80年代，对动作的研究逐渐开始复兴，并且再次融入发展心理学的主流。这一改变得益于诸多领域的共同影响，如运动科学、生物力学及脑科学的重大发展。

在我国，最早研究儿童动作发展的心理学家是陈鹤琴教授。他在1925年出版的《儿童心理之研究》中详细地介绍了自己孩子出生后808天的发育和活动情况，揭示了儿童动作发展的顺序和阶段。之后，也有不少心理学家做过相关研究。20世纪七八十年代，中国科学院心理研究所范存仁、周志芳，天津市儿童保健所李惠桐，学者李世棣等人，分别对0~6岁儿童、0~3岁儿童的智能发展规律进行了研究，开启了我国对儿童早期动作发展进行系统的研究之路。这一阶段最主要成果是制定了0~6岁儿童动作发展的常模，这也是20世纪80年代

我国儿童心理学界很有意义的成果。20世纪90年代，婴幼儿动作发展的研究主要在动作发展的规律、特点和影响因素及运作的训练上。这阶段的研究成果主要发表在《启蒙》《家庭·育儿》《父母必读》等实践性较强的期刊上，表明动作发展从理论走向了实践。在21世纪初的这二十年间，研究方向更多地从心理学角度来探讨不同年龄段的婴幼儿早期动作发展，如动作发展的过程与测量评估、动作发展与大脑、心理发展的关系、粗大动作与精细动作的发展与训练等。

二、0~3岁婴幼儿动作发展的3种主要理论概述

动作发展研究学者总结出3种关于动作发展的理论观点，即成熟观、经验观及动力系统观。

（一）成熟观理论

成熟观理论认为，婴儿的发展是按照基因规定的顺序有次序地进行的。该理论的基础是中枢神经系统的成熟是动作发展的主要决定因素，所有的动作发展都与神经系统变化的开始有关。举个例子来讲，婴幼儿什么时候可以站立行走？只有在神经系统、肌肉和关节发展成熟之后才行。婴幼儿什么时候可以控制解便？也只有等到他的脊髓、膀胱和肠的神经发展联结完成之后才能不在夜间尿床。美国心理学家格塞尔和麦克格雷两位学者是成熟理论的主要支持者。

格塞尔认为成熟与学习是支配心理发展的两个基本因素。发展是由机体成熟而预先决定和表现的。其中，成熟是由遗传决定的，它决定着机体发展的方向和模式；学习是后天经验的习得和行为的变化，它不是发展的主要原因，只是给发展提供适当的时机，成熟在心理发展中更重要。成熟论者认为教育抢在成熟的时间表前是无意义和低效的。格塞尔的同卵双生子爬梯比较试验为成熟论提供了实证性证据。

（二）经验理论

经验论则认为练习对动作技能的发展很重要，婴儿获得主要动作技能的时间受父母训练的影响。除非婴儿练习，不然是不能熟练掌握类似行走这些技能的。通过研究不同地方妈妈养育宝宝的方式和宝宝掌握主要技能的时间，科学家们发现各种各样的练习会影响婴儿重要能力的成熟及转化的时间。这一理论很好地解释了婴幼儿动作发展中表现出来的个体差异，练习是造成个体差异的重要原因。

（三）动力系统观理论

成熟理论和经验理论共同的不足在于，忽视了婴幼儿在动作发展过程的主动性。因此，动力系统理论结合了运动生物力学以及在动作发生过程中涉及的运动神经系统的发育状况和环境背景。它强调了婴幼儿在动作发展中的主动性，认为动作发展是婴幼儿的生理能力、目标和个体经验之间复杂的相作用的

产物。这一理论最早由美国心理学者埃丝特·赛伦和琳达B.史密斯共同提出。

动力系统假说则认为，每个新技能就是一种获得，就是宝宝主动把原有技能转化重组成更复杂的新技能。婴儿对世界总是有很强的好奇心，自主的动作又可以使婴幼儿接触到他感兴趣的东西或满足自己的某种想法。所以这些目标和动机共同促使婴儿主动把已有的各种技能重新建构成新的技能，从而满足自己的心中所想。动作的发展不是上天给定的程序，很大程度上是婴幼儿受目标驱动不停地把已有技能融入新的、更复杂技能的过程。通过观察我们发现，婴儿在刚能扶站时就开始练习走路了，虽然肢体不协调、也会摔倒，但也没有挫伤他反复练习行走的努力。为什么婴儿会如此努力地练习来获得这"走"的新技能，动力系统理论认为，这些动作可以帮助到他们接触到感兴趣的事物或实现他们头脑的想法。

拓展链接

格塞尔的"双生子爬楼试验"

格塞尔，美国心理学家，1880年6月21日生于威斯康星州的阿尔马；1961年5月29日卒于康涅狄格州的纽黑文。1903年，格塞尔毕业于威斯康星大学。1906年，获得克拉克大学心理学博士学位。1911年，他任教于耶鲁大学，并于1915年获该校医学学位，一直在耶鲁大学执教至去世。

格塞尔曾经做过一个非常著名的实验，叫作"双生子爬楼梯试验"，研究双生子(即双胞胎)在不同的时间学习爬楼梯的过程和结果。被试者是一对出生46周的同卵双生子哥哥和弟弟，格塞尔先让哥哥在48周时每天进行10分钟的爬梯实验，48周的幼儿刚学会站立，或者仅会摇摇晃晃勉勉强强地走，经历了许多的跌倒、哭闹、爬起的过程。哥哥艰苦训练了6周后，即54周的时候，终于能够独立爬楼梯了。弟弟则不进行此种训练。在54周测试，哥哥爬5级楼梯需要26秒，弟弟需要45秒。从第54周开始，格塞尔对哥哥和弟弟连续进行两周爬梯训练，结果，这两个小孩哪个爬楼梯的水平高一些呢？大多数人肯定认为应该是练了8周的哥哥比只练了2周的弟弟好。但是，实验结果出人意料——只练了2周的弟弟爬楼梯的水平比练了8周的哥哥好，弟弟在10秒钟内爬上特制的五级楼梯的最高层。

格塞尔分析说，46周就开始练习爬楼梯，为时尚早，孩子没有做好成熟的准备，所以训练只能取得事倍功半的效果；52周开始爬楼梯，这个时间就非常恰当，孩子做好了成熟的准备，所以训练就能达到事半功倍的效果。这个实验给我们的启示是：教育要尊重孩子生理成熟水平，在孩子尚未成熟之前，要耐心地等待，不要违背孩子发展的自然规律，不要违背孩子发展的内在"时间表"而人为地通过训练加速孩子的发展。

三、婴幼儿动作发展3类主要评估工具概述

对婴幼儿动作发展水平进行科学评估是研究婴幼儿动作发展的重要内容之一。国内外研制出了诸多评估工具，但我们发现，一是这些评估工具中评估的对象绝大部分是面向0~6岁儿童。二是评估的内容大多是对婴幼儿发展的综合评估，即包含有认知的、语言的、社会性发展、动作的综合性评估，较少有专门对动作发展的评估。当前的婴幼儿动作评估工具主要分为基于量表的评估、基于真实情境观察的评估和基于游戏的评估3类①。本书将梳理0~3岁婴幼儿动作发展3种大类的评估工具并一一介绍。

（一）基于量表的评估

基于量表的评估是目前在国内外婴幼儿动作发展评估中采用最多的评估方法。目前国内外评估婴幼儿发展的综合性量表主要有贝利婴儿发展量表、早期儿童保健和发展量表、中国儿童发育量表、儿童发展评估表（修订版）。此外，也有针对儿童动作领域的专项量表，如Peabody 运动发育量表（第二版）。

1. 贝利婴儿发展量表

贝利婴儿发展量表（Bayley Scales of Infant Development ，BSID）由美国儿童心理学家贝利编制，是目前国内外比较具有影响力且广泛应用于婴幼儿发育评估的诊断性量表之一。第一版于 1969 年发布，适用于评估2~30月龄的婴幼儿，量表包括智力发展和神经运动发展两个指数的评估。修订后的第二版于1993年发布，包括智力、运动和行为三个分量表。第三版于 2006 年修订完成，适用于评估 0~42月龄的婴幼儿，其评估领域覆盖更为全面，包含儿童发展的五个方面：认知、语言、动作、社会性情绪和适应性行为。其中，动作量表包括精细动作和粗大动作两个子量表。精细动作量表共 66个项目，粗大动作量表共72个项目。

该动作量表的编制充分考虑了婴幼儿动作发展的连续性特点，测查的内容较为完整，同时特别关注对婴幼儿动作质量和感觉统合的评估。该动作量表具有较高的信度和效度。目前国外研究者应用贝利婴儿发展量表（第二版）的居多，除了应用于教育和科研外，较多用于儿童早期发育筛查，即诊断儿童是否存在发育迟滞，从而确定是否需要进行早期干预。

2. 早期儿童保健和发展量表

早期儿童保健和发展量表（The Early Childhood Care and Development Checklist, ECCD）是莱德斯马博士于2002年编制的，在国际上应用也较为广泛。该量表适用于评估0~6岁儿童的发展状况，评估领域涉及儿童发展中粗大动作、精细动作、自理能力、语言理解、语言表达、认知和社会情感这七个方面。其

---

①刘馨，钟桂英，王兴华，王智莹，刘丹.0~3岁婴幼儿动作发展评估工具的分析与启示[J].幼儿教育（教育科学），2017(12)：11-17.

中，粗大动作领域适用于0~1岁婴儿的有12项，适用于1~3岁婴幼儿的有10项，主要用于评估婴幼儿头颈、躯干和四肢大肌肉动作的发展水平，如姿势、移动；精细动作领域适用于0~1岁婴儿的有4项，适用于1~3岁婴幼儿的有10项，主要用于评估婴幼儿手部小肌肉动作的发展水平，如抓握、伸手够物、功能性手部技巧、物体操作。

ECCD主要用于鉴别发展迟缓的婴幼儿，对其进行初步的风险评估。其最大的特点是测试项目简单，表述易于理解，很多项目可以在婴幼儿日常生活中通过观察进行评估，因而婴幼儿的日常照顾者也可参与评估。但也正由于该量表的项目设置过于简单，故较难全面评估婴幼儿的动作发展水平，且难以体现出个体间的差异。

3. 中国儿童发育量表

目前国内儿童保健工作者最常用的儿童发展评估工具是由首都儿科研究所研制的中国儿童发育量表（China Developmental Scale for Children，CDSC），该量表是在1980年开发的0~6岁小儿神经心理发育检查表（简称“儿心量表”）的基础上进行修订，于2013年完成修订。该量表主要适用于评估0~6岁儿童的发展状况，其评估内容涉及儿童发展的五个方面：大运动、精细动作、适应能力、语言、社会行为共计261个项目。其中，大运动子量表包含50个项目，主要测查爬、走、跑、身体平衡等大肌肉动作能力；精细动作子量表包含52个项目，主要测查捏、抓等手以及手指的小肌肉动作能力。该量表具有较好的区分度以及信度和效度。①

0~6岁小儿神经心理发育检查表在国内应用较为广泛，其测试项目评分简便，易于操作，且适应我国文化背景，因而在医学和儿童保健领域应用较多，可为0~6岁儿童的早期发育偏离、迟缓或发展不均衡等状况的诊断及其影响因素的分析等提供较为准确的信息。

4. 儿童发展评估表（修订版）

儿童发展评估表（修订版）（Development Assessment Chart，Revised，DAC）是我国香港的儿童教育及福利机构“协康会”组织相关研究人员，于2005年修订完成的。该量表主要应用于对0~6岁儿童尤其是轻度至中度智障儿童和弱能儿童的评估。其评估领域为儿童发展的六个方面：大肌肉动作、小肌肉动作、自理能力、认知、语言、社交与情绪。其中，对大肌肉动作的评估包括地面活动能力、基础移动能力、进阶移动能力、操作性活动技能四个维度，共有93个项目；对小肌肉动作的评估包括基本操作、拾放物品、文具和用品操作、双手配合运用、手眼协调、握笔写画六个维度，共有66个项目。

该量表具有一定的信度和效度。该量表配合协康会编制的《儿童学习纲

---

①张丽丽，金春华，李瑞莉，等.《中国儿童发育量表》北京地区常模（0~4岁部分）修订与信度分析[J]. 中国儿童保健杂志，2015，23（6）：573-576.

领》一同作为学前教育机构的教材，在我国地区得到应用，具有一定的影响力。

（二）基于真实情境观察的评估

基于真实情意观察的评估，其评估情境接近婴幼儿生活常态，教师作为评估主体，获得动作发展的信息较为客观和真实，但也存在观察后信息整理费时费力、评估结果受评估者主观因素影响等局限性。目前，高瞻课程（High/Scope）的“学前儿童观察评价系统”和道治编制的“教师策略黄金评估系统”，是基于真实情境观察的评估工具。

1.学前儿童观察评价系统

高瞻课程的学前儿童观察评价系统（Child Observation Record，COR）是一个基于教育情境的真实性评价体系。[①]该系统包括学前儿童观察记录量表和婴儿—学步儿观察记录量表两个评估量表，适用的年龄范围为0~6岁儿童。其评估领域包括儿童发展的九个方面：学习方式、社会性与情绪发展、身体发展与健康、语言与交流、数学、创造性艺术、科学与技术、社会学习和英语学习，共有36个项目。每个观察项目从最低水平0到最高水平7，共设有八个等级，评估者可以对儿童进行持续、动态的观察和记录，并根据该年龄段的“关键发展指标”来判断儿童的发展水平。其中，身体发展与健康领域包含三个项目，分别为大肌肉运动技能水平、精细动作发展、自理活动与健康习惯。以大肌肉运动技能水平为例，八个等级分别为：水平0：儿童能运动整个身体；水平1：儿童能行走；水平2：儿童能在阶梯上爬上、爬下，跑着穿行于人和物体之间；水平3：儿童能双脚交替上下楼梯，能双脚离地跳起来或快跑；水平4：儿童能用手或脚击打一个大的物体；水平5：儿童能连续跳8下或更多；水平6：儿童能用扁板或球拍、球棒击打移动的小球；水平7：儿童能将一系列动作组合成一个流畅而有序的动作。

国内有学者对COR的评价目的、评价内容和实施方法做了较详细的介绍和分析，但目前尚缺乏在针对0~3岁婴幼儿动作发展评估方面的相关应用研究。

2.教师策略黄金评估系统

教师策略黄金评估系统是一套基于真实情境的形成性评价体系，用以评估儿童持续发展的能力，适用于0~71月龄的儿童，其评估领域包含儿童发展的十个方面：社会情感、身体发展、语言、认知、读写、数学、科学技术、社会学习、艺术和语言习得，共有38个项目。其中对身体发展的评估有4个项目，用以评估儿童在运动、平衡、粗大动作和精细动作方面的发展水平。[②]

GOLD评估系统的评估者为教师。教师获取信息的主要方式有日常观察，与儿童及其家长交流，收集儿童的作品以及相关照片、视频、录音等，教师可据

---

①霍力岩，陈雅川，周彬.美国学前儿童观察记录系统的评价内容、实施方法与借鉴意义〔J〕.中国特殊教育，2015(1)：63-67.

② Teaching Strategies Inc. Teaching strategies GOLD®：Birth through kindergarten 〔EB/OL〕.2017-11-03〕.http://www.teachingStrategies.com.

此进行全方位评估。此评估反映了儿童能力发展的过程。GOLD评估系统中每个评估项目分为10个水平，最低为水平0，表示完全未达到；最高为水平9，表示已超过了该年龄段儿童的发展期望。其中水平2、水平4、水平6、水平8的表述能帮助教师根据对儿童的日常观察和了解把握儿童现有的发展水平并以此作为分组教学的依据；水平1、水平3、水平5、水平7则表示“处于两个等级之间”，表明儿童的某种知识、技能或行为正在形成但尚未完全建立。[①]

（三）基于游戏的评估

基于游戏的评估是为婴幼儿提供一个自然、轻松且更贴近其天性与需要、更能发挥其自主性的游戏环境（如大运动器械区、手工操作角），并通过游戏引导者适宜的引导以及同伴的参与，让婴幼儿真实地表现自己的能力水平，从中获得婴幼儿动作发展方面的信息。目前较有影响力的基于游戏的评估工具是美国丹佛大学Linder教授等创立的“以游戏为基础的跨学科评价”（Transdisciplinary Play-Based Assessment，TPBA ）。

TPBA评估者需将儿童置于不同类型的游戏情境中，从认知、社会情感、交往能力和语言以及感觉运动四个方面观察儿童的行为表现，对儿童的发展水平、学习风格、气质特点、交流模式以及其他相关行为进行综合、全面、动态的评估。评估者是一个由跨学科人员组成的团队，其中包括儿童的父母。游戏引导者为儿童设置了家庭区、戏剧游戏角、艺术角、沙水区、手工操作角和大运动器械区等六个常见的游戏区，为儿童提供适宜的玩具和材料，鼓励儿童游戏，并会在适当的时候给予引导，以帮助儿童更专注地投入游戏情境中，表现出真实的能力与水平。评估者主要针对儿童在非结构性游戏、结构性游戏、同伴交往、亲子互动、运动类游戏和吃点心等六个方面的表现进行观察，整个观察过程大约需要1~1.5小时，一般使用摄像机进行记录。《TPBA观察指南》为评价者提供了针对各领域进行观察、记录和分析的框架，并建议评价者在记录时使用高质量的用语对儿童的表现进行描述，而非“是”与“否”的简单评判。

TPBA在应用中对儿童感觉运动方面的观察和评估内容涉及八个方面：

（1）动作的一般概况（身体外观，游戏时采取什么姿势，能否从一个游戏区独立移动到另一个游戏区）；

（2）肌肉张力/力量/耐力；

（3）感觉输入的反应性；

（4）游戏中的身体稳固（俯卧、仰卧、坐、双手双膝着地、站立）；

（5）游戏中的身体动态行为（俯卧和仰卧时的运动，坐位时的运动，双手双膝着地时的运动，站立时的运动）；

---

① Richard G.Lambert，Do. Hong kim，Diane C. Burts. Themeasurement properties of the teaching strategies GOLD assessment system [J].Early Childhood Research Quarterly，2015，(33)：49-63.

(6)其他动作的发展(跳、攀登、球技);

(7)运动和控制(抓握和操作);

(8)运动规划。

TPBA 为评估者提供的儿童感觉运动方面的观察指南较为全面、具体,其中包含儿童动作发展方面的关键能力,并从质性描述和量化数据两个方面提供了评估的框架。同时,还提供了各主要动作技能发展的年龄参考值,用作判断儿童是否存在发育迟缓的情况。

拓展链接

好动与多动症的区别[①]

有的父母把宝宝好动视为不老实,调皮,不遵守纪律,对好动的宝宝加以种种严厉的限制。这种做法对吗?

这种做法违背了儿童心理发展规律。宝宝好动,是精力旺盛、身心健康的表现,只有患有营养不良、重症贫血或其他先天性疾病的宝宝才不好动。好动也是宝宝探索自然和社会的一种表现。他们看什么都要摸一摸、动一动、看一看,还会提出各种各样的问题来,对周围事物都觉得新鲜、好奇和不理解。宝宝的心理特征为好胜、好奇、好动、好模仿和富于想象,以好动更为突出。父母切忌把正常宝宝的好动误认为是"多动症"。

正常的好动与多动症之间的区别主要有以下四点:

(1)正常好动的宝宝,虽然也有注意力不集中的表现,但对有兴趣的事情,却能专心致志,很少分散注意力;而多动症的宝宝做不到。

(2)正常宝宝虽然表现散漫,如上课做小动作,甚至吵闹打架,但当他意识到必须控制自己时,他能控制得住;而多动症的宝宝却不能控制自己。

(3)正常宝宝做快速、反复和轮换动作时,表现得灵活自如;而多动症的宝宝却表现得很笨拙。

(4)中枢神经兴奋剂能使正常宝宝兴奋;而患多动症的儿童服用后,却很快地表现得安静、少动、注意力相对集中,当他们服用镇静剂时,反而表现得兴奋、多动。因此对被怀疑为多动症的宝宝,不妨给他们喝些咖啡和浓茶进行测试,如果宝宝没有突出表现时,父母就不要随便带宝宝到精神病院去就诊,否则会给宝宝心理造成不良的刺激,也不要随便对宝宝说"你有多动症",这样会增加宝宝的精神负担。

①李洁,雷华,杨娅娅.婴幼儿运动训练[M].北京:中国人口出版社,2004.

本章回顾

本章围绕动作和动作发展两个核心概念，提供了不同分类标准下动作的表现形式，尤其提供了吸吮反射、觅食反射、抓握反射、击剑反射等12个婴幼儿非条件反射动作表现；从婴幼儿神经系统发展、身体成长和心理发展三个维度阐释了0~3岁婴幼儿动作发展的意义；梳理了影响婴幼儿动作发展的诸多影响因素，概述了国内外儿童早期动作发展的研究历史与现状。其中重点是理解婴幼儿动作发展对其一生发展的重要价值；掌握婴幼儿动作发展的影响因素，能针对个体婴幼儿动作发展能力进行影响因素分析；知晓动作发展中成熟观、经验观及动作系统观理论，熟悉3类主要的动作发展评估工具。

思考与练习

1.动作的类型有哪些?

2.0~3岁婴幼儿动作发展的意义是什么?

3.影响动作发展的因素有哪些?

实训与实操

1.寻找一位你身边的0~3岁的婴幼儿，观察并记录他/她的动作发展水平，针对该幼儿的动作发展水平进行影响因素分析。

2.针对0~3岁婴幼儿家长准备一个主题为“0~3岁婴幼儿动作发展的价值”的小型讲座。

推荐阅读

1.董奇，陶沙.动作与心理发展(修订版)[M].北京：北京师范大学出版社，2004.

2.林崇德.发展心理学[M].杭州：浙江教育出版社，2002.

第二章

0~3岁婴幼儿动作发展规律及顺序

婴幼儿动作的发展是在生理和心理逐渐发育成熟的过程中，遵循一定的规律和顺序而发展和完善的。婴幼儿动作发展的规律表现为从整体到分化、从上部动作到下部动作、从中央部位动作到边缘部位动作、从大肌肉动作到小肌肉动作及从无意动作到有意动作。婴幼儿动作发展顺序可以从先天反射动作的发生发展、粗大动作发展顺序和精细动作发展顺序三个方面来进行描述。本章将带你一起揭示0~3岁婴幼儿动作发展的规律和顺序。

学习目标

1. 理解并掌握0~3岁婴幼儿动作发展的规律。
2. 理解并掌握0~3岁婴幼儿动作发展的顺序。
3. 理解并掌握0~3岁婴幼儿动作的训练原则。

学习重难点

1. 理解0~3岁婴幼儿动作发展的规律及顺序，并能联系实际进行解读。
2. 能结合0~3岁婴幼儿的动作发展的规律及顺序提出训练指导建议。

思维导图

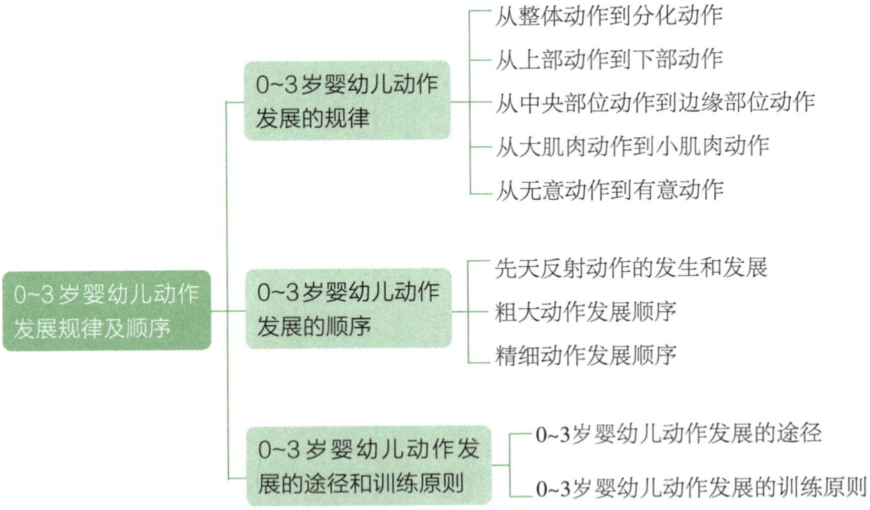

第一节

0~3 岁婴幼儿动作发展的规律

天天从7个月时开始匍匐爬行，到了10个月时都还不能腹部离地爬行，家里人都比较着急。天天妈妈在一旁给她示范，她无动于衷。爷爷奶奶干脆直接用双手扶起她的腰，天天很不情愿地抗拒。后来天天妈妈带天天到同龄孩子的集体环境中，让她和其他小朋友一起爬行。渐渐地，天天通过模仿和多次的练习学会了腹部离地爬行。

动作是人类生存的一种最为基本的能力，婴幼儿动作的发展是其以后进行正常生活、参与学习活动的前提。婴幼儿动作的发展是在脑神经和肌肉控制下进行的，伴随着生理和心理的发育成熟而逐渐完善。因此，婴幼儿动作的发展也有一定的时间顺序，并遵循着一定的规律。

一、从整体动作到分化动作

婴儿出生后最初的动作是全身性的、笼统的、无规律的。例如新生儿在受到疼痛刺激以后，会哭闹，并伴有全身性活动。随着神经系统和肌肉的发育成熟及婴儿自身的反复练习，动作逐渐分化，会向局部化、准确化和专门化方向发展。当身体的某部位受到刺激时，婴幼儿能控制只由相关部位做出的动作反应，而抑制其余部位的动作。动作发展是从大肌肉群动作到小肌肉群动作，从未经分化的混沌的整体动作到整体动作的不断分化、不断融合的过程。婴幼儿最初常常是全身、腿和手臂的大肌肉动作，然后是手和脚的精细动作，如用手捏东西、搭积木、使用剪刀等。

二、从上部动作到下部动作

0~3 岁婴幼儿的生长发育遵循由头部到尾端、由上肢到下肢的规律。比如，婴儿最先出现眼和嘴的动作，然后是躯干、四肢动作。上肢的动作早于下肢的动作，3 个月的婴儿会趴着抬起头来，4 个月的婴儿在抬起头的同时还能抬高胸部，5 个月时可以用胳膊支撑翻身，6 个月坐，8 个月爬，10 个月左右站，1 岁左右走等。这一系列动作的发育就是由头部逐渐发展到躯干再到上肢，又进一步发展到下肢的延伸过程。也就是说，离头部近的动作先发展，离足部近的动作后发展。这种趋势还表现在一些动作本身的发展上，如爬行，先是学会借助于手臂的匍匐爬行，然后才逐渐运用大腿、膝盖和手进行手膝爬行，最后才是手足爬行，服从“首尾规律”。

三、从中央部位动作到边缘部位动作

0~3 岁婴幼儿的动作发展还遵循从中央部位动作到边缘部位动作发展的规

律。即婴幼儿运动的发展先从头部和躯干的动作开始，然后是发展双臂和腿部的动作，最后才是手部的精细动作。如新生儿听到声音会朝有声源的方向转头。1~2个月婴幼儿看人或物时会扭动肩部和腰部来试图与人交流，这是颈背部肌肉在运动的结果。3~4个月婴幼儿用手臂够喜欢的物品，说明他们掌握了双臂和腿部的动作。5~6个月婴幼儿会主动用手掌抓握东西，表明其腕部和手部动作的发展水平。7~8个月婴幼儿能用大拇指和其他手指抓住小东西，其精细动作已发展到较高水平。

这些都是从身体中心的大肌肉逐渐延伸到四肢末端小肌肉的过程表现，也就是说，靠近身体中线部分的头颈、躯干的动作先发展，然后才发展边缘部分，如臂部、手部、腿部、足部的动作。例如，婴儿看见物体时，先是移肩肘，用整个手臂去接触物体，之后才能慢慢学会用腕和手指去接触并抓取物体。

四、从大肌肉动作到小肌肉动作

大肌肉动作又称为粗大动作，是由四肢、躯干等大肌肉群发力而产生的动作技能，大肌肉动作包括身体在空间移动的动作能力和物体控制的动作能力，是婴幼儿动作能力发展的基础。小肌肉动作又称为精细动作，是由手、眼睛、脸和嘴巴等部位的小肌肉群控制而产生的动作技能，婴幼儿的小肌肉动作发展主要以手部的动作发展为主。手部的精细动作能力，指个体主要凭借手以及手指等部位的小肌肉或小肌肉群的运动，在感知觉、注意力等多方面心理活动的配合下完成特定任务的能力，它对个体适应生存、实现自身发展具有重要意义。①

婴幼儿在动作发展的时候，大肌肉动作首先发展起来并发挥重要作用，比如头部、双臂和腿部的协调活动，具体有抬头、坐、翻身、爬、站立、走、跑、跳、掌握平衡等大肌肉群所参与的动作；手部的小肌肉动作则较晚才发展起来，手部动作和感知觉间的协调配合活动则更晚，比如吃饭、穿衣、画画、剪纸、玩积木、翻书、串珠等。就四肢动作发展而言，婴儿一般先学会臂与腿的动作，以后才逐渐掌握手和脚的动作。比如，孩子最开始通常是先用整个手臂去够物体，以后才会用手指去抓取。动作发展的这种规律，称为“大小规律”。随着神经系统和肌肉的发育，加之婴幼儿大量的自发性练习，动作逐渐分化，婴幼儿开始学习控制身体各个部位的小肌肉动作。最终能用手握笔自如地一笔一画写字，往往要6~7岁才能做到。

五、从无意动作到有意动作

婴幼儿的动作是遵循了由最初的无意识的活动发展出有意义的探索行为的规律，其动作发展的方向越来越多地受心理、意识支配。婴幼儿最初的动作是无意的，以后越来越多地受到心理意识的支配。例如，初生婴儿会用手紧握

---

①董奇，陶沙.动作与心理发展(修订版)[M].北京：北京师范大学出版社，2004.

小棍，这是无意识的、本能的动作，几个月后，婴儿才逐渐能够有意识地、有目的地去抓物体。婴幼儿动作发展的规律与心理发展规律是一致的，即从无意行动向有意行动发展的趋势，服从“无有规律”。

第二节

0~3岁婴幼儿动作发展的顺序

嘟嘟的妈妈听说宝宝的早期运动能促进大脑的发育，因此一家人都特别关注嘟嘟的动作发展。在嘟嘟出生十几天时，就开始对嘟嘟进行抬头训练，后来在嘟嘟七、八个月时，父母就开始对嘟嘟进行走路训练了。父母用双手扶在嘟嘟的腋下，给予他可以站立起来的支撑力量，但训练了好长时间，嘟嘟还是不能独自站立，更不用说迈步走路了。请谈谈你的看法。

动作发展的顺序是指婴幼儿动作出现的先后顺序。研究发现，由于动作受到脑神经、肌肉、骨骼等生理成熟的影响，其发展是遵循一定的顺序的。本章分别从先天反射性动作、粗大动作和精细动作三个方面来阐明婴幼儿动作发展的顺序。

一、先天反射性动作的发生和发展

（一）先天反射性动作的含义

先天反射性动作亦称为非条件反射动作，是人生来就有的。这是比较低级的神经活动，由大脑皮层以下的神经中枢（如脑干、脊髓）参与即可完成。膝跳反射、眨眼反射、缩手反射、吸吮反射、排尿反射等都是非条件反射动作。

（二）先天反射性动作的发生和发展

婴幼儿刚出生的前三个月里主要以先天的反射性动作（也称为原始反射）和初步的自主动作为主。反射性动作是人类个体最初的运动形式，是儿童生命最初几个月里早期动作发展的重要组成部分。这些能力婴幼儿从胎儿期就已经具备，用以适应胎内的环境。随着年龄的增长、发育的成熟，自主控制动作逐渐成为主导动作。

表2-1　儿童期原始反射

反射	刺激	反应	截止年龄	功能
搜寻反射	抚摸嘴角边的面颊	头转向刺激源	3周	儿童找到乳头
吸吮反射	将手指放入儿童口中	儿童有节奏地吮吸手指	永久性	有利于喂食
游泳反射	将儿童的脸放入水中	儿童玩水踢水	4~6个月	如果落水有助于儿童存活
眨眼反射	用亮光照射儿童眼睛或者在头部周围拍手	儿童很快闭上眼睛	永久性	在强刺激中保护儿童
抽缩反射	用大头针刺单足	脚缩回，膝和臀部弯曲	10天后减弱	受到不良触觉刺激时得到保护
巴宾斯基反射	从脚趾抚摸到脚跟	随着脚弯曲脚趾也舒展和弯曲	8~12个月	尚未知晓
摩洛反射	让儿童躺卧着并将他的头稍后仰，在支撑儿童的平面制造响声	儿童通过弓背、伸腿和伸手臂做一个“拥抱”动作，然后又恢复原状	6个月	有助于儿童抱住母亲
抓握反射	把手指放到儿童手中并按手掌	同时抓住成人的手指	3~4个月	为儿童能自由抓握做准备
不对称强直颈反射	在儿童背卧着时，将他头扭到一边	头侧向那一侧的手臂在眼前伸展开来，而另一只手臂弯曲着	4个月	为儿童的够物做好准备
躯体同向反射	转动肩头或臂部	身体其他部位转向相同方向	12个月	支持体态控制
踏步反射	夹住儿童的腋下，让他光脚去触碰平面或平地	儿童两脚上下不停地蹬	2个月	为独立行走做好准备

认识婴幼儿的动作婴儿的三种笑

二、粗大动作发展顺序

粗大动作不仅是儿童神经系统发育成熟的重要标志，也是个体适应、实现自身发展的必需条件。就粗大动作发展过程而言，个体先后具备的自主控制动作是抬头、翻身、坐、爬、立、行走、跳等。其中头颈和躯干控制是最早出现的自主动作，也是更复杂动作发展的基础。婴儿期大运动发展进程，可概括为“二抬四翻六会坐、七滚八爬九会走”。1~3岁幼儿期大运动的发展主要是协调、平衡等运动技能的进一步提高。现将婴幼儿时期大运动发展进程列表如下。

表2-2　0~3岁婴幼儿粗大动作发展顺序①

发展阶段	月龄	粗大动作发展表现
1~3月龄头部控制为主阶段	1月龄	俯卧位时，婴儿能勉强抬头离开床面
	2月龄	俯卧抬头，俯卧位时由前臂支撑头部可抬离床面30度左右
	3月龄	俯卧抬头。由前臂支撑可把头抬离床水平面45度左右。竖直抱起婴儿，其头部能维持竖直状片刻(5~10秒)
4~6月龄躯干控制初级阶段	4月龄	俯卧抬头离床水平面约90度，并能较灵活地向两侧转动、观看；仰卧位时能侧翻转身体，且使手臂部过中线
	5月龄	5月龄，仰卧位时腿部屈曲上抬，可使双脚接近嘴部或双手握脚；扶坐头部竖直稳定，可左右转动
	6月龄	让婴儿双手前撑床面，可平稳地坐片刻(5~10秒)；翻身熟练，在仰卧状态能自如地翻转到俯卧状态
7~9月龄躯干、四肢协同阶段	7月龄	独坐自如，坐位稳定，上肢能做一些简单动作，如伸手取物等；能从俯卧位自如地转至仰卧位
	8月龄	能匍匐爬——腹部未抬离床面地四肢用力爬行；可扶物站立，双手扶栏杆等物可站立片刻
	9月龄	可以四跪爬，即以手、膝作支撑，腰、头挺起向前爬行；可以坐位转圈，以臀部为轴，上下肢驱动可使身体转圈90度
10~12月龄直立行走尝试阶段	10月龄	能拉物站起，自己拉住栏杆等物能够站起，且站立平稳；能自行坐起，能自如地从俯卧状态转向坐位且坐得很平稳
	11月龄	扶着物体能侧向行走数步；牵拉两只手能向前行走数步
	12月龄	牵拉一只手能向前行走数步；独立站稳，在没有依托的情况下能平稳站立片刻
13~24月龄直立行走稳定阶段	13~14月龄	可独立行走，但有些摇摆(蹒跚)，常张开双手以保持平衡；可坐位站起，用两手推撑两侧地面使身体重心移至脚部从而站起来
	15~16月龄	独立走稳，行走自如无左右摇摆；牵拉着一只手能上楼梯
	17~18月龄	能较快地行走，能过肩扔球，但方向性还不是很好

①整理自戴耀华，王书荃，王小萍，陈宝英．玩出大能力 0–3岁婴幼儿早期运动发展指南[M]．北京：中国妇女出版社，2019．

续表

发展阶段	月龄	粗大动作发展表现
	19~20月龄	开始跑，在成人指令下能向前跑数米以上；自己手扶栏杆能上楼梯
	21~22月龄	能独立侧向行走，以一侧脚为引导可侧向移动
	23~24月龄	会双足跳起，能双足同时跳离地面，同时落地；会踢球，在有示范的情况下，会把放在脚前的球向前踢开
25~36月龄移动与平衡协调阶段	25~27月龄	能独立上楼梯，不用扶栏能自行上楼梯数阶；会倒退走，经示范能正常步幅倒退行走1~2米
	28~30月龄	会脚尖走，脚跟不沾地，踮起脚尖能行走1~2米
	31~33月龄	会立定跳远，能双足同时离地跳起并跃出20厘米左右的距离；从楼梯末端台阶上跳下并能站稳
	34~36月龄	能单足站立片刻，能保持平衡不摔倒；能交替上楼梯，即双足交替蹬上楼梯

从动作发展角度审视学步车

三、精细动作发展顺序

精细运动是指手和手指的运动、手眼协调操作物体的活动。手部的精细动作主要是指个体手部小肌肉或小肌肉群的运动，是视觉感知的协调、手眼协调和精细肌肉共同发展的结果。“心灵手巧”这句俗话其实蕴含着非常深刻的科学道理。生理学家研究发现，身体哪一部位的活动越精细、越复杂，那么，它在大脑皮层上所占的区域也就越大。从大脑皮层的机能定位来看，手指占据的区域是最大的，因为手的活动是最精细、最复杂的，尤其是大拇指的活动。所以，手指的动作越精巧熟练，就越能在大脑皮层建立更多的神经联系，从而使大脑更聪明。

在婴幼儿时期，精细运动发展迅速，从双上肢整体的运动开始，逐步分离出单侧上肢、手掌、手指的独立运动，并在感知觉的参与、协同下，由早期含混的趋向运动逐步形成目的明晰、指向精确的选择性动作，是人类特有的高级功能之一。手部动作的获得和发展扩展了儿童获得环境信息的途径，丰富了探索环境的方式，成为个体适应生活的重要手段，对于实现自身发展具有重要意义。个体最初和最基础的精细动作是抓握动作，在此基础上逐渐发展出写字、绘画和生活自理动作技能。

表2-3　0~3岁婴幼儿精细动作发展顺序①

发展阶段	月龄	精细动作发展表现
1~3月龄上肢联动阶段	1月龄	握持反射明显——用手指触碰婴儿手掌，婴儿会握紧拳头
	2月龄	将拨浪鼓柄放入婴儿手掌中，婴儿能握住鼓柄数秒
	3月龄	婴儿仰卧时能将双手在胸前中线位握在一起
4~6月龄手掌动作为主阶段	4月龄	将拨浪鼓放婴儿手中，婴儿会抓握、注视并主动摇动几下拨浪鼓
	5月龄	主动抓物，主要用手掌尺侧主动抓取近处物品
	6月龄	能用手掌的桡侧一把抓住较大的物体，可把弄、抓起一块积木
7~9月龄手指动作为主阶段	7月龄	在摆弄一块积木的同时，会拿取面前的第二块积木
	8月龄	开始用拇指和其他指捏取较小的物体(如小糖丸等)
	9月龄	能用拇指和食指对捏小的物体，能对敲积木
10~12月龄手眼协调初级阶段	10月龄	能握住线或绳拉动所牵引的玩具(例如圆环、动物模型等)
	11月龄	在示范下，能推动小玩具车行进
	12月龄	自己会把小丸放入杯子等容器中
13~24月龄手眼协调熟练阶段	13~14月龄	能用拳握笔乱涂，即全掌握持画笔在纸上乱涂乱画
	15~16月龄	搭积木，能搭2层
	17~18月龄	能搭积木3~4层
	19~20月龄	能搭积木5~6层；能翻书1~2页
	21~22月龄	能搭积木7~8层
	23~24月龄	一次能连续翻书3~4页
25~36月龄手眼协调高级阶段	25~27月龄	模仿画竖线，能画出2~3厘米以上的竖线
	28~30月龄	经示范，能较熟练地串起3个以上的珠子
	31~33月龄	能模仿画圆形，直至画出圆形，且没有明显棱角
	33~36月龄	能模仿将纸张进行对折，纸边相对整齐

①戴耀华，王书荃，王小萍，陈宝英，《玩出大能力 0~3岁婴幼儿早期运动发展指南》[M]. 北京：中国妇女出版社，2019，53-56.

第三节

0~3岁婴幼儿动作发展的途径和训练原则

羽羽是夏天出生的，到了6个月开始练习爬行时恰恰是寒冷的冬季，由于穿得过多而无法进行爬行训练。羽羽的外婆担心羽羽感冒也不同意脱了衣服在暖气屋里进行爬行练习。因此，羽羽是在没有学习爬的前提下开始学习走路的。羽羽外婆认为即使现在不会爬行，等羽羽到了该学习走路的时间，她仍然是会走路的，没有必要一定要进行爬行训练。羽羽到了1岁4个月时才学会独立行走，而且还会经常摔倒。

一、0~3岁婴幼儿动作发展的途径

婴幼儿动作发展的早期训练主要在家庭中完成，需要父母及养育人运用科学养育的新观念，采取多种形式来促进婴幼儿动作发展。在日常生活中，可充分利用各种自然因素，如日光浴、空气浴和水浴。此外，抚触、主被动操、户外活动以及游戏都对婴幼儿动作发展有积极影响。各种动作活动的综合应用，既能互相补充又能彼此加强。当然，早期动作训练要根据孩子的生理特点，对训练的内容、运动量、用具、外界环境条件等提出相应的要求，注意卫生，预防运动受伤。

（一）日常生活

1. 空气浴

空气浴是一种最简单易行的方法。接触新鲜空气是开始锻炼的第一步，气温和人体皮肤表面的温度之间的差异形成的刺激，可促进新陈代谢，健壮呼吸器官，增强心脏活动。出生后3~4周的婴儿，夏季可在户外阴凉处睡眠或活动片刻；冬季可开窗呼吸新鲜空气，当习惯了较冷空气后再移至户外。2~3个月的婴儿，可在室温不低于20℃时，逐渐减少衣服，最后达到只穿短裤进行活动。

户外实施空气浴的时间，应根据不同地区和不同季节而灵活安排，不要经常变更时间。一般在饭后1~2小时实施为宜。每日1~2次，每次持续时间由开始的2~3分钟，逐渐增加。实施空气浴时的气温，应随年龄、体质而异。一般3岁以下小儿和体弱的孩子，应不低于15℃为宜；对3~7岁孩子，则可降低至12℃~14℃；学龄孩子可在10℃~12℃环境活动。

2. 日光浴

在日光照射下，随着血管扩张，血液循环加快，可促进心肺功能。因此，适当的日光照射能促进小儿生长发育。对婴幼儿和体弱孩子可采用散射和反射光，避免日光直射。

日光浴不宜空腹进行，可在餐后1~1.5小时进行。在日光浴时，应戴白帽以免头部过热，并注意保护眼睛，避免阳光直射。先晒背部，再晒两侧，最后晒胸腹部。气温超过30℃时，可在户外树荫下实施，不宜做直晒的日光浴。实施日光浴时，应观察孩子的反应，如脉搏、呼吸、皮肤出汗和发红情况，以判断婴幼儿对日光浴的可接受程度。

3. 水浴

水浴是利用身体表面与水的温差来锻炼身体。水导热性大，能从体表带去大量的体热。利用水锻炼的方式很多，如浸浴、擦浴、淋浴以及天然浴场游戏等。

（1）浸浴。适用于婴儿，用较大的盆盛水，水量以婴儿半卧位时锁骨以下全浸入水中为宜。室温20℃~21℃时，水温以32℃左右为宜，每次浸泡约5分钟，每天可如此锻炼一次。对稍大的婴儿，最初水温可逐渐降低至28℃~30℃。

（2）擦浴。擦浴刺激作用较温和，操作方法也较简便，可用于6~7个月以上的任何体质的小儿。一般自手、臂，脚、腿做向心方向摩擦，擦毕随即用干毛巾摩擦，至皮肤微红为止。开始时以水温35℃为宜，以后每隔2~3天降1℃，婴儿可降至26℃，幼儿可降至24℃，学龄前孩子可降至20℃~22℃，室温不低于16℃~18℃为宜。

（3）淋浴。除水温刺激外，还有水流的机械压力也可起到按摩作用，适用于2岁以上的孩子。淋浴时，先冲背部，然后两肋，继之胸部和腹部。冲淋后，用干毛巾立即将全身擦干，并摩擦至皮肤微红为止。开始时，水温35℃~36℃为宜，以后每隔2~3天降2℃。对于幼儿，水温不低于26℃~28℃为宜，稍长一些可降至22℃~24℃，室温保持在18℃~20℃之间为宜。

（二）抚触、被动操与主动操

1. 抚触

抚触是指通过抚触者双手对被抚触者皮肤各部位进行有次序、有手法、有技巧的抚摸，一般是针对1岁以内的婴儿。

触觉是原始的感觉反应，温和的抚触能刺激婴儿最大的感觉器官——皮肤，促进婴儿神经系统的完善，减少婴儿对外界的应激反应，使其减少哭闹，易入睡，睡眠更加平稳且时间延长。另外抚触可使婴儿身心受到抚慰，消除孤独、焦虑、恐惧等不良情绪。同时抚触也能促进婴儿肾上腺皮质激素等的分泌，从而增强免疫功能，促进生长发育。在抚触的过程中，由父母给予婴幼儿一些被动的运动刺激，不仅能够促进婴幼儿各方面的发展，在婴幼儿尚无语言交流能力的情况下，还能够让父母和孩子通过肌肤接触这一非语言交际形式建立亲密的亲子关系。触的一般顺序是：头部—胸部—腹部—上肢—下肢—背部—臀部。

婴儿抚触好处多

抚触方法：

被动操视频

（1）头部：①用两手拇指指腹从眉间向两侧滑动；②两手拇指从下颌上、下部中央向外侧、上方滑动，让上下唇形成微笑状；③一手托头，用另一只手的指腹从前额发际向上、后滑动，至后下发际，并停止于两耳后乳突处，轻轻按压。

（2）胸部：两手分别从胸部的外下方（两侧肋下缘）向对侧上方交叉推进，至两侧肩部，在胸部画一个大的交叉，避开新生儿的乳头。

（3）腹部：食、中指依次从新生儿的右下腹至上腹向左下腹移动，呈顺时针方向画半圆，避开新生儿的脐部。

（4）四肢：两手交替抓住婴儿的一侧上肢从腋窝至手腕轻轻滑行，然后在滑行的过程中从近端向远端分段挤捏。对侧及双下肢的做法相同。

（5）手和足：用拇指指腹从婴儿手掌面或脚跟向手指或脚趾方向推进，并抚触每个手指或脚趾。

婴儿被动操

（6）背、臀部：以脊椎为中分线，双手分别放在脊椎两侧，从背部上端开始逐步向下渐至臀部。①婴儿呈俯卧位，两手掌分别于脊柱两侧由中央向两侧滑动；②以脊柱为中线，双手食指与中指并拢由上至下滑动4次。

2. 主被动操

婴幼儿主被动操是指在成人的适当扶持下，加入婴幼儿的部分主动动作完成的健身操。有节奏的动作和口令，既可促进孩子基本动作的发育，又可使孩子心情愉快。婴幼儿主被动操的动作主要有锻炼四肢肌肉关节的上、下肢运动，锻炼腹肌、腰肌以及脊柱的桥形运动、抬物运动，为站立和行走做准备的立起扶腋步行、双脚跳跃等动作。这个时期的婴幼儿已经有了初步的自主活动的能力，能自由转动头部，自己翻身，独坐片刻，双下肢已能负重，并上下跳动。婴幼儿每天进行主被动操的训练，可活动全身的肌肉关节，为爬行、站立和行走打下基础。

婴幼儿主被动操

拓展链接

抚触时的注意事项

（1）一般选择在婴儿沐浴后、午睡及晚上就寝前、两次喂奶中间，婴儿充分休息后不疲倦、不太饱或太饿、清醒时进行。进食1小时内不宜进行抚触。每天2次，每次15分钟。

（2）抚触时，室温恒定在28℃~30℃，房间应该保持空气清新、安静，可以播放一些柔和的音乐。

（3）抚触前，抚触者应将双手指甲修平，摘掉首饰，温暖双手，将婴儿润肤液倒在掌心，轻轻抚触，随后逐渐增加压力，以便婴儿适应。

（4）抚触者应该面带微笑，加强抚触者与婴儿之间的眼神、语言等情感交流。

(5)抚触过程中应该密切观察婴儿反应，出现哭闹、肌张力提高、肤色发生变化时应暂停。

(6)不要强迫婴儿保持固定姿势。婴儿情绪反应激烈时，需停止抚触按摩。

(7)婴儿的脐痂未脱落时，腹部不要进行抚触，等脐痂脱落后再抚触。

(8)在抚触中，抚触者可以打乱抚触操的顺序，也可以节选其中的几节对宝宝进行抚触按摩。

(三)运动

1. 游泳

对于1岁以内的婴儿而言，游泳是一种大运动量的全身运动，能有效地刺激婴儿神经系统、消化系统、呼吸系统、循环系统及肌肉和骨骼系统，促进婴儿大脑、骨骼和肌肉的发育，激发婴儿的早期潜能。但是在进行游泳运动的时候，成人应注意保证水质的干净、水温不低于26℃，游泳时间选择在婴幼儿进食半小时以后。

2. 户外运动

适宜的户外活动是促进婴幼儿动作发展的有效方式。7个月大的婴儿尚不会爬行，成人可以抱着婴幼儿在户外散步10分钟或15分钟以上，然后让婴幼儿在安全场所(垫子或者草地上)匍匐、横卧、取玩具等。7个月到2岁的婴幼儿，可以玩滑滑梯、荡秋千、走路、跑步等户外运动。2岁以上的幼儿可做奔跑、跳跃、爬坡、上楼梯、爬木桩、走平衡木等户外运动，通过重复运动提高幼儿的动作能力。在天气舒适的季节，每天至少保证3个小时的户外活动时间有利于婴幼儿动作发展。

(四)亲子游戏

亲子游戏是儿童游戏的特殊形式，也是亲子交往的一种重要方式。家长通过利用多种游戏资源，和孩子开展适宜的游戏活动，让婴幼儿在愉快的情绪体验中动手、动脑，增强身体机能。

1. 自发练习的游戏

婴儿天生就有这样一种功能，当他要掌握某种动作时，就会出现自发地去使用这种动作的倾向。比如当他要发展爬的能力时，就会自发地去进行爬的活动，在爬的活动中，发展爬的能力。运动能力就是在这种反复不断、自发使用的过程中发展起来的。当父母发现孩子某个动作出现的次数比较多时，就可以以游戏的形式和孩子一起练习，让孩子在愉悦、安全的氛围下多次练习该动作以达到熟练掌握的程度。

2. 亲子协同的游戏

在婴幼儿阶段，随着肌肉、骨骼的成熟，婴幼儿的动作从单一动作逐渐发展为多种动作协同作用的组合动作。日益完善的动作发展促进了亲子游戏内容和形式的复杂化。无论是户外的攀爬、追逐、跳绳、走平衡木、滑滑梯等运动性游戏，还是室内的插塑、积木、穿珠、泥工折纸、剪贴等结构造型游戏，婴幼儿在父母的陪伴下不同程度地重复运用着大肌肉运动和小肌肉运动的内容。

二、0~3岁婴幼儿动作发展的训练原则

（一）成熟准备原则

美国心理学家格塞尔认为个体的发展取决于成熟，而成熟则取决于基因表达所决定的时间表。每个婴儿都是带着先天的成熟时间表降生的，其前3年是按照成熟规律所决定的时间表来展开生命初期的发展历程。成熟是受到基因表达的程序所控制的过程，外部环境不能改变它的程序。

婴幼儿在尚未成熟之前，其动作发展处于一个准备的状态。处于准备阶段的婴幼儿，相应的学习能力尚未具备。这时如果让他们学习某种技能，不仅难以达到真正的学习目的，还会影响其学习动机和学习兴趣。婴幼儿在发展过程中的准备状态是一个动态的概念，并不是僵化的或一次性的表现。当一种准备状态达到成熟水平后，另一种新的成熟水平又会处于新的准备状态之中。在婴幼儿的动作发展教育活动中，要把握其动作发展规律及特点，观察了解其动作发展实际水平，以此作为活动设计和组织的依据，切不可盲目训练，更不可人为拔高。

（二）安全前提原则

安全前提原则是婴幼儿动作训练的首要原则。首先是环境安全。婴幼儿处于生长发育的重要时期，身体各项机能尚未成熟，容易被环境中的有毒物质侵害，成人为婴幼儿营造或者选择的环境一定要注意是否存在有毒有害物质。另外，成人在训练幼儿动作的时候一定要注意排除环境中的危险因素，精心选择进行动作训练的器械、材料，墙壁四周80厘米以下采用无污染的软质材料铺设，地上采用弹性软垫，家里的桌椅墙角用专业材料包边。其次是材料卫生。婴幼儿认识世界的主要途径就是口腔，他们会将能拿到的一切物品放到嘴巴里进行探索。成人要尽量为婴幼儿营造一个清洁、安全、温馨的活动环境，为幼儿提供无毒、柔软、干净的玩具和材料，并定期对玩具和器械进行消毒。

在训练过程中，成人保护和教育尤为重要。当婴幼儿能独立爬行、行走之后，他们的行动范围增大，对世界充满了好奇心、探索欲，但他们的安全意识尚未建立，难免会在活动中遇到一些危险，比如尝试爬高爬低、三步并作两步跑、尝试使用危险的工具，这个时候成人的随身保护非常重要，要及时为幼儿清除障碍和危险因素，尽最大可能避免幼儿受伤。

（三）身心愉悦原则

动作训练的目的不仅仅是为了动作能力的发展，还应该让婴幼儿身心愉快

地体验运动这一过程,引发其做动作的兴趣,激发其身体的潜能。

研究发现,婴幼儿在选择运动类型时有以下几种趋向:一是喜欢自己较熟悉的、能熟练操作的运动。如果婴幼儿能够熟练地在攀登架上攀爬,那么他选择玩攀登架的可能性就更大。二是难度适中的新鲜运动具有较强吸引力。婴幼儿会选择一些有一定的挑战性但危险性较小的运动。三是能获得成就感的运动也备受青睐。如果婴幼儿能在运动中获得自我满足感或得到父母的支持,他们就会趋向于选择这样的运动。四是趣味性运动。婴幼儿都喜欢带有情节的好玩的游戏,有趣味性的活动也是他们选择的一种趋向。

(四)遵循规律原则

婴幼儿动作发展具有一定的规律性,在动作发生发展过程中存在一定的顺序性,所以在动作训练中,成人切不可根据自己的主观判断和意愿对婴幼儿的动作发展强加干预,一定要遵循从易到难,从简单到复杂,循序渐进,逐步发展的原则。在婴幼儿现有发展水平基础上设计活动,切忌拔苗助长,违背动作发展的规律。

婴幼儿的动作先出现大肌肉动作,如肩部动作及髋关节部分的粗大动作,再慢慢地发展出准确而精细的手指动作。每个不同动作的发展原则上均有一定的顺序。虽然每个阶段不相连,但却会彼此影响,前一动作完成情况也会影响到下一动作的发展。

(五)个体差异原则

个体差异是指同性别、同年龄的儿童受到遗传、性别、环境、教养等因素的影响,在发展速度、发展水平、体型特点、功能特点、达到成熟的时间等方面,存在形态、动作、功能、心理发育等形式的差异。

儿童在身体形态、肌肉力量和活动水平上的差异,决定了他们在动作发展过程中会面临不同的问题和任务。对形体较大和活动水平较低的儿童与形体娇小而活动水平较高的儿童,在同样的动作完成中应当采用不同的训练策略。个体差异要求成人因材施教,要为不同个体生长发育提供与其特性有效匹配的任务要求,如环境支持、保育支持等。

(六)强度适宜原则

训练强度适宜表现为合理设计训练的内容、难度、训练力量及时间等。由于婴幼儿的脑神经、骨骼、肌肉等发展还很不完善,因此,在进行动作训练时,成人一定要遵循适度原则,不宜让婴幼儿长时间进行一项运动。一般来讲,婴幼儿一次集中运动的时间不超过10分钟。进行某种单一训练活动,也不宜进行大强度的动作训练,以防损伤婴幼儿的肌肉、骨骼。

本章回顾

本章围绕0~3岁婴幼儿动作发展的规律和顺序，阐述了婴幼儿从出生开始其动作发展遵循着从整体到分化、从上部到下部、从中央到边缘、从粗大到精细、从无意到有意的发展规律。从先天反射性动作的发生和发展、大肌肉控制的粗大动作和小肌肉群控制的精细动作三个方面描述了婴幼儿动作发展的顺序。提供了0~3岁婴幼儿在生活中通过运动、游戏发展动作的途径，并提出六条训练原则。重点在于理解并掌握0~3岁婴幼儿动作发展的规律，熟悉动作发展的顺序。难点在于根据个体婴幼儿动作发展水平，运用动作发展规律和顺序理论发展对婴幼儿动作进行解读。

思考与练习

1.0~3岁婴幼儿的动作发展遵循哪些规律？

2.0~3岁婴幼儿的动作发展依照什么顺序？

3.为0~3岁婴幼儿提供动作训练的时候要注意些什么？

实训与实操

1.寻找一位3岁以下的婴幼儿，观察并记录他/她的动作片段，结合动作发展规律和顺序分析该名幼儿的动作发展现状。

2.为0~3岁幼儿进行“被动操”或“主动操”的练习。

推荐阅读

1. 戴耀华，王书荃，王小萍，陈宝英.玩出大能力 0–3岁婴幼儿早期运动发展指南[M].北京：中国妇女出版社，2019.

2.唐敏，李国祥.0–3岁婴幼儿动作发展与教育[M].上海：复旦大学出版社，2011.

第三章
0~1岁婴幼儿动作发展与训练

动作发展对0~1岁婴幼儿认识事物、与人交往、探索周围环境等有着非常重要的影响。刚出生的婴儿会做出一些反射动作，如：眨眼反射、吮吸反射、游泳反射、抓握反射等，其中有些反射动作是永久性的，有些反射动作会在之后的几个月逐渐消失。之后婴儿开始出现自主运动性动作，如：转头、俯卧抬头、翻身、坐。紧接着婴儿逐渐能够移动自己的身体，更深入地探索环境，如：爬、站、走。在人的生命发展过程中，0~1岁婴幼儿动作的发展水平直接关乎其今后每个年龄阶段动作能力的发展水平，且对其今后身心素质的全面发展起着至关重要的作用。

学习目标

1. 理解0~1岁婴儿大动作发展和精细动作发展的核心能力。
2. 掌握0~1岁婴儿大动作发展和精细动作的训练方法和要点。
3. 能够根据0~1岁婴儿动作发展水平进行指导和设计训练活动方案。

学习重难点

1. 掌握0~1岁婴儿动作发展的核心能力。
2. 掌握0~1岁婴儿大动作和精细动作发展的训练方法和要点。
3. 能根据0~1岁婴儿动作发展水平进行指导和设计训练活动方案。

思维导图

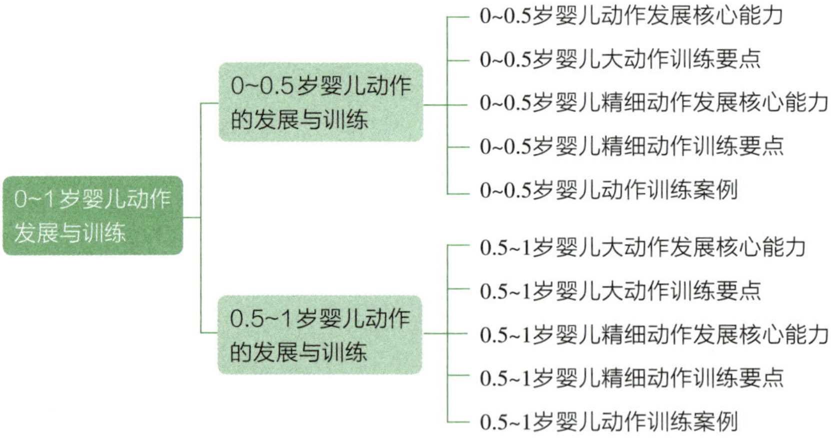

第一节

0~0.5岁婴儿动作的发展与训练

豆豆父母在豆豆满两个月时带其到婴儿医院做常规体检，医院常规体检12项中包括抬头一项。医生检查后发现豆豆颈部肌肉力量太小，控制不了头部，叮嘱其父母在家里要经常对豆豆进行抬头训练，如果没有改善，就得定时到医院做颈部肌肉力量加强训练。豆豆父母听了顿时惊呆了，这个时候的婴儿控制不了头部不是很正常吗？如何对婴儿做抬头训练呢？

一、0~0.5岁婴儿大动作发展核心能力

首先，我们需要对婴幼儿动作发展核心能力这一概念进行说明。婴幼儿动作发展的核心能力是指婴幼儿在一个特定时期内表现出基本动作技能和特殊动作技能的活动和过程。提出核心能力目的在于为成人揭示婴幼儿动作发展的阶段内容和普遍顺序，是动作评估与训练的一个参考指标，它不可以作为婴幼儿动作发展预设的、死板的且在特定时间内必须要达成的目标。

0~0.5岁婴儿的大动作主要表现为出生后的反射动作，如：眨眼反射、吮吸反射、游泳反射、抓握反射等，其中有些反射动作是永久性的，有些反射动作会在几个月内逐渐消失。之后婴儿逐渐开始出现自主运动性动作，主要有转头、俯卧抬头、翻身、坐。

（一）转头

满月后的婴儿开始有初步的自主动作。婴儿为了更多地观察周围的环境，头会向两侧转动。转头活动可以增加婴儿颈部肌肉的力量，为俯卧抬头活动奠定基础。

（二）俯卧抬头

俯卧抬头作为婴儿的大运动，对婴儿的生长发育至关重要。俯卧抬头不仅能锻炼婴儿颈部、背部的肌肉力量，增加肺活量，对婴儿较早面对世界，接受较多的外部刺激也是非常有利的。一般来说，1个月的时候婴儿还不能主动抬头，只能趴着，或本能地挣扎使面部转向一侧。2个月的婴儿俯卧位时能够抬头45度。3个月的婴儿头抬得很稳，可以达到90度。

（三）翻身

翻身是婴儿成长过程中非常有意义的一个过程。婴儿翻身说明他已经有意识地变换自己的体位（往往是为了得到旁边的玩具，或者为了离父母更近一点）。翻身是婴儿学会的第一个位移动作，这说明他的运动技能有了进一步的发展。婴儿在3个月时会出现翻身（由仰卧转为俯卧）动作，8个月的婴儿既能

仰卧翻身,也能俯卧翻身。

(四)坐

坐是婴儿的第一个直立的姿势,婴儿坐的发展可分为3个阶段:

第一阶段:靠坐。婴儿(5~6个月)可以倚着靠垫或在成人怀里坐一会儿,但还不能坐得很直,身体时常呈前倾的状态,且不能长时间坐,如果没有支撑就会失去平衡,向前或向后倒,很不稳定。

第二阶段:支撑坐。婴儿(6~7个月)可以依靠自己双手的支撑坐起来,背部能够伸直并保持一定的平衡,渐渐可以脱离双手的支撑,并且调整腿的位置变换坐姿。

第三阶段:独坐。婴儿(7~8个月)可以不用任何支撑而稳坐,能在坐姿状态下双手拿东西,对周围事物的兴趣更加浓厚,因此会时常转动头颈和上半身来观察四周。

二、0~0.5岁婴儿大动作训练要点

(一)转头训练

新生婴儿出生后7~10天时,听到声音就会转头,这时就可以对他们进行转头的训练了。训练方法:

1.注视追物

让婴儿仰卧在床上,成人手拿着婴儿平常比较喜欢且关注度比较高的玩具,如红色的小球,距离婴儿眼睛15~20厘米,慢慢抖动引起婴儿的注意,然后慢慢地将玩具移到左边,再慢慢地将玩具移动到右边,婴儿会追视玩具转动头部。

2.追声寻源

让婴儿仰卧在床上,成人手拿着能够发出声响的玩具,如沙锤、响棒、摇铃、铃鼓等,距离婴儿的左耳20~60厘米,轻轻地摇动引起婴儿的注意,再摇动玩具发出声响慢慢地移到婴儿右耳。婴儿听见玩具发出的响声,会转头寻找声源并根据声源的移动转头追视。

(二)俯卧抬头训练

出生1个月左右的婴儿在俯卧的时候,只能抬头一两秒钟,3个月的时候学会抬头,4个月时婴儿抬头就很稳了。婴儿出生1个月左右即可进行俯卧抬头训练,训练时间由几秒钟慢慢增加,3~4个月时即可完全抬头。婴儿的大运动发育是从头到尾连贯的,颈背部和双臂的力量都在不断增强。

1.俯卧位训练

2个月左右的婴儿在吃奶前1小时,空腹觉醒状态下进行俯卧抬头练习,俯

卧的床面要平坦、舒适，但是不要太软。成人拿着婴儿比较喜欢的，或者色彩鲜艳，或者有响声的玩具在婴儿前面逗引，用语言和玩具引导婴儿抬头。如果头抬不起来，可在婴儿胸下和双侧腋下垫一个小枕头，双上肢放于枕前，使婴儿双肘屈曲时双手能触及床面。同时在婴儿的后头侧至两肩胛骨内侧进行深浅感觉的刺激，头前用鲜艳的或者带响声的玩具逗引婴儿主动抬头，练习从45度到90度抬头，促进头颈部伸肌的收缩直至完全抬起。

2. 面对面训练

成人仰卧在床上，婴儿俯卧在成人身上，固定婴儿上臂和手关节，保持手支撑位。为了促进婴儿更好地练习抬头，成人可与婴儿对话、唱歌或鼓励婴儿伸手抚摸成人的脸。

婴儿俯卧抬头训练的时间，可以根据婴儿的能力安排，但每次俯卧的时间最多不要超过2~3分钟，每天练习2~3次。以后可以根据婴儿的实际情况，逐步增加训练时间和次数。

（三）翻身训练

1. 从仰躺到侧卧

在婴儿平躺时，成人用一只手轻轻扶着婴儿的肩膀，慢慢将他的肩膀抬高，帮婴儿做翻身的动作；在婴儿的身体转到一半时，就让婴儿恢复平躺的姿势。这样左右交替地训练几次，婴儿就能比较顺利地从仰躺变成侧卧了。当婴儿能够顺利地从仰躺变成侧卧，脸部、手部都可以顺利地转向另一侧后，拖后腿的往往是双脚。这时成人可以移动婴儿双腿，使其双脚成交叉姿势，以方便他把下半身翻过去。

2. 从侧卧到俯卧/仰卧

如果婴儿已经学会从仰躺翻转为侧躺，但是无法顺利翻回仰姿时，成人可以从婴儿的身后，扶住婴儿的肩膀和大腿，帮婴儿翻转身体。如果婴儿无法翻成趴姿，成人同样可以从婴儿的身后，扶住他的肩膀和大腿，帮他翻转身体。这时婴儿可能会出现一只手臂被压在胸下动弹不得的情形，成人要帮他挪好手臂的位置，以后再慢慢训练婴儿自己把手臂抽出来。

每日2~3次，每次翻身3~5次。让婴儿在愉快中进行训练；动作一定要轻柔，以免扭伤婴儿的小胳膊、小腿；开始训练时，练习时间和次数不要太长，要逐渐增加；不要在婴儿刚吃完奶后或身体不舒服时练习。

（四）坐的训练

1. 靠物坐

成人盘腿而坐，让婴儿面对面坐在成人的腿上。成人一手扶着婴儿的髋部，一手扶着婴儿的腋下使其保持平衡，慢慢地将婴儿扶坐起来。或者成人盘腿而坐，让婴儿坐在家人的怀里，与成人面对面，背部靠着家人的肚子。这个时候的婴儿没有支撑就会失去平衡，会向前或向后倒，很不稳定，且不能长时间坐。

2. 拉坐

成人双手握住仰卧在床上的婴儿双手时，如果明显感觉婴儿自己想拉着成人的手坐起来，就可以进行拉坐训练了。成人可以先试着扶住婴儿肩膀帮助他慢慢坐起来，慢慢过渡到扶着婴儿手臂、拉婴儿小手，以确保婴儿不会因为拉力过猛而受伤。每次拉坐练习不超过10分钟。

3. 独坐

婴儿学习独坐有利于促进感官系统的发展，坐着的时候他可以自由转动身体去拿身体周围的玩具，与之前只能无聊地躺在床上相比，这种感觉会给婴儿带来更多快乐。成人坐在婴儿对面，轻轻地拉起婴儿。在婴儿面前放置他喜欢的玩具，吸引婴儿独立坐着玩耍。婴儿学习独坐的时间一般为一天3次，每次不宜超过10分钟。

（五）训练时的注意事项

该年龄阶段的婴儿缺乏自我保护意识，在训练大动作时需要成人做好细致的保护工作，对婴儿每个动作的训练要考虑到动作的难易程度、训练量的大小和训练时间的长短，要循序渐进。如训练婴儿坐时，首先应训练婴儿靠物坐，给婴儿的腰部提供支撑，再对婴儿进行拉坐训练，然后逐渐训练婴儿独坐。大动作训练需要反复和坚持。

三、0~0.5岁婴儿精细动作发展核心能力

0~0.5岁婴儿的精细动作以抓握动作为主。抓握动作是个体最初和最基本的手部动作，是婴儿掌握更复杂动作的基础。抓握就是用手指将手中的物体环扣起来。抓握反射在新生儿时最常见，而后随着随意动作的出现而减弱。1个月左右，婴儿会松开手指做些抓东西的简单动作，如抓住汤匙和小摇铃片刻。随着月龄的增长，婴儿抓握物品的时间也会更长，有时还会看看手中抓握的东西是什么。从3个月起，婴儿开始出现一种不随意的手的抚摸动作，经常无意地抚摸亲人、玩具等。4个月时，婴儿简单地用手摆弄物品，4~5个月大时，婴儿开始用手掌、手指抓握物体。5~6个月大时，婴儿开始把一个物体从一只手换到另一只手上。

拓展链接

婴儿大拇指内扣是指在握拳状态下，婴儿大拇指屈曲、内收，其余四指紧握在拇指外面（如下图）。

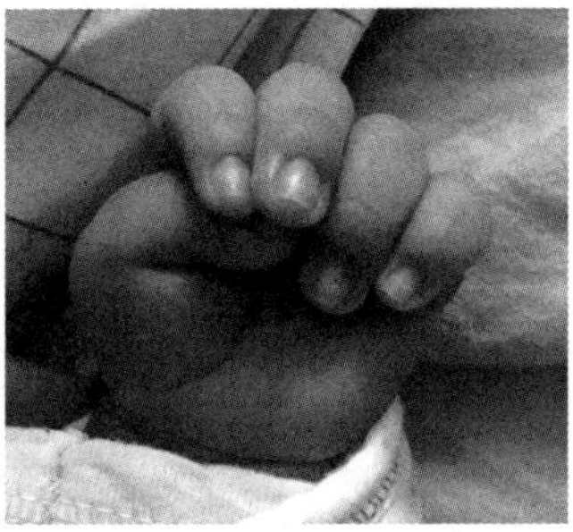

通常情况下，婴儿2个月左右双手手指开始逐渐放松。3个月左右五指逐渐松开，开始有主动抓握的动作，同时大拇指从手掌中伸开，为以后的抓握打下基础。部分婴儿4个月内仍然有手部握持反射，所以在这段时间内婴儿偶尔大拇指内扣是正常的。但是，如果婴儿经常持续握拳、大拇指内扣，或4~6个月时大拇指内扣没有改善，那就要提高警惕了，必须尽快带婴儿去看医生。

婴儿拇指内扣的原因：

1.正常的生理现象。婴儿刚出生时，屈肌的力量大于伸肌，于是大拇指内扣。这种状况不用采取任何措施，随着婴儿手部肌肉力量逐渐发展，大拇指内扣的情况可以自行改善。

2.大脑皮层发育迟缓。婴儿的大脑皮层主要控制精细运动的发展。如果大脑皮层发育迟缓，那么婴儿的大拇指就容易出现内扣，进而导致肢体的运动障碍和发育滞后。

3.脑神经受损。如果婴儿在母亲腹中的时候或者是出生之后，出现了脑神经受损，那么受损的脑神经会造成大脑功能障碍，导致大拇指内扣，如不及时就医将会影响精细动作、运动能力、认知水平的发育。

改善婴儿大拇指内扣的家庭游戏法：

1.抚触

平时多帮婴儿按摩大拇指。先将婴儿的大拇指打开，家长用自己的手指从婴儿手掌大鱼际处交替往上揉搓(如下图)，左右手各50次。

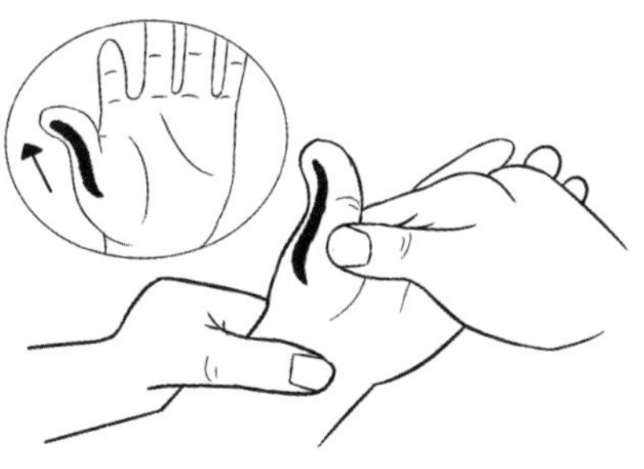

2.抓握练习

2~3个月的婴儿常处于两手握拳状态，玩具碰到手心会握紧，碰到手指外侧则会打开。此时，可顺势将带把的玩具伸到婴儿手心中让他抓握，练习五指张开。让婴儿俯卧，在他双手能触及的地方，放几样玩具逗其伸手抓握。

3. 摆弄玩具

4~5个月时，抱婴儿坐在桌前，让他伸手去拿桌上的玩具，通过抓握、摆弄、敲打，训练手指灵活性。

4. 玩具换手

6~7个月后，将婴儿抱成坐位，在其前面放些彩色小球、积木等物品(玩具可由大到小)让他伸手抓握。开始时，放在婴儿伸手可及的地方，逐渐移远，鼓励他伸手取物，并学习转手。

温馨提示：如果通过以上练习婴儿大拇指内扣没有任何改善，必须尽快带婴儿就医。

四、0~0.5岁婴儿精细动作训练要点

(一)抓握反射训练

1. 手心点点

成人在对婴儿说话、唱歌或是放音乐的时候，根据语速和节奏轻轻地用手指点一点婴儿的手心。经常跟婴儿做手心点点的游戏，可促进婴儿抓握能力的发展。

2. 握握手指

成人用手指抚摸婴儿的掌心，婴儿会用小手握住成人的手指，此时成人可通过手指转动、抽拉等动作刺激他的小手，轻拍婴儿手背，他就会松开手。反复3~5次，这样可以刺激婴儿的神经末梢，有助于婴儿的大脑发育，提升其手指灵巧度。

3. 按摩手指

妈妈在给婴儿喂奶的时候，可以用一只手托住婴儿，另外一只手轻轻按摩婴儿的小手，从掌根到指尖依次按摩每根手指，动作要轻柔。这样不仅可以刺激婴儿双手肌肉，还可以增进母子感情，让婴儿获得安全感。

(二)有意识抓握训练

1. 抓眼前的物品

婴儿2~3个月时，要开始练习手部的抓握。把带响声的或者颜色鲜艳的玩具挂在婴儿床的上面，吸引婴儿用手去抓握玩具。成人也可以手拿吊球，高度应该是婴儿努力能够抓到的。为了提高婴儿的抓握兴趣，成人要和婴儿互动，逗引婴儿去抓握吊着的球。当婴儿的手能够轻而易举地抓握住球时，可以逐渐把球升高。

2. 抓有一定距离的物品

6个月时，随着婴儿视觉和运动能力的发展，他们不仅能看到周围的物体，还想把物体准确地抓到手，同时尝试着把抓到手的物体准确地放到一个特定的地方。这一系列动作要想顺利完成，需要手和眼的协调配合。因此，婴儿6个

月时，要开始有意识地训练他的手眼协调能力。这时，成人不要嫌弃孩子乱拿、乱动，因为这是他在用手来学本领。成人可以通过一些有趣的游戏有意识地训练孩子的手眼协调能力。

3. 抓握摇铃并摇响

让婴儿仰卧在床上，在婴儿眼前30厘米处轻轻地摇晃小摇铃，让他听和看。当婴儿注视后再在婴儿左手或右手侧摇晃，并说“宝宝拿”，把摇铃放在婴儿手中，让其抓握，并鼓励其摇一摇。培养婴儿看、听的能力，练习抓握动作。

（三）训练时的注意事项

0~0.5岁婴儿的抓握动作是婴儿掌握更复杂动作发展的基础，该年龄阶段婴儿的抓握是从无意识抓握逐渐发展到有意识抓握。该年龄阶段婴儿屈肌的力量大于伸肌，如果婴儿紧紧抓握住物品不放，成人可以轻轻地抚摸婴儿的手背，或者用手指尖轻轻地敲击婴儿的手背，婴儿手部肌肉放松，就会把手松开了，此时再把物品放到婴儿手里。反复练习抓握动作，持之以恒。

此外需要注意的是该年龄阶段的婴儿开始用嘴吮吸自己的手，也就是口唇期（也称为口腔期）。这是婴儿感知世界的重要手段，所以在该年龄阶段成人不仅不能干涉，而且还应该帮助婴儿把手指放到嘴里吮吸。通过吮吸手指，能够促进眼睛与手的协调动作，为其更好地抓握打下良好的基础。

五、0~0.5岁婴儿动作训练案例

（一）早期教育课程案例

案例一

大动作训练（4~6个月）

<table>
<tr><td colspan="3">活动名称：《翻滚吧宝贝》　　年龄：4~6个月
场　　地：室内教室　　人数：10人（成人5人，婴儿5人）</td></tr>
<tr><td rowspan="2">活动目标</td><td>家长学习目标</td><td>婴儿发展目标</td></tr>
<tr><td>1. 了解4~6个月婴儿大动作中翻身能力发展水平。
2. 学会典型的翻身训练活动。
3. 主动积极参与活动，根据老师的示范对婴儿进行指导和协助，并能在家中开展相应活动。</td><td>1. 婴儿能翻身90度，熟练地向两侧翻身是为接下来的180度翻身做准备。
2. 通过完成游戏，锻炼婴儿的身体平衡能力。
3. 体验与家长、同伴一起游戏的乐趣。</td></tr>
<tr><td>活动准备</td><td colspan="2">1. 柔软的地垫。
2. 能发出响声的彩色小玩具。</td></tr>
</table>

续表

活动过程	一、导入环节 1.教师引导家长与婴儿一起仰卧在地垫上。 2教师播放音乐，引导家长随着音乐的节奏给婴儿做热身操。 二、游戏环节 (一)教师示范 教师和仿真娃娃一同仰卧在地垫上，教师先做翻身示范，然后再帮助仿真娃娃翻身。 (二)家长与婴儿游戏 1.翻身练习 (1)家长和婴儿一同仰卧在地垫上，家长翻身，示范给婴儿看，引导婴儿和自己一起翻身。 (2)如果婴儿不会翻，家长就把双手放在婴儿臀部和颈部的下面，一边念儿歌一边给婴儿翻身，翻身的速度不要太快。 儿歌的内容是：翻、翻、翻滚吧，翻了一下又一下，翻滚吧宝贝。 (3)给婴儿翻身的时候，亲亲婴儿，逗婴儿笑。 2.翻身够物 (1)接着让婴儿仰面躺着，家长坐在婴儿头顶的前面，把一个能发出响声的彩色小玩具举到婴儿的面前吸引宝宝的注意力，然后把玩具移到一侧。动作要慢并鼓励婴儿伸手抓取玩具。 (2)如果婴儿自己翻过身来了，就把玩具给婴儿玩。 (3)在婴儿头部的另一侧重复同样的动作，如果婴儿自己已经翻过部分身体，还需要一点点帮助的话，那就轻轻地推一下。 三、结束活动 1.鼓励、表扬婴儿完成了游戏活动。 2.播放音乐放松身体并互相道别。	家长指导语 此游戏教育价值： 翻身是婴儿成长过程中非常有意义的一个里程，婴儿翻身说明他已经有了意识变换自己的体位(往往是为了得到旁边的玩具，或者为了离你更近一点)。翻身是婴儿的第一个位移动作，这说明他的运动技能有了进一步的发展。 家长提示： 1.活动中，家长要担当好示范者。 2.仔细观察婴儿翻身能力的发展情况，并记录下婴儿的实际情况，可以进行反复的练习，以达到熟练掌握的程度。 3.当婴儿完成了一次游戏后，家长要及时鼓励婴儿，让婴儿心情愉悦，增强其自信心。
家庭延伸活动	翻身游戏是增强婴儿背部肌肉力量的有效手段，在家里也是很容易进行练习的。在日常生活中，家长们可以这样做： 1.转身法 如果婴儿自己翻身困难，可以在婴儿平躺的情况下，家长用一只手撑着婴儿的肩膀，慢慢将他的肩膀抬高，帮婴儿做翻身的动作。在婴儿的身体转到一半时，让婴儿恢复平躺的姿势。这样左右交替地训练几次，婴儿就可以进一步练习真正的翻身了。	

	2. 转脚法 转脚法建立在婴儿会以侧卧姿势睡眠的基础上。训练时，先让婴儿侧卧，在婴儿的左侧和右侧放一个色彩鲜艳或有响声的玩具，然后成人抓住婴儿的脚踝，让右脚横越过左脚，并碰触到床面。搬动婴儿脚的时候，动作要轻柔，并注意婴儿的身体是不是也跟着脚翻转。如果不跟着转，可以轻轻地在婴儿背后推一把。如果婴儿的身体跟着脚翻转，就会自己翻过去，变成趴着的姿势。只要婴儿在成人的帮助下完成这个动作，就可以提前翻身了。

案例二

精细动作训练（4~6个月）

活动名称：《小手抓握》 场　　地：室内教室		年龄：4~6个月 人数：10人（成人5人，婴儿5人）
	家长学习目标	婴儿发展目标
活动目标	1. 了解4~6个月婴儿精细动作发展水平。 2. 学会观察婴儿的精细动作发展情况，了解婴儿手部动作发展水平，并为婴儿选择适合的游戏。 3. 主动积极参与活动，根据教师的示范对婴儿进行指导和协助，并能在家开展相应活动。	1. 婴儿能够从无意识抓握发展为有意识抓握。 2. 体验与家长、同伴一起游戏的乐趣。
活动准备	1. 轻柔的音乐。 2. 铃鼓。	
活动过程	一、认识问候环节 播放轻柔的音乐，教师带领家长和婴儿相互打招呼、问候。 二、游戏环节 （一）教师示范 1. 教师把仿真婴儿抱在怀里，双手分别握着仿真婴儿的双手，并打开婴儿的手掌，轻轻地拍一拍。口中念儿歌："这是我的小手，小手真可爱。" 2. 教师出示铃鼓，示意婴儿来抓握，并摇一摇、听一听。 （二）家长与婴儿游戏 1. 家长根据教师的示范，把婴儿抱在怀里相向而坐。首先让宝宝认识自己的小手，帮助婴儿拍一拍自己的小手。一边念儿歌"这是我的小手，小手真可爱"，一边有节奏地拍一拍。	家长指导语 此游戏教育价值： 抓握动作是个体最初和最基本的手部动作，是婴儿掌握更复杂动作发展的基础。1个月左右，婴儿会松开手指做些抓东西的简单动作，如抓住汤匙和小摇铃片刻。随着月龄的增长，婴儿抓握物品的时间也会更长，有时还会看看手中抓握的东西是什么。从3个月起，婴儿开始出现一种不随意的

续表

	2. 在婴儿眼前30厘米左右的地方轻轻地摇晃铃鼓，让婴儿听和看。当婴儿注视后再在婴儿左手侧摇晃，并说“宝宝拿”，当婴儿抓握到铃鼓后，鼓励其摇一摇。在婴儿右手侧摇晃，并说“宝宝拿”，当婴儿抓握到铃鼓后，鼓励其摇一摇。 3. 当婴儿坐不稳时，可以让婴儿仰卧进行游戏。	手的抚摸动作，经常无意识地抚摸亲人、玩具等。4个月时婴儿简单地用手摆弄物品，4~5个月时，婴儿开始用手掌、手指伸手抓握物体，5~6个月时，婴儿开始把一个物体从一只手换到另一只手上。
家庭活动延伸	精细动作的发展可帮助婴儿提高生活自理能力，在家里可以做的事情有： 1. 家里的各种材质的物品均可以让婴儿抓握在手里，让婴儿感受不同物品的不同触感，提高婴儿触觉能力的发展。 2. 在家里可以和婴儿做抓放的游戏，比如让婴儿抓家长的手指、抓衣服等，抓握一会后刺激婴儿手背使其放松，然后再一次抓握，反复进行3~5次。	

（二）亲子动作训练案例

案例一

游戏名称：俯卧抬头（大动作训练）

适宜年龄：30~60天。

游戏准备：红色的软球。

游戏目标：1. 锻炼颈部肌肉力量；2. 增加全身平衡感；3. 增加肺活量。

游戏方法：让婴儿俯卧在床上，用红色的软球逗引婴儿，使他前胸离床，将头抬起，看到前方软球，婴儿能坚持俯卧抬头10至20秒，每天几次。

注意事项：训练要在婴儿清醒、空腹（即喂奶前半小时或喂奶后半小时）时进行，床面平坦、舒适，无杂物。

游戏名称：拉坐练习（大动作训练）

适宜年龄：4~5个月。

游戏准备：地垫或平坦的床 。

游戏目标：1. 增强婴儿腰部肌肉力量；2. 训练婴儿起坐的能力。

游戏方法：婴儿仰卧于地垫或平坦的床上，成人双手的大拇指插入婴儿手中，让他握着，其他手指则轻轻抓着婴儿的手腕，使婴儿双手伸直前举，手掌向内相对，两手与肩同宽，然后轻轻向前拉起婴儿双手，使婴儿头、肩膀离开床面抬起。此时婴儿会试图屈肘用力坐起来，保持此姿势5~6秒，再轻轻让婴儿躺下，再重复2~3次。

注意事项：拉坐练习是让婴儿借助家长的力量用力坐起。如果婴儿被成人拉坐起来时，手无力屈肘，头部低垂，表示还不宜做这个动作，必须先进行俯卧练习，强化颈背肌肉及上肢肌肉力量，过段时间再进行练习。

第二节

0.5~1岁婴儿动作的发展与训练

宝宝7个月了，喜欢上了爬行，于是家里到处都成了他的游乐场，而在家长看来这一切就好比一个战场，家里常常一团糟。对此，家长常常是又喜又悲，不知该如何应对，更不知道该如何有效组织游戏来促进宝宝的爬行。

一、0.5~1岁婴儿大动作发展核心能力

0.5~1岁的婴幼儿大动作发展重点为移行，婴儿开始移动自己的身体，更深入地探索环境。肚子贴地爬行以及手掌和膝盖撑地爬行时，婴儿大脑会接收本体觉、前庭觉和视觉的感觉刺激，整合并协调两侧身体学习动作计划能力、了解环境中物品与自己的空间关系，以及对自己身体位置的知觉。这个阶段的大动作发展有爬、站和行走。

（一）爬

爬行的主要目的为强化本体觉和全身肌肉力量，此阶段在婴儿发展过程中具有相当重要的意义。当发展出成熟的爬行时，婴儿左手及右膝盖同时向前移动（持续为右手及左膝盖同时向前移动），在此动作中需要左右大脑半球相互联结，才能协调四肢，做出双侧手脚整合并具有顺序性的交替动作。在动作计划能力中，动作顺序及时间掌控顺利发展时，我们会看到一个爬得很快、动作协调的小宝宝，一会儿爬去追他的玩具，一会爬过来对着你微笑。婴儿爬行的发展顺序是匍匐爬—抵足爬行—手膝爬行—手足爬行。

（二）站

婴儿站立起来，这是对抗地心引力的突破。通常来说，婴儿的站立分为两个阶段：一是9个月左右的扶站，婴儿这时候可以扶着周围的墙壁或者家具站起来；二是10~12个月独自站立，这个时候婴儿可以不借助任何外物，自己保持平衡，还能独自站立几秒，这说明他的腰腹力量有所增加。但这只是参考标准，每个婴儿都存在个体差异，有的早一点、有的晚一点都是正常的。家长不必过于担心，还是以观察和引导为主。

(三)走

婴儿长到10个月左右,不再满足于翻身和爬行,会产生尝试扶物体站起来的强烈愿望。从扶着物体站起来到能够扶着物体走路的过渡比较快。10~11个月是婴儿开始学习行走的第一阶段,当成人发现婴儿在放手后能稳定站立时,就可以开始尝试让婴儿向前迈步了,大多数婴儿都会在该阶段迈出人生的第一步。

二、0.5~1岁婴儿大动作训练要点

(一)爬行训练

1.匍匐爬

要想婴儿能匍匐爬,前期工作不能少。先让婴儿平躺在床上或爬行垫上,成人坐在婴儿对面,让婴儿双手捉住成人手指,向上坐起,每次5分钟。这样能够协助婴儿训练臂膀肌肉力量和腰腹部力量。让婴儿趴着,成人一手捉住婴儿左手,一手捉住婴儿右腿,一前一后让婴儿有向前爬行运动的认识。当婴儿有向前爬行运动的认识后,成人在婴儿前方放置色彩艳丽的玩具,让婴儿匍匐前行。如果婴儿肚子太重,爬不动,成人可以用浴巾兜着婴儿的肚子,轻轻地往上提,减轻婴儿手臂的承重压力,从而使婴儿逐渐学会爬行。

2.抵足爬行

婴儿在出生5~6个月的时候就会慢慢地学会爬行,但是在最开始学爬行的时候,可能没有任何的技巧,需要成人的帮助,才能够一步一步地向前爬行。在婴儿练习爬行的时候,首先要把婴儿放在空间比较大,而且周围环境不会伤害到婴儿的地方。然后将婴儿放在床上或爬行垫上,成人一个人在婴儿前面,一个人在婴儿后面。前面的人用婴儿感兴趣的玩具逗引,后面的人轻轻地把手放在婴儿的左右脚上边,这样婴儿在往前爬用脚蹬时,脚底有足够的力量,以后就能够慢慢地向前爬行。

在婴儿抵足爬行的时候,一定不能够往前推婴儿,而要轻轻地把手放在婴儿的左右脚上边,让婴儿自己掌握爬行的技巧。通过爬行训练,婴儿的大脑可以得到更好的发育,甚至也可以使婴儿的腿部力量更多一些,对于以后的走路也是非常好的。

3. 手膝爬行

训练婴儿用手和膝盖爬行。让婴儿俯卧在床上，成人用手轻轻托住婴儿腹部（或用浴巾托住婴儿的腹部），让婴儿手臂伸直，上半身直立起来，每次5~10分钟，这样能够协助婴儿全部上半身的训练。经过一段时间上半身直立训练后，当婴儿能够手臂伸直移动膝盖时，成人就可以开始协助婴儿移动大腿膝盖，每次5~10分钟。开始手膝爬行时可能没有前进，反而后退，这时成人可用手轻轻抵住宝宝的左右脚，给他一点支持力，如此宝宝会逐渐学会用手和膝盖爬行的动作。

爬行真的那么重要吗？

4. 手足爬行

学会了用手和膝盖爬行后，让婴儿俯卧在床上，用双手抱着婴儿的腰，使其两个膝盖离开床面，小腿蹬直，两只胳膊支撑着，轻轻把婴儿的身体前后晃动几十秒，然后放下来。这样每天练习3~4次，会大大提高婴儿胳膊和腿的支撑力。当支撑力增强后，双手抱住婴儿时可稍稍用力些，以促使婴儿往前爬。一段时间后，可以根据情况试探着松开手，用玩具逗引婴儿，并用语言鼓励他们，慢慢地他们就学会真正的爬行了。

婴幼儿爬行的安全注意事项

有些成人害怕婴儿爬行的时候会对健康不利，所以经常把婴儿放在床上，这样不仅会使婴儿的生长缓慢，而且也会对婴儿的健康成长造成影响。在婴儿学爬行的时候，每天可以用5分钟的时间让婴儿练习爬行，避免爬行的时间过长使婴儿太过劳累。

（二）站

1. 扶物站

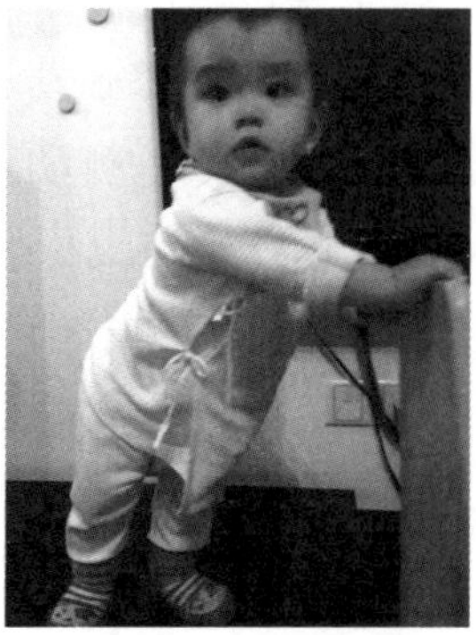

在生活中，成人要多提供机会训练婴儿扶站，为以后的走路打下良好的基础。婴儿进行扶站练习能够锤炼婴儿腿部的力量，成人可扶着婴儿腋下让他练习站立，或让他扶着小车、栏杆、沙发及凳子等物体站立；成人是婴儿扶站的最好“拐棍”，必要时可站在他们旁边，让他们捏住成人的手站起来；也可让婴儿沿着茶几行走，在茶几上放一个玩具，大人逗引他拿玩具，鼓励其先爬到茶几旁边，再扶着茶几站起来；成人可用玩具或

小食品吸引婴儿的注意力，延长其站立时间。

2. 坐位站立

8~10个月是婴儿由坐位向站立过渡的时期，一旦婴儿会独坐后，他就不再老老实实地坐着了，而会想站起来了。婴儿可拉着栏杆、沙发等由坐位站立起来，或拉着成人的双手由坐位站立起来。成人可先让婴儿独坐在地垫上，然后拿婴儿喜爱的玩具在婴儿站立可够取的位置逗引婴儿，鼓励其由坐位站立起来拿取玩具。

3. 独站

10~12个月的婴儿已经能够独自站立片刻，能迅速爬行，大人牵着手会走。婴儿进入10个月以后，在大肌肉运动方面，也进入了关键期——独自站立。这一时期是婴儿身体平衡能力发展的一个飞跃期，同时也是婴儿身体与四肢协调发展的重要时期。

婴儿独站的训练方式有：

(1)尝试独站：训练婴儿独站时，要由易到难逐渐进行。刚开始时，成人可用双手支撑在婴儿的腋下，帮助婴儿站稳。然后轻轻松开手，让婴儿尝试着站一站，若婴儿出现倾倒现象，大人应立即扶住婴儿，防止婴儿跌倒。在反复尝试站立的训练过程中，婴儿便会体会到站立与坐、爬等动作的不同，为独自站立打下良好的基础。

(2)练习独站：当婴儿独站有一定基础后，可在有软包的沙发上放置婴儿喜欢的各种玩具，让婴儿站立在沙发前玩玩具。或者让婴儿站立与成人玩“认识身体”游戏，成人说“这是我的脚”指一指自己的脚，“这是宝宝的脚”指一指宝宝的脚，“这是我的腿”指一指自己的腿，“这是宝宝的腿”指一指宝宝的腿……然后问宝宝“你的脚在哪儿?”“你的腿在哪儿?”“动一动你的脚”“动一动你的腿”，让婴儿认识自己的下肢。

站立时间不宜太长，时间应由短到长逐渐增加，不要使婴儿双腿疲劳，感到不适。

(三)走的练习

1. 移步行走

当婴儿能够独站了，逐渐地就能够迈步行走了。这个时候让婴儿慢慢尝试放开成人的双手挪动脚步。成人可以分别站在婴儿的两边，刚开始距离不宜太远，家长在一边逗引婴儿“宝宝到妈妈这里来”“宝宝来给妈妈一个大大的拥抱”，从而使婴儿松开爸爸的双手迈开步子走到妈妈这一边。然后爸爸再逗引婴儿，使婴儿放开妈妈的双手迈步到爸爸的身边，反复3~5次，多次练习以后成人可以拉长距离，让婴儿移动行走的时间逐渐增长，距离逐渐增加。

2. 扶物行走

婴儿12个月左右可以扶着东西行走了，在这一阶段，成人可以让婴儿扶着家里的沙发、床沿行走，或者成人用一个小呼啦圈套着婴儿的身体，让婴儿用左右手扶着呼啦圈的两边或前面向前行走。

3. 推车行走

利用学步用的手推车协助婴儿走路，使婴儿忘记放开成人的手自行迈步的恐惧感，从而愉快地学习行走。或是成人利用婴儿车，让婴儿逐渐学习行走，在室外，成人扶着婴儿推车，让婴儿抓住推车的另外一端。成人慢慢向后退，引导婴儿跟着自己的脚步慢慢向前走。成人一边退，一边鼓励婴儿："宝宝真能干！走得真好！"还可稍稍改变后退的方向，慢慢拉着推车做弧线运动，提高宝宝运动的灵活性。

（四）训练时的注意事项

要为婴儿创设宽敞明亮、干净卫生、无安全隐患、良好的运动环境。在训练婴儿爬行时，应在地上铺上毯子或者棉垫，使地面软硬适中，利于婴儿爬行。在训练婴儿行走时，应排除四周的障碍物，以防磕碰到婴儿。饭前、饭后半小时内不宜进行训练，婴儿情绪不好时不宜进行训练，每次训练的时间不宜太长，应根据婴儿的情绪、状态而定，当婴儿兴趣盎然时可以适当延长训练时间，当婴儿情绪不好时成人可以变换游戏方式来提高婴儿游戏的兴趣，切不可生搬硬拽、强行训练。在训练的过程中，成人应时刻注意保护婴儿的安全，鼓励婴儿大胆尝试，培养婴儿勇敢、坚强和自信的人格品质。

三、0.5~1岁婴儿精细动作发展核心能力

0.5~1岁婴儿手指抓握能力更加灵活。7个月左右，婴儿在抓握时拇指与其他四指平行，能同时用力抓握物体。随后婴儿表现出初步的"对指"能力，即拇指的指腹与其他四指的指腹相对。8~9个月左右，婴儿在抓握时将拇指与食指相对，用两手抓起物体。该年龄段的婴儿喜欢用一只手而不是两只手同时伸手拿东西，称之为单手抓握。这种习惯一般在婴儿8个月左右能很好地形成。10个月左右的婴儿钳形抓握动作已趋于准确，能捡起葡萄干和小珠子之类的小东西。10~11个月婴儿手眼协调能力快速发展。如在他们面前的桌子上放一个有洞的小钉板，他可以模仿大人的动作将一个或多个手指插到孔中。发展较好的婴儿能协调两手的动作，如用一只手拿杯子，另一只手去取藏在杯子下的东西。11~12个月婴儿小肌肉技巧很准确，能够抓住铃铛的柄或铅笔的末梢，还能够将物体从装得很严实的地方弄出来，如打开包糖果的纸。到12个月大时，他们有足够的精细运动协调能力，在看到别人的示范后，他们会学着捡起积木放进篮子里。

四、0.5~1岁婴儿精细动作训练要点

（一）手指训练

1.双手对指

让婴儿背靠在家长的怀里坐着，家长两手分别握着他的双手，用食指和拇指抓住婴儿的食指，让他的两个食指尖对拢点几下，然后分开，两食指尖对点时说“斗、斗、斗、斗”（每念一次，食指尖对点一下），分开时说“飞……”。

2.三指捏

成人在桌上放一些饼干，与婴儿同向坐在桌子旁，先示范用拇指、食指和中指三指去抓饼干，再帮助婴儿收紧无名指和小拇指练习三指抓捏饼干吃。成人还可以在桌上放一些彩色小糖果、小馒头，示范伸出大拇指、食指、中指三指去抓糖果到盘子里或嘴里的动作。

（二）抓握训练

1.玩具换手

父母先在桌上放一些能抓得住的小玩具，让婴儿两手各抓一个玩具（一个一个地给），然后再递给他玩具，用语言示意他要空手来拿，训练他扔掉手中的原有玩具，接过新玩具抓在手心。

2.拿拿放放

成人给婴儿准备中间有洞的不同形状积木和底座（套叠玩具），大人先示范套的动作，然后让婴儿自己套。成人在桌上给婴儿准备一些积木，示范一个一个地往上搭高楼，让婴儿模仿垒高2~5层或垒长积木。左、右手都要练习。成人在桌上给婴儿准备套碗（套塔），逗引他把大的碗放在下面，小的碗放在上面，玩套叠的游戏。大人可以适当帮忙，让婴儿体验成功的快乐。

（三）敲击训练

1.积木对击

成人和婴儿各准备一副可以对击敲响的玩具，如积木、沙锤等，成人示范对击敲响的动作，并让婴儿学着成人左右手各拿一个玩具，对击敲响。

2.小鼓敲敲乐

成人和婴儿各拿一个鼓槌相对而坐，中间放一个小鼓，成人用鼓槌敲击一下小鼓，示意婴儿也用鼓槌敲击一下小鼓；成人用鼓槌敲击两下小鼓，示意婴儿也用鼓槌敲击两下小鼓。

（四）手眼协调训练

1. 勺子舀

婴儿6个月后，要注意逐渐养成其良好饮食习惯，训练他在一定时间、一定地点自己用餐具进食。吃饭前做好准备，如洗手、带围嘴等。10个月左右的婴儿吃饭时可以给他一把硅胶小勺和不易摔碎的碗，让他自己进食，训练婴儿的手眼协调能力，以及手部小肌肉的灵活性。

2. 撕纸

成人可给婴儿提供一些过期的报纸、广告宣传纸等让婴儿尽情地享受撕纸游戏的快乐，婴儿撕纸时，常常撕两下就丢掉了，然后去找新的“猎物”继续撕，我们可以陪在婴儿身边，先递给他一张纸，等他撕成两半，再拿起一半再递给他，让他继续一分为二。这有助于促进婴儿手部精细化动作的发展，同时对脑功能的健全与成熟也是很重要的。另外，我们要尽量给婴儿准备不同材质的纸，丰富婴儿的触觉体验。值得注意的是，让婴儿撕报纸时，要防止婴儿误食，因为报纸里含铅，会影响婴儿健康，撕纸之后，要及时给婴儿洗手。

（五）训练时的注意事项

婴儿年龄小，手部小肌肉不够灵活且容易疲劳，成人在训练其抓握时应循序渐进，动作由易到难，时间由短到长，逐渐提高婴儿精细动作发展水平。在训练婴儿精细动作发展时要注意防止婴儿将练习抓握的小物件塞进耳、鼻、口中。在日常生活中，成人应随时随地注意给婴儿提供锻炼手部精细动作发展的机会，如让婴儿自己进食、自己剥开糖果的包装纸、自己剥橘子等。

拓展链接

如何训练宝宝用小勺吃饭舀汤

教给宝宝小勺的持握方法：

1. 持勺一般用右手，应该让宝宝尽可能握住勺柄的上端，而不能抓住勺的下部，否则舀饭菜时手会碰到饭菜，吃到嘴里不卫生。如果孩子坚持用左手，也不必强行纠正。

2. 将勺柄靠在中指上，无名指和小指为支撑，食指贴靠勺柄大拇指按在小勺的另一侧。

训练宝宝用小勺吃饭舀汤：

1. 从一开始，成人就要阻止孩子用手乱抓饭菜，尽早培养宝宝用小勺独立吃饭的能力，同时要容忍宝宝独立吃饭时造成的脏和乱，进食时要让宝宝保持心情愉快，千万不能在这时训斥他。

2. 勺子大小要适中，不易破损，以免弄伤宝宝。小勺不要到处乱放，弄脏后再吃就不卫生了。

3. 不能边吃边玩，要养成进食的规矩。如果宝宝走开，要劝其回到位子上，不要让宝宝嘴里含着勺子到处跑着玩，这样一不小心小勺会戳伤喉咙，甚至吞入气管，造成窒息。

4. 训练宝宝用小勺从汤盘里舀汤，一勺一勺地送到嘴里喝，但要注意汤不能太烫，尤其用金属做的小勺舀汤时，更要注意汤温适中，否则会对孩子造成伤害。

5. 用餐结束后，要叫宝宝把小勺放好，不要随手乱扔乱放，养成好习惯。

五、0.5~1岁婴儿动作训练案例

（一）早期教育课程案例

案例一

大动作训练（8~10个月）

<table>
<tr><td colspan="2">活动名称：《钻山洞》
场　　地：室内活动室</td><td>年龄：8~10个月
人数：10人（成人5人，婴儿5人）</td></tr>
<tr><td rowspan="2">活动目标</td><td>家长学习目标</td><td>婴儿发展目标</td></tr>
<tr><td>1. 知道8~10个月龄婴儿爬行的特点以及相应的指导方法。
2. 学会观察婴儿爬的情况，了解婴儿爬的发展水平。
3. 学会可以在家庭中开展的发展婴儿爬行动作的游戏。</td><td>1. 在原有动作发展水平的基础上，能够逐步学会爬行动作。
2. 婴儿胸肌、背肌、腹肌以及四肢肌肉的力量增强。
3. 婴儿全身平衡能力及四肢协调能力进一步提高。</td></tr>
<tr><td>活动准备</td><td colspan="2">1. 软硬适中的地垫。
2. 包装冰箱或洗衣机的空纸箱，将纸箱两头的盖和底剪掉，做成“山洞”。
3. 音乐《大王带我来巡山》。</td></tr>
<tr><td>活动过程</td><td>一、导入环节
教师播放音乐《大王带我来巡山》，引导家长随着音乐的节奏给婴儿做热身操。告诉家长和婴儿“今天我要带大家去巡视，首先要钻过一个长长的山洞……”引入主题。
二、游戏环节
（一）教师示范
教师示范游戏玩法：将纸箱横放在地上，教师从一头顺利爬过“山洞”，到达另一头，并告诉婴儿：“我们要爬过山洞啦！”</td><td>家长指导语
此游戏教育价值：
爬是婴儿最早的自主位移动作，是个体在俯卧状态下的重要自主运动形式。婴儿在爬行过程中通过自己的努力去达到目的，这种目的性行动使婴儿的运动技能和意志都得到锻炼。</td></tr>
</table>

续表

<table>
<tr><td></td><td>(二)家长与婴儿游戏
(1)将纸箱横放在地上,把婴儿放在纸箱的一头,家长在另一头鼓励婴儿钻进“山洞”,爬到家长这边来,婴儿顺利爬过“山洞”后,家长可给予婴儿亲切的拥抱。
(2)也可以在山洞前面放置一个婴儿感兴趣的玩具,逗引婴儿爬过山洞,然后以玩具作为给婴儿的奖励。
(3)家长引导婴儿爬行的过程中,教师进行一对一的个别观察与指导。</td><td>家长提示:
1.婴儿刚开始学习爬行时为腹地爬(匍匐爬行)。改造纸箱时,边缘要用胶条贴上,避免边缘划破婴儿细嫩的皮肤;
2.爬台阶也是该阶段婴儿特别喜欢的活动,爬滑梯、楼梯、小土坡都可以训练婴儿爬的技能。
3.当婴儿完成了一次游戏后,家长要及时鼓励婴儿,让婴儿心情愉悦,并增强其自信心。</td></tr>
<tr><td>家庭延伸活动</td><td colspan="2">爬行游戏是增加四肢肌肉力量最有效的手段,在家里也是很容易进行练习的。在日常生活中,家长们可以这样做:
1.家长在日常生活中还可以利用枕头、棉被、衣物等设置障碍物,让婴儿爬上、爬下,提高婴儿爬行能力。
2.家长还可以把自己设置成障碍物,让婴儿爬过成人的肚子,钻过成人拱起的膝盖等。</td></tr>
</table>

案例二

精细动作训练(8~12个月)

<table>
<tr><td colspan="3">活动名称:《小鱼吃汤圆》　　年龄:8~12个月
场　　地:室内活动室　　人数:10人(成人5人,婴儿5人)</td></tr>
<tr><td rowspan="2">活动目标</td><td>家长学习目标</td><td>婴儿发展目标</td></tr>
<tr><td>1.知道8~12个月龄婴儿手部精细动作的发展特点。
2.学会观察婴儿手部精细动作的发展情况,了解其发展水平。
3.学会在家庭中开展锻炼婴儿手眼协调能力的游戏。</td><td>1.婴儿手部小肌肉的力量逐渐增强。
2.婴儿手眼协调能力进一步提高。</td></tr>
<tr><td>活动准备</td><td colspan="2">1.软硬适中的地垫。
2.废旧报纸若干、画有小鱼图案的小口透明玻璃瓶。
3.音乐《我有一双小小手》。</td></tr>
</table>

续表

<table>
<tr>
<td>活动过程</td>
<td>一、导入环节
教师播放音乐《我有一双小小手》:
我有一双小小手,
一只左来一只右。
小小手,小小手,
一共十个手指头。
有了一双小小手,
手洗脸来手漱口,
会穿衣,会梳头,
自己事情自己做。
一边播放音乐一边引导婴儿观察自己的小手。
二、游戏环节
(一)快乐撕撕撕
1. 教师发给每个家庭一张报纸,教师示范撕纸,把报纸撕成大小、形状不一的小块。
2. 成人带领婴儿一起参与撕纸游戏,如果婴儿撕不动,家长可帮其撕一个小口。
(二)搓汤圆
1. 教师示范把撕碎的一张张纸屑团成一个个小纸球,一边团一边说“搓呀搓,搓成一个个小汤圆,一会儿喂给鱼婴儿”。
2. 成人与婴儿一起“搓汤圆”,当婴儿不会搓时,成人需进行示范和适当的帮助。
(三)小鱼吃汤圆
1. 教师示范用拇指、食指和中指三指抓起纸团投入画有小鱼图案的小口透明玻璃瓶中,并鼓励婴儿一定要让小鱼吃得饱饱的。
2. 成人带领婴儿用拇指、食指和中指三指抓起纸团放进小口透明玻璃瓶内,训练他熟练地三指抓起纸团并准确有意识地放入瓶中的技巧。</td>
<td>家长指导语
此游戏教育价值:
手是认识事物特征的重要器官,手部的动作在婴儿心智教育中非常重要。儿童的智慧在他的手指尖上。三指捏是婴儿手眼协调能力发展的重要指标。
家长提示:
1. 所选瓶口和纸团大小根据婴儿的熟练程度而定。
2. 注意婴儿安全,以免婴儿将纸团塞进口中或鼻腔里。
3. 如果婴儿无法完成这个步骤,说明孩子的手眼还不协调,可以选择大一点的物品让婴儿拿捏。</td>
</tr>
<tr>
<td>家庭延伸活动</td>
<td colspan="2">在日常生活中,家长们可以这样做:
1. 成人在家里可找一些小圈或小环,成人竖起食指,引导婴儿用手抓握将其套在大人的食指上。
2. 家长还可以给婴儿提供一些大小不一的瓶子,让婴儿打开盖子再盖上盖子。甚至还可以将全部瓶盖拧下来,让婴儿来配对。</td>
</tr>
</table>

（二）亲子动作训练案例

案例一

游戏名称：快乐向前爬。

适宜年龄：7~8个月。

游戏准备：地垫、婴儿感兴趣的玩具。

游戏目标：1.提高婴儿四肢协调能力；2.增强婴儿空间感；3.促进大脑发育、提高婴儿探索欲望。

游戏方法：成人可在引导婴儿爬行的前方准备一个婴儿感兴趣的玩具，引起婴儿的兴趣，并有伸手拿取的欲望，促其向前爬行，以训练其灵活性。

注意事项：成人应该尽量把婴儿放在地垫上，并利用色彩鲜艳、丰富的玩具或其他有趣的东西，诱导婴儿向前爬行。当婴儿努力爬到"终点"时，成人别忘了适时给予语言鼓励。

案例二

游戏名称：敲敲乐。

适宜年龄：7~8个月。

游戏准备：地垫、积木。

游戏目标：1.锻炼婴儿双手协调能力；2.加强婴儿手部小肌肉的灵活性。

游戏方法：家长准备几块大小合适的积木。让婴儿舒适地坐着，观察家长玩积木对敲。家长可以给婴儿表演个小节目，一边敲击出各种节奏一边唱歌或念儿歌，引导婴儿喜爱上这个动作。然后把积木交给婴儿，让他来模仿动作。刚开始可能需要家长扶着婴儿的手去帮助他们完成动作，但很快婴儿就会感受到乐趣并通过练习熟练地做出对敲动作。

注意事项：当婴儿学会了随意敲击，玩了敲击乐游戏之后。家长可以加大游戏难度，让婴儿学会对敲的动作，并慢慢减小玩具体积，让婴儿的动作更精准。

本章回顾

本章围绕0~1岁婴儿动作发展核心能力与训练方法而展开，阐释了0~1岁婴儿大动作和精细动作发展的核心能力，指出了0~1岁婴儿大动作在转头、俯卧抬头、翻身、坐、爬、站、走等各个动作发展上的具体内容和训练要点。梳理了0~1岁婴幼儿抓握动作发展特点和训练方法。其重点是掌握0~1婴儿动作发展的核心能力，熟悉并应用动作发展训练的常见方法，能设计并组织实施促进0~1岁婴儿动作发展的游戏活动。

思考与练习

1.0~1 岁婴幼儿大动作发展的核心能力有哪些?

2.0~1 岁婴幼儿抓握动作发展的特点有哪些?

实训与实操

1. 设计一个针对0~1岁婴儿大动作发展的游戏活动。

2. 设计一个针对0~1岁婴儿精细动作发展的游戏活动。

3. 针对0~1岁婴幼儿某一方面的动作能力发展开展模拟试教,运用相关知识进行评析。

推荐阅读

1. 周念丽.0-3岁儿童观察与评估[M].上海:华东师范大学出版社,2013.

2. 李洁,雷华,杨娅娅.婴幼儿运动训练[M].北京:中国人口出版社,2004.

3. 周念丽.学前儿童发展心理学[M].上海:华东师范大学出版社,2006.

4. 王明晖等.婴幼儿亲子教育活动设计与案例精选[M].上海:复旦大学出版社,2017.

第一节

1~1.5岁幼儿动作的发展与训练

桢桢的妈妈说:“我家桢桢大动作发育得挺好的,现在一岁两个月就能够走路了。可是手部肌肉的发育却不理想,常常打翻饭碗和水杯,让她自己拿着勺子吃饭吧,总是满脸、满身都洒一些,家人总是担心她自己动手吃饭吃不饱,只好拿过勺子喂她。”一岁两个月的孩子究竟是否该让她自己动手吃饭呢?近段时间桢桢妈妈很苦恼。

1~2岁是幼儿动作发展的关键期,该年龄阶段的幼儿活泼好动,对世界充满好奇,每天都在不断地探索,各方面能力飞速发展。走、跑、跳等大动作进一步发展,逐渐能够松开成人的双手独立行走,进而能够向前奔跑和在成人的帮助下进行跳跃。同时手部小肌肉的动作也在不断发展,从最初的抓握动作逐渐发展为以操作物品的动作为主,此时促进幼儿手部精细动作的发展,对其大脑的发育有着非常重要的作用。

一、1~1.5岁幼儿大动作发展核心能力

1~1.5岁幼儿的动作以移动运动为主。大动作发展主要表现为行走逐渐稳当,能够蹲下再站立、上下楼梯、牵着跑等。行走是个体高度自动化的动作技能之一,1~1.5岁幼儿经过数月练习,逐渐能够走得很好,并逐渐学会拐弯、转身等,基本上不会摔倒。伴随着站立动作的不断发展,幼儿的下蹲动作也开始趋于成熟,逐渐地能够进行站—蹲—站的连贯动作。上下楼梯是运动能力和深度知觉能力的综合过程,当大人牵着幼儿的手上楼梯时,幼儿会抬起一条腿,然后再抬起另一条腿,把两只脚迈到同一阶梯后,才能以同样的方法再上一层阶梯,他们还不会双腿交替上楼梯。跑是需要大脑高度协调的全身运动,该年龄阶段的幼儿需要在成人的指导与帮助下逐渐学会跑。

(一)走

12个月以上的幼儿扶着东西站起来并开始向前迈步时,帮助幼儿向前走几步,这会使他获得信心。不断练习以及加强幼儿平衡能力的训练是这一阶段幼儿学习走路的关键。幼儿行走前期表现为:身体僵硬,行进时身体不平衡,但他们尽力想保持平衡,有明显的左右摇晃的动作。13个月左右时,成人除了继续训练幼儿腿部的肌力,及身体与眼睛的协调能力之外,也要着重训练幼儿对不同地面的适应能力。15~18个月时,幼儿已经能行走良好,对四周事物的探索逐渐增强,此时应该满足他们的好奇心,增强幼儿探索的欲望。

（二）蹲

12个月时，蹲是此阶段重要的发展过程，成人应注重幼儿站—蹲—站连贯动作的训练，如此做可增加幼儿腿部的肌力，也可以训练身体的协调能力，还能缓解幼儿摔倒时的疼痛感。伴随着站立动作的不断发展，幼儿的下蹲动作也开始趋于成熟。一开始幼儿可以模仿蹲下的动作，但无法蹲下，对身体的控制力还不够强；慢慢地，幼儿从扶物或是在大人扶持下蹲下，到能够独自蹲玩，最后能够自如地变换蹲站位。

（三）上下楼梯

上下楼梯不但对幼儿的大动作发展具有良好的促进作用，而且能够提高幼儿平衡能力，还是幼儿运动能力和深度知觉能力的综合过程。1~1.5岁幼儿还不会双腿交替上下楼梯，需要在大人的帮助下进行，如大人双手扶着幼儿的腋下或者牵着幼儿的手上下楼梯。

（四）跑

跑是全身的运动，需要大脑高度协调，是发展幼儿动作企划能力的有效运动。对幼儿进行有计划、有目的地向前跑的训练可以增强幼儿腿部肌肉力量和耐力，增强幼儿肢体协调性和心肺功能，提高幼儿运动的灵敏度。1.5岁的幼儿喜欢跑步前进，但是平衡感差，跑步动作不是很协调。

拓展链接

婴儿什么时候走路最好

一日复一日，婴儿渐渐长大，慢慢地会笑、会翻身、会爬。这一切家长们看在眼里，甜在心里。然而，婴儿各个年龄阶段相应的动作都出现了，却偏偏不见婴儿走路。常常父母看着邻居同龄孩子都会走路了，心里十分着急。那么婴儿什么时候学会走路最好？

事实上，有些婴儿走路走得早，有些婴儿就晚一点，但这并不代表早学会走路的婴儿就更聪明些。医学证明，婴儿1岁以后学会走路最好。这主要是因为1岁以内的婴儿，身体还未完全发育好，特别是婴儿的骨骼正在钙化过程中，还不够坚韧，若过早学会走路，可能导致腿骨弯曲变形。同时，婴儿走路需要一定的过程，不能一蹴而就。

婴儿学走路的过程大概是这样的：当婴儿在10~11个月时，就要学会扶着东西能很好地站立，这一过程是不容忽视的。到了12个月的时候，婴儿就应该学会站起来、蹲下去、再站起来的连续动作。12个月以后，就开始扶着东西慢慢地行走，直至会走路。家长们需要在婴儿学走路的时候，扶着婴儿的双臂，预防婴儿摔伤，同时能够给予婴儿安全感，使其能够勇敢地向前迈步。

二、1~1.5岁幼儿大动作训练要点

（一）走的训练

1.逗引走

成人在幼儿对面距离其两三步的地方，手拿一个幼儿喜欢的玩具，逗引其走向成人拿玩具，另一成人则在幼儿背后随时注意保护幼儿。为充分练习幼儿的行走能力，成人要注意逐渐拉长与幼儿的距离，让幼儿一次比一次走得远。在幼儿会走后，常带幼儿到户外活动，练习自如行走。

2.拖物走

拿出小拖车之类的拖拉玩具吸引幼儿的注意力，告诉幼儿玩具的名称，给幼儿示范怎样拉着玩具走，让幼儿拉着小拖车之类的拖拉玩具练习走路。同时可以设置一些小障碍物，让幼儿学习拉着玩具侧着走和转弯。

3.倒退走

让幼儿面对家长，握住家长的双手，双脚踩在家长的脚背上，家长左右交替向前迈步。一段时间后，让幼儿独自站在地面，面对家长握住家长的双手，练习倒退走。最后鼓励幼儿独自倒退走，家长要帮幼儿看着身后，避免有其他物品绊倒幼儿。

4.平稳地走

幼儿大肌肉的发展比以前更加完善了，多数幼儿能较平稳地走路，摔倒后能自己爬起来，可以手舞足蹈，而且很喜欢模仿成人的动作。训练幼儿学习平稳行走，帮助其提高身体平衡能力，多数幼儿在这个阶段已经学会独立行走了，只是由于身体平衡能力不是很好，他们走路时通常会左右摇晃，有时还不得不举起一只手来保持身体的平衡。此时成人应该多多关注孩子的走路姿势，通过不断的训练和帮助，让幼儿学会很好地控制身体的平衡，学会平稳地走路。如果幼儿在学习的过程中不慎摔倒，成人不要急着去搀扶，而应该鼓励幼儿自己站起来，重新进行练习，这样不仅能训练幼儿的动作能力，还有助于增强其意志。

5.跨越障碍走

当幼儿走得较为平稳了之后，成人为了帮助其进步，还可以在幼儿行走的过程中人为地设置一些障碍，如放上一些玩具、小物品等，让幼儿在行走时学会迈腿越过这些障碍。这个过程中，成人需要在一旁做好引导和看护工作，告知幼儿怎样才能更顺利地越过并保障其安全。

（二）蹲

1.尝试蹲

下蹲动作有助于增强幼儿腿部力量和平衡能力，刚开始幼儿只能模仿成人尝试下蹲，但无法蹲下，这个时候我们应使幼儿加强下蹲的练习。如成人带领

幼儿玩“种花生、收花生”的游戏。将颜色不一的积木10块，分别装在两个小篮子里面，成人提一小篮子积木，幼儿提一小篮子。成人一边说“种花生了，种了一颗又一颗”，一边蹲下把积木放到地板上。引导幼儿模仿成人从小篮子里拿出积木蹲下放到地板上。当积木都放到地板上过后，成人示范收花生，“花生成熟了，花生又大又饱满”。成人引导幼儿蹲下把地板上的积木一个一个地捡到小篮子里。在此过程中，如果幼儿无法够到积木，成人可适当地进行帮助，并给予及时的鼓励，增强其自信心。

2.扶物蹲

幼儿大腿肌肉通过锻炼，越来越有力量，下蹲的能力逐渐增强，慢慢地能够扶物蹲下。成人把幼儿喜欢的玩具放到地垫上，再在玩具旁边放置一把椅子，鼓励幼儿扶着椅子蹲下，把玩具捡起来，或引导幼儿蹲下拿到玩具后，蹲玩一会儿玩具。蹲玩的时间不宜太长，以免影响幼儿下肢血液循环。

3.独自蹲

幼儿能够独自蹲下是重要的生活能力之一，此时幼儿能够独自蹲玩并保持一定的时间。成人可为幼儿提供适合该年龄阶段拼搭的积木，与幼儿一起蹲下搭积木，边玩边唱“你一块我一块，搭出一个拱桥来；你一块我一块，搭出一座小山来……”当幼儿每放稳一块积木，成人应拥抱幼儿或者竖起大拇指表扬幼儿。

4.蹲站交替

幼儿逐渐地能够蹲站交替，表明肌肉、骨骼发育进一步成熟，身体协调能力显著增强。成人可与幼儿玩“高个子矮个子”的游戏，成人示范，蹲下时说“我变矮了”，然后站起来说“我长高了”，引导幼儿听家长口令进行游戏。当幼儿掌握了游戏要领后，成人可把口令说快一些，以训练幼儿反应能力。

（三）上下楼梯

1.扶腋下上楼梯

训练幼儿上下楼梯时，可以先锻炼幼儿上楼梯。成人可以把幼儿喜欢的玩具放到楼梯台阶上，使幼儿有兴趣去拿玩具。然后成人用双手扶着幼儿的腋下往上爬楼梯，最初训练时幼儿身体难以保持平衡，幼儿的整个身体的重量都往后压，双脚交替往上迈步。成人应用力扶住幼儿的身体，时刻注意幼儿的安全。幼儿每登上一步台阶，成人就应给予鼓励与表扬，增强幼儿的自信心。

2.手牵手上楼梯

当幼儿腿部肌肉逐渐增强，上楼梯的困难程度就逐渐减小了。这个时候一名成人可以站在台阶上拿着玩具逗引幼儿，另一名成人则牵着幼儿的手往上爬楼梯去拿玩具。成人牵着幼儿的手是为了保护幼儿的安全，防止幼儿摔倒，要注意的是千万不要使劲牵拉幼儿的手臂往上拽，这既达不到锻炼腿部肌肉力量的目的，还容易拉伤幼儿手臂肌肉，严重的甚至造成手肘脱臼，形成“牵拉肘”。

3.有趣的滑梯

滑梯对于幼儿来说总是有无限的吸引力,成人可以带幼儿到游乐场玩滑梯,让幼儿自行爬上滑梯的每一步台阶,然后从滑道滑下来,反复游戏。滑梯的每一步台阶跨度适宜,便于幼儿练习,而且幼儿非常喜欢玩滑梯,让幼儿在玩耍的过程中不知不觉地锻炼了大动作的发展,增强了腿部肌肉力量。在此过程中,家长要时刻注意保护幼儿安全,防止幼儿摔倒。

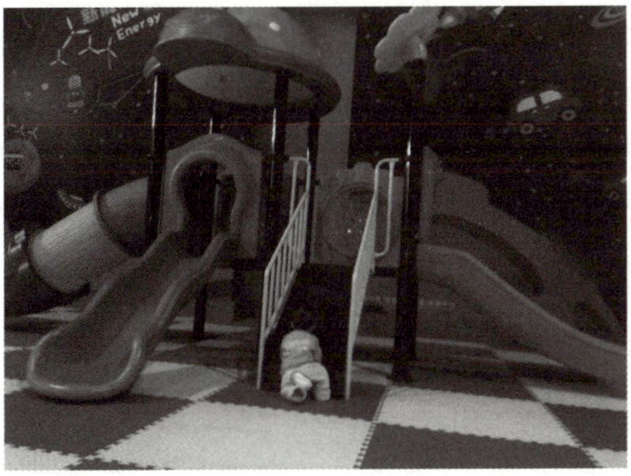

4.扶栏上下楼梯

在锻炼幼儿上下楼梯时,还可以让其扶着栏杆上下楼梯,如果幼儿不敢自己扶着栏杆走,成人可以让幼儿先扶着栏杆上楼梯,当幼儿逐渐能够控制身体的平衡后,再扶着栏杆下楼梯。锻炼幼儿扶栏杆上下楼梯的过程既可以增强幼儿腿部肌肉的力量,还可以增强幼儿手臂肌肉力量,起到四肢协调发展的作用。

(四)跑

1.牵着跑

1~1.5岁幼儿在成人的牵引下开始会跑。幼儿刚开始学跑步时,上下肢不协调,平衡能力较差,动作比较僵硬,速度也比较慢。为了防止幼儿跑步时摔倒,带给幼儿不良的体验,影响幼儿跑步的兴趣,刚学跑步时成人应轻轻牵着幼儿的一只手带着幼儿跑,注意不要过度牵拉幼儿的手臂,防止拉脱臼。

2.向前跑

成人在幼儿面前慢慢地退后跑,引导幼儿跟着向前跑。成人可以用活动玩具引导幼儿跑向成人拿取玩具。成人不可退得太快、太远,使幼儿追不上。当幼儿追上成人,成人应拥抱幼儿,使其有安全感,并给予表扬"宝宝你跑得又快又稳,棒极了",增强其自信心。

3.扶物停下

成人还可以跟幼儿一起玩追影子的游戏。成人利用光线下的影子叫幼儿去追赶自己的影子,或者成人与幼儿互踩影子。然后让幼儿能够扶住物体停下来,直至能够自己减慢速度,不扶着物体慢慢地停下来。1~1.5岁的幼儿跑步要停下来比较困难,先要训练扶物停下,然后学会减慢速度,慢慢地自己停下来。

开始训练时，训练者可以扶住幼儿的手给予帮助，逐步减少帮助，让幼儿自己能够停下来。

注意点：幼儿头重脚轻，跑步时头向前伸，身体的重心在前面，跑步时容易跌倒。幼儿一旦摔跤摔痛了，就会害怕跑步，所以尽量做好保护，室内容易引起碰伤的物件要移开。

（五）训练时的注意事项

幼儿刚学会走路时，练习走的积极性非常高，家长应该利用幼儿走路的关键期，把握好时机，为幼儿创造练习走路的良好环境，循序渐进地让幼儿学会独立行走。当幼儿能够独走后，逐渐练习跑，幼儿开始练习跑时，仅脚尖着地，脚后跟垫起，跑起来往前倾，非常容易摔倒，家长应时刻注意幼儿的安全，保护好幼儿，以防因摔倒或受到惊吓从而减少走路、跑步的兴趣。

三、1~1.5岁幼儿精细动作发展核心能力

1~1.5岁幼儿手腕和手指的控制比较灵活。两手可自如地拿起喜爱的玩具进行组合，能稳固摆放积木。1岁的幼儿会握笔乱画，画出的往往不是一条直线，而且断断续续。接近1岁半的幼儿能较稳当地握笔。大人如果在这个阶段加强对幼儿握笔方式以及用力画出笔道的训练，就有利于培养幼儿对手腕的控制能力以及对绘画的兴趣。有些幼儿在这一年龄段还能模仿大人翻书。1~1.5岁幼儿手眼协调能力快速发展，能搭3块以上的积木，接近18个月的幼儿已不再满足搭3块积木了，他们渐渐能搭上3~5块甚至更多的积木而不倒。能将小物品投入瓶子中并拿出，幼儿可能在刚开始要花很大力气才能将小物品放进瓶子里，经过大人的示范和不断练习，可以完成将小物品投进、倒出瓶子的一系列动作。能使用杯子和小勺喝水，对于1岁多的幼儿来说，已可以用手准确地将勺子中的饭菜放入口中，而不像1岁前那样拿勺子不分方向，胡乱拿起就往嘴里塞，以致大部分饭菜都撒在桌面或沾满脸上以及嘴边。有些幼儿在这个年龄段还能学着大人拿起杯子喝水。

（一）二指捏

幼儿掌握了三指（拇指、食指和中指）捏后，可逐渐训练幼儿二指（拇指、食指）捏。

（二）双手相向的动作

双手相向的动作是指双手及手指同时做出相同的动作，如双手抱住奶瓶喝奶、双手十指准确对指、双手同时接住滚来的球等。成人要多鼓励幼儿做双手相向的游戏，使幼儿手部动作更加灵活，手眼协调能力和空间感知能力增强。

（三）双手相反的动作

双手相反的动作是指双手同时运动，但运动方向、动作形式不同。双手相

反运动是一种重要的生活能力,体现在生活中的方方面面。可开展拉皮筋、包饺子、拧海绵等游戏,锻炼幼儿双手相反运动的能力。此外,可选用软薄毛巾,鼓励孩子洗脸时自己拧干毛巾。

四、1~1.5岁幼儿精细动作训练要点

(一)二指捏

1. 捡豆子

拿出一小碗花生或大芸豆和一个空碗,成人示范用拇指和食指将碗里的花生或大芸豆捏住并放进空碗里面,然后鼓励幼儿尝试着用拇指和食指一起用力把小碗里面的花生或大芸豆捏住并放进空碗里面。或者加大难度,把花生和大芸豆混合在一起,让幼儿把花生和大芸豆分别捏到两个空碗里面。还可以进一步加大难度,用比较细小的豆子让幼儿来练习二指捏,如小芸豆、红豆、绿豆等。

注意:游戏中使用的豆子等材料有一定的安全隐患,在幼儿游戏时,成人务必看管好,避免婴儿将豆子等细小的物品吞食或塞入耳鼻。

2. 带把儿拼图

成人准备1到2副带把的幼儿喜爱的动物拼图,鼓励幼儿用拇指、食指对捏拼图的把儿将其逐一取出,引导幼儿用食指触摸拼图边缘,再用拇指、食指对捏拼图的把儿把它放到适合的凹面里。当拼图转到合适的角度嵌进凹面后,成人要与幼儿一起庆祝成功。

3. 拇指、食指翻书

幼儿的拇指、食指已经分化,具备了翻书的能力,在色彩鲜艳的画面的吸引下,幼儿会很愿意去看看下一页图画内容。此时家长应为幼儿营造一个良好的阅读环境,与幼儿一起多读书,鼓励幼儿用拇指和食指对捏来翻动书页。幼儿学会自己翻书后,图画书中漂亮的色彩和可爱的形象非常吸引幼儿,家长要充分满足幼儿的好奇心,给幼儿读书,让幼儿爱上图书,喜欢阅读。幼儿懂得从头一页一页翻书看,是因为经常听大人讲故事,明白如果不一页一页地翻看,故事就缺乏连续性,与前面的内容就连接不上了,因此他会有意识地一页一页地翻看书。

4. 撕贴贴纸

成人可以购买含贴纸的图书,其中部分互动内容要用到书中专用的贴纸。成人可以暗示幼儿自己尝试用拇指和食指对捏贴纸的“舌头”,把贴纸撕起来,完整地贴到图书相应的地方。完整撕贴对幼儿精细动作的发展是不小的挑战,成人可适当地帮助幼儿,并及时给予表扬。

(二)双手相向的动作

1. 双手抱奶瓶

1岁左右的幼儿完全能够双手相向抱奶瓶喝奶,并且奶瓶不掉落。每日幼儿用奶瓶喝奶时,家长应鼓励幼儿自己抱奶瓶喝奶,成人应指导幼儿正确地抱

奶瓶，同时抱抱幼儿，鼓励幼儿“宝宝能够自己抱着奶瓶喝奶，真棒”。

2. 十指准确对指

成人一边念儿歌一边做示范。“我有一双小小手(伸出双手)，左手和右手(分伸出左手和右手)，十个手指头(在胸前摆两下)，陪我做游戏(双手抱臂)。大拇哥抱抱(双手同时伸出大拇指对指)，二拇弟抱抱(双手同时伸出食指对指)，三中指抱抱(双手同时伸出中指对指)，四小弟抱抱(双手同时伸出无名指对指)，五妞妞抱抱(双手同时伸出小指对指)。”成人边示范边引导幼儿分别用双手的每根手指进行对指练习。

3. 双手接住滚来的球

一岁半的幼儿基本上能够接住对面滚来的球。通过双手接住滚来球的游戏的练习，幼儿的空间感知能力和手眼协调能力进一步增强。成人准备一个小皮球，与幼儿相距1米左右的距离相对而坐，成人把球传给幼儿，示意幼儿用双手接住滚来的球。幼儿熟练过后，可通过拉大间距或者加快滚球的速度来增加难度。还可与幼儿一起将旧报纸揉搓成团状，让报纸球在地上滚动，激发幼儿游戏的兴趣。与幼儿一起玩丢球、滚球、投球、捡球的游戏。

(三)双手相反的动作

1. 拉皮筋

成人准备两根长短适宜的皮筋，比如发圈，一根自己拿在手里示范，一根让幼儿拿在手里跟着成人做，双手向相反方向拉皮筋，一边念儿歌“皮筋皮筋真淘气，让它东来它往西”。成人鼓励幼儿跟着儿歌的节奏双手向相反方向拉皮筋。

2. 包饺子

成人一边示范一边念儿歌“饺子馅、饺子皮包包包，饺子馅、饺子皮包包包”。当念到“饺子馅”时左手握拳，当念到“饺子皮”时右手打开，当念到“包包包”时，用右手做包的动作包住左手。念第二遍儿歌时，左右手互换。成人指导幼儿进行游戏，刚开始成人可慢速地念儿歌，使幼儿能够把动作做到位。幼儿熟练后可加快速度，左右手反复多次轮换着来当“饺子馅”和“饺子皮”。

3. 拧海绵

成人准备一块大小适宜的海绵，一小盆水(以海绵能够刚刚吸收完水为宜)，告诉幼儿我们来变魔术。首先成人让幼儿观察水盆里面的水，然后说“变变变，水滴变没了”，同时把海绵放进水盆里面，把水吸干，再让幼儿观察水盆。又说“变变变，水滴出来了”，成人把海绵里面的水用双手向相反的方向拧，把水拧到盆里。成人引导幼儿游戏，可反复进行。成人要注意观察，当幼儿把海绵里面的水拧到盆里时，姿势要正确，一定是双手向相反的方向拧，而不是双手相向把水挤出来。

（四）训练时的注意事项

成人在对幼儿进行精细动作的训练时，要遵循幼儿大肌肉发育得早、小肌肉发育得晚的生长发育规律。在幼儿精细动作发展的过程中，成人可利用日常生活中幼儿常常接触到的物品进行训练，如吃饭时让幼儿帮忙摆放隔热垫、碗筷、勺子等，穿衣服时让幼儿自己提裤子、扣纽扣、穿鞋子等，让幼儿自己的事情自己做，提高幼儿生活自理能力。要注意的是成人一定要有足够的耐心，可在一旁协助幼儿完成，但切记不可包办代替，剥夺幼儿亲自动手获得直接经验的机会。

五、1~1.5岁幼儿动作训练案例

（一）早期教育课程案例

案例一

大动作训练（12~18个月）

活动名称：《快乐走走走》 场　　地：室内教室	年龄：12~18个月 人数：10人（成人5人，幼儿5人）	
	家长学习目标	幼儿发展目标
活动目标	1. 了解12~18个月幼儿大动作发展中走的能力发展水平。 2. 学会典型的独走训练活动。 3. 主动积极参与活动，根据老师的示范对幼儿进行指导和协助，并能在家中开展相应活动。	1. 幼儿能踮着脚尖走，逐渐能够独立走。 2. 通过完成游戏，锻炼幼儿的身体平衡能力。 3. 体验与家长、同伴一起游戏的乐趣。
活动准备	1. 木地板、小篮子。 2. 用红笔画几个大苹果，剪好，把苹果别在一根长线上。 3. 用笔画几个蘑菇，剪好。 4. 欢快的音乐。	
活动过程	一、导入环节 1. 教师播放欢快的音乐。 2. 教师引导家长带领幼儿跟着节奏做热身运动。 二、游戏环节 （一）脚尖走 1. 教师示范：教师牵着仿真娃娃在活动室的蒙氏线上走线，尽量沿着线走，不歪斜。 2. 家长带领幼儿跟着老师到蒙氏线上走线，练习行走时的平衡能力。	家长指导语 此游戏教育价值： 幼儿大动作的发展，在某种程度上对促进或延缓其心理发展水平具有重要意义，因此应注意从早期开始对幼儿进行大动作训练。需要注意的是，成熟是训练的前提条件，训练对成熟只能起到加速或延缓的作用。

续表

	（二）摘苹果 1.教师把苹果别在一根长线上，控制长线的高度，高度以孩子伸手、踮脚尖能够到苹果并摘下为宜。教师示范踮脚尖、伸手摘苹果。 2.家长鼓励幼儿走到苹果树下踮起脚尖、伸直手臂摘苹果，并把摘到的苹果送到家长的手上。鼓励宝宝多摘几个苹果。 （三）采蘑菇 1.教师把制作的蘑菇放在远近不一的木地板上，然后示范提着小篮子开心地采蘑菇。一边采蘑菇一边夸“这里的蘑菇好大呀”“这里的蘑菇真新鲜”，引起幼儿游戏的兴趣。 2.家长带领幼儿提着小篮子去采蘑菇，让幼儿一蹲一站地采。 三、结束活动 1.鼓励、表扬幼儿完成了游戏活动。 2.播放音乐放松身体并互相道别。	家长提示： 1.活动中，家长要担当好引导者。 2.家长要仔细观察幼儿行走能力的发展情况，并记录下幼儿的实际情况，可以进行反复的练习，以达到熟练掌握的程度。 3.当幼儿完成了一次游戏后，家长要及时鼓励幼儿，让幼儿心情愉悦，并增强其自信心。
家庭延伸活动	在日常生活中，家长们可以这样做： 1.走弧线 在日常生活中，家长可以为幼儿创造练习行走的环境，如在家里让幼儿沿着爬行垫的四个边行走，或者走弧线，增强幼儿的平衡能力。 2.听口令走 在日常生活中，家长可以与幼儿玩听口令走的游戏，比如火车开了，红灯停绿灯行等常见且易开展的游戏。	

案例二

精细动作训练（12~18个月）

活动名称：《好玩的积木》 场　地：室内活动室	年龄：12~18个月 人数：10人（成人5人，幼儿5人）	
活动目标	家长学习目标	幼儿发展目标
	1.了解12~18个月龄幼儿手部精细动作的发展特点。 2.学会观察幼儿手部精细动作的发展情况，了解其发展水平。 3.学会在家庭中开展锻炼幼儿手眼协调能力的游戏。	1.幼儿手部小肌肉的力量逐渐增强。 2.幼儿手眼协调能力进一步提高。

续表

活动准备	1. 五颜六色的积木，积木的中间有口径不同的洞。 2. 篮子。 3. 绳子；绳子的一头打结，另一头连接一根小木棍。	
活动过程	一、导入环节 教师通过念儿歌的方式带领家长和幼儿做手指游戏，一边念儿歌，一边做相应的动作。 儿歌： 好朋友，在一起，我们快来锻炼身体。 大拇指扭扭碰碰碰；食指扭扭碰碰碰； 中指扭扭碰碰碰；无名指扭扭砰砰砰； 小拇指扭扭碰碰碰；大家来做扭扭操； 做个健康的好幼儿。 二、游戏环节 （一）看谁拿的积木多 1. 教师给每个幼儿一个小篮子，在教室一角堆着五颜六色的积木。 2. 家长带领幼儿一起提着篮子去拾积木，观察幼儿用手拿起积木放进自己的篮子里的动作发展水平。 3. 回到坐的地方，家长带领幼儿将积木一个一个地从篮子里拿出来。 （二）积木造型 1. 教师示范，把摆放在自己面前的积木进行垒高或者平铺起来。 2. 家长与幼儿一起摆手中的积木，观察幼儿摆积木的手指动作。	家长指导语 此游戏教育价值： 发展幼儿用手操作物体的能力，发展幼儿手眼协调的能力。
	（三）积木变变变 1. 教师给每位幼儿一根绳子，给幼儿示范用绳子将积木串联起来。 2. 家长带领幼儿用绳子将积木串联起来，变成漂亮的帘子。	
家庭延伸活动	在家里可以与幼儿进行捡豆子的游戏。 让幼儿进行一些生活自理的动作训练，例如粘魔术贴、拉拉链、扣纽扣，使幼儿的手部精细动作能力得到发展。	

（二）亲子动作训练案例

投硬币

案例

游戏名称：遛小狗。

适宜年龄：12~18个月。

游戏准备：带牵引绳的玩具小狗一只。

游戏目标：1.增强幼儿腿部肌肉的力量；2.提高幼儿行走的乐趣。

游戏方法：父母带幼儿外出时，让幼儿牵着自己的小狗，独立行走。幼儿牵着自己的小狗非常高兴，自然就愿意自行走路，这个时候父母应给予幼儿鼓励，并拥抱幼儿，让幼儿有安全感。

用钥匙开锁

注意事项：当幼儿刚学会独立行走时，平衡能力还很差，家长应随时注意幼儿是否有摔跤的危险，及时排除安全隐患。

第二节

1.5~2岁幼儿动作的发展与训练

“我家浩浩小朋友最近总是想要蹦跳，今天上午我正牵着浩浩下楼梯，他突然从上面一个阶梯跳下来，我一不留神没有牵好，他就摔倒到地上。”1岁半的浩浩妈妈说，“浩浩从小就调皮，胆子也大，所以我不知道是该鼓励他多蹦跳，还是不让他跳，更怕孩子跳早了影响骨骼的发育，导致骨骼变形。”面对活蹦乱跳的浩浩，你会怎样做？

一、1.5~2岁幼儿大动作发展核心能力

1.5~2岁幼儿的大动作发展从移动运动向基本运动技能过渡。2岁的幼儿已经基本掌握大肌肉活动。大动作发展主要表现为站和走的技能进一步完善，开始会跑、跳、攀爬等。经过反复练习，1.5~2岁幼儿逐渐适应直立行走，会独立行走以及在大人的帮助下走平衡木、斜坡和跨越障碍物。1.5~2岁幼儿开始会跑，刚开始时，幼儿跑的速度也比较慢，而且不稳，很容易摔跤，经过不断练习，速度也越来越快。1.5~2岁幼儿四肢越来越协调，能够手脚并用进行攀爬。他们还开始学会双腿跳，此年龄段的幼儿经过反复行走、跑、跳，开始能用双腿同时跳离地面。

（一）走

1.5~2岁幼儿站和走的技能进一步完善。通过训练，幼儿的平衡能力越来

越好，四肢协调能力进一步发展。1.5~1.8 岁时幼儿能够走斜坡、跨越障碍物，2 岁左右幼儿在成人的帮助下能够走平衡木等。

（二）跑

1.5~2 岁幼儿开始会跑。刚开始跑步时，幼儿动作比较僵硬，速度也比较慢，经过不断练习，逐渐稳当起来，上下肢开始协调，速度也越来越快。到 2 岁时，幼儿已经能够跑很长一段距离，能够较好地控制速度。幼儿喜欢在外面跑，喜欢自由玩耍，这能充分发挥幼儿的运动才能，培养他们各种各样的运动能力。2 岁以后的幼儿，出现了真正意义上的"跑"，而不是像 2 岁以前的跑只是"快步走"。

（三）跳

此时的幼儿基本都已经习惯独立行走，有些幼儿甚至还能在快走的基础上跑步了，跳跃的能力也增强了不少。跳跃游戏能训练幼儿动作的敏捷性和控制能力，锻炼幼儿的跳跃能力和腿部支撑力，培养勇敢精神。跳跃是幼儿智慧发展的一个重要因素，因为从跳跃开始，便会引发一系列的动作，随着幼儿腿部力量的增强，幼儿的运动智慧又上了一个新的台阶。1.5 岁左右，成人扶着幼儿的腋下，幼儿能够跳跃，1.7 岁左右幼儿可以扶物跳，2 岁左右幼儿逐渐能够双脚同时离开地面向上跳、向前跳。

（四）攀爬

攀爬能够培养幼儿的空间知觉，在攀爬的过程中还能够培养幼儿勇于面对困难、战胜困难的良好品质。1.5~2 岁幼儿四肢越来越协调，1.5 岁左右能够爬越障碍物，2 岁左右能够双手扶着栏杆上下楼梯，并且能够攀爬 70 厘米左右的攀爬架。

二、1.5~2 岁幼儿大动作训练要点

（一）走

1. 走平衡木

1.5~2 岁的幼儿平衡能力较差，幼儿刚开始走平衡木时，成人应让幼儿走较宽且较矮的平衡木，并且成人需在一旁帮助、保护幼儿。平衡木可以是专门用来训练幼儿平衡能力的平衡木，也可以是马路沿、花坛沿等。

2. 斜坡

成人准备一块长1米、宽35厘米左右的厚木板，将木板的一端垫高形成斜坡。让幼儿在上面行走，成人可用幼儿喜欢的玩具进行逗引，减少其恐惧感。成人应在一旁仔细观察幼儿，注意是否有摔倒的危险。

3. 走过障碍物

成人在地板上设置远近不一的障碍物，如毛绒玩具等，让幼儿判断障碍物的大小是否可以跨过，如果太大不能跨过，成人引导幼儿绕过障碍物。此游戏既能锻炼幼儿的平衡能力，还能增强幼儿的空间知觉。

(二)跑的训练

1. 踩影子

在有太阳的晴天，可以带幼儿到户外，借助阳光的直射幼儿身后就会出现一个长长的影子。首先引导幼儿观察地上的影子，然后让幼儿感受影子是会随着人们的运动而移动的。游戏开始时，先由成人示范踩影子，让幼儿跟着踩，幼儿掌握了游戏玩法后可相互踩影子，成人可变化跑动的速度、方向，让幼儿时而走、时而慢跑、时而快跑。

2. 网小鱼

爸爸妈妈手牵手围成一个较大的圈当渔网，也可成人单独一人双手围成一个圈当渔网，幼儿当鱼。成人一边游戏一边念儿歌“小鱼小鱼水里游，游来游去点点头，渔网来了捕小鱼，小鱼小鱼快快游”。幼儿通过自如的跑动躲避渔网。

3. 比赛跑

成人在幼儿前方3米左右的距离放置幼儿喜爱的玩具，引发幼儿游戏的兴趣。成人鼓励幼儿参与比赛，看谁先拿到玩具。对幼儿进行跑—停的训练，可以锻炼幼儿动作企划能力、身体反应的灵敏性等。

4. 往返跑

成人在相距3米左右的两端各放置一个小筐，一端的小筐里面放置3个海洋球，鼓励幼儿用最快的速度将一端的3个海洋球运到另一端。成人还可以通过比赛的形式，看谁先把所有球从一端运送到另一端。在游戏的过程中通过往返跑锻炼幼儿跑—停—跑的能力，提高幼儿全身协调控制能力。

（三）跳的训练

1.扶腋下跳

成人两只手分别放在幼儿的腋下，慢慢引导幼儿做跳跃动作。成人用双手轻轻向上提起幼儿，让幼儿向上跳跃。跳跃时，可念一些节奏感强而且有趣的儿歌，或伴以一些节奏欢快的音乐，以激发幼儿跳跃的兴趣。如儿歌《蹦蹦跳》："蹦蹦跳呀蹦蹦跳，小白兔爱蹦蹦跳。蹦蹦跳呀蹦蹦跳，小青蛙爱蹦蹦跳。蹦蹦跳呀蹦蹦跳，我也喜欢蹦蹦跳。"

2.扶物跳

成人用彩色的画笔在硬纸板上画几个幼儿爱吃的水果，如苹果、香蕉、葡萄等。把水果剪下来，别在一根长线上，控制长线的高度，以幼儿跳起来伸手能够到水果并摘下为宜。此时成人可让幼儿扶着墙或者椅子向上跳，因为该年龄阶段的幼儿还无法很好掌握重心，尤其是在跳跃的时候很容易重心不稳导致摔倒。成人应鼓励幼儿使劲儿向上跳，多摘一些水果。

3.跳下台阶

幼儿18个月时已经具有了一定的跳跃能力。这个时候成人可以带其跳台阶，在学习走上下楼梯后，走到最后一个台阶时，成人可以牵着幼儿的手让其练习双脚并拢往下跳。

4.双脚跳

幼儿24个月时，能够双脚并拢同时离地和同时落地跳跃2次及以上。成人拉着幼儿的双手，与幼儿面对面站立。成人先做一遍双脚同时跳起来的动作给幼儿看，然后让幼儿和自己一起跳。一开始训练时，成人最好拉着幼儿的双手让其双脚跳，逐渐让幼儿拉着成人的一只手或扶着东西双脚离地跳，直至幼儿能够自己跳。反复训练可以增强幼儿身体的平衡力和协调力。

5.向前跳

大多数的幼儿都喜欢蹦蹦跳跳、活泼可爱的小白兔，成人可以让幼儿模仿小白兔向前跳的样子训练幼儿的跳跃能力。还可以让幼儿玩"小白兔采蘑菇"的游戏，将蘑菇散放在地上，让幼儿学小白兔向前一蹦一跳地采蘑菇。成人还可搭配朗朗上口的儿歌提高幼儿游戏的兴趣："小白兔，蹦蹦跳，跳到山前采蘑菇，跳到山后吃青草。"

（四）攀爬

1.爬越障碍物

成人可以在家里宽敞的地方铺上软硬适中的垫子，然后设置各种各样的障碍物，比如靠枕、布偶玩具，甚至成人自己都可以充当障碍物。成人让幼儿手脚并用爬过障碍物，在此过程中成人应多鼓励幼儿，增强幼儿爬越障碍物的积极性，使幼儿勇于挑战。

2.翻越攀爬架

成人可以在家中放置适宜1.5~2岁幼儿翻越的攀爬架，攀爬架不宜太高，攀爬的难度不宜太大。攀爬架可以是多功能的，既有滑梯，又有爬梯，还有绳梯，成人鼓励幼儿尝试着攀爬、翻越攀爬架，并探索多种玩法。

3.户外冒险

成人还可以带幼儿到户外，如游乐场、公园、健身场地等，很多攀爬设施都比较适合幼儿攀爬，成人应选择适宜幼儿相应年龄阶段的设施。在幼儿攀爬的过程中，成人应时刻注意幼儿的安全，在幼儿需要帮助的时候及时给予帮助，并不断表扬幼儿，增强其自信心，使其勇于尝试，敢于冒险探索。

（五）训练时的注意事项

走、跑、跳的发展情况直接反映幼儿的身体发展状况，幼儿走、跑、跳能力的逐步提高，说明幼儿的运动系统、呼吸系统、血液循环系统等的功能逐渐完善，同时幼儿身体的肌肉力量逐渐增强，身体平衡能力和动作也越来越协调。通过观察幼儿的走路姿势，可以及时发现幼儿健康状态。成人应注意观察幼儿，若幼儿走路姿势不正确，应及时纠正。

三、1.5~2岁幼儿精细动作发展核心能力

1.5~2岁幼儿手眼协调能力不断发展。18个月以后，幼儿双手开始协调做一些日常生活中的精细动作。搭积木的能力也不断提高，能够垒高5块以上的积木。握笔及画线的能力有所提高，能够用大拇指及食指和中指来抓握铅笔并画画，逐渐能够画出直线。各种生活自理能力随之发展，如会穿袜子和鞋子、会关门和开门、会翻书等。

四、1.5~2岁幼儿精细动作训练要点

（一）搭积木

幼儿开始萌发表象或者符号思维认知能力。适合的积木是长方体、正方体，方便堆叠成各种图形。木质积木尺寸以5~8厘米为宜，塑料积木可以稍大一些。积木数量为20~40块。

（二）小鼓手

在地垫上摆放一个小鼓和两个鼓槌，成人引导幼儿坐在地垫上，左右手各拿一个鼓槌敲击鼓面。刚开始幼儿会用双手同时敲击鼓面，逐渐引导幼儿左右手分别敲击1次鼓面，再引导幼儿左右手分别敲击2次鼓面……通过变换敲击方式，逐渐增加敲击的难度，提高幼儿的反应能力和左右手的协调能力。

（三）穿彩珠

成人为幼儿提供10颗洞眼较大的颜色鲜艳的木质彩珠和一根较硬的细塑料线（一端打上活结），鼓励幼儿穿彩珠。让幼儿左手拿彩珠，右手拿塑料线往洞眼里面穿，当塑料线穿过洞眼后，再用左手将彩珠拉到打结处，接着穿第二颗彩珠……幼儿每穿上一个彩珠，成人都要及时表扬幼儿。彩珠穿完后，将其做成一个项链挂在幼儿胸前，会使幼儿更有成就感，提高幼儿游戏的积极性。

（四）折毛巾

成人为幼儿提供一块正方形的毛巾，首先引导幼儿观察毛巾的形状，然后让幼儿对齐边角，反复折叠。还可以折成一只“小老鼠”给他玩，幼儿对毛巾变化的形状很好奇，就会模仿成人动手折毛巾了。也可结合折叠的过程创编富有童趣的小故事，边讲述边引导幼儿练习折毛巾，激发幼儿游戏的兴趣。

（五）瓶盖配对

成人为幼儿提供3个瓶口大小不同的瓶子，将瓶盖拧下来。首先按照顺序一一对应摆放在桌子上，成人引导幼儿将瓶盖拧上去。幼儿成功后，成人及时给予表扬。然后成人将这三对瓶子与瓶盖打乱，让幼儿仔细观察，找到瓶子对应的瓶盖再拧上去。成人还可以通过增加瓶子、瓶盖数量进一步提高难度，使幼儿一步步挑战成功，增强其自信心。

（六）套圈游戏

成人可利用幼儿常见的套叠玩具引导幼儿套圈。

1. 将圆柱形物体放到桌子上，引导幼儿用套圈套住中心柱。

2. 将圆柱形物体放到地面上，让幼儿距离圆柱形物体0.2米左右，引导幼儿用套圈套住圆柱形物体。

3. 将圆柱形物体放到地面上，根据幼儿手眼协调情况逐渐增大距离。

1.5~2岁幼儿身体协调性还不是太好，因此一开始玩套圈游戏的时候，必须降低难度，但是必须遵守基本规则。一开始幼儿的手离圆柱物体仅有10厘米即可，熟练后慢慢增加距离，要保证幼儿每投5次至少有1次能中，这样他才有继续练习的兴趣。

（七）套叠游戏

成人可利用幼儿常见的套叠玩具引导幼儿套叠。套叠玩具的圆柱每一段都可以取下来，成人可以引导幼儿仔细观察，让幼儿尝试着把圆柱的每一段由大到小叠起来。

（八）画直线

在日常生活中，成人可以有意识地画一些由横线、竖线组成的物体让幼儿欣赏，也可用彩色笔在纸上一边画一边说："这是冰棍，这是筷子，这是面条，这是尺子……"成人让幼儿画直线应遵循从易到难的原则，对初学的幼儿来说，应先让幼儿学习两点连成一条直线，再学习竖着画直线，接着学画横线。

1~2岁婴幼儿手指谣集锦

（九）训练时的注意事项

成人在利用材料训练幼儿精细动作发展时，要特别注意观察幼儿，并检查细小物品的数量，幼儿年龄小，好奇心强，应避免幼儿把细小物品放入口腔、鼻腔、耳内，防止危险发生。个体之间精细动作的发展存在差异，成人在给幼儿提供材料时要选择适合幼儿的，避免难度太大，幼儿如果在游戏的过程中有挫败感，就会影响其参与游戏的兴趣，失去自信心。成人应采用适宜的方法引导幼儿，多鼓励幼儿，让幼儿乐于尝试。

五、1.5~2岁幼儿动作训练案例

（一）早期教育课程案例

案例一

大动作训练（18~24个月）

活动名称：《动物运动会》 场　　地：室内教室	年龄：18~24个月 人数：10人（成人5人，幼儿5人）	
活动目标	家长学习目标	幼儿发展目标
	1. 了解18~24个月幼儿大动作发展水平。 2. 观察幼儿大动作发展水平，并进行评价。 3. 主动积极参与活动，根据老师的示范对幼儿进行指导和协助，并能在家庭中开展相应活动。	1. 幼儿能完成游戏中走、蹲、跑的动作。 2. 通过游戏，增强幼儿腿部肌肉力量，锻炼幼儿的身体平衡能力。 3. 体验与家长、同伴一起游戏的乐趣。
活动准备	1. 大猩猩、孔雀、小兔子头饰各10个。 2. 音乐《拉个圆圈走走》。	

续表

活动过程	一、认识问候环节 教师播放音乐《拉个圆圈走走》，家长与幼儿拉成一个大圆圈向里、向外走，做热身活动。歌曲结束后大家互相问好。 二、游戏环节 （一）大猩猩组比赛 1. 教师：宝宝们，今天森林运动会真热闹，来了好多好多的动物朋友，首先参加比赛的是大猩猩组。教师戴上大猩猩头饰模仿大猩猩走路的姿势。教师：宝宝们，我们也来学一学大猩猩，看谁学得最像，最先到达终点。 2. 家长引导幼儿学大猩猩走路，并引导幼儿快步走向终点。 （二）孔雀组比赛 1. 教师戴上孔雀头饰说：宝宝们，接下来是孔雀组的比赛，孔雀是怎么运动的呀？示意幼儿把双臂平举，展翅飞翔。 2. 家长引导幼儿学孔雀飞，并引导打开双臂跑向终点。 （三）兔子组比赛 1. 教师戴上小兔子头饰说：宝宝们，接下来是小兔子们参加比赛，小兔子是怎样走路的？对了，一蹦一跳的。教师示范小兔子跳。 2. 家长引导幼儿学小兔子跳，并引导幼儿跳向终点。 三、结束活动 1. 鼓励、表扬幼儿完成游戏活动。 2. 播放音乐，放松大腿并互相道别。	家长指导语 此游戏教育价值： 1.5~2 岁幼儿的大动作发展从移动运动向基本运动技能过渡。2 岁的幼儿已经基本掌握大肌肉活动。大动作发展主要表现为站和走的技能进一步完善，开始会跑、跳等。 家长提示： 在游戏中，家长要担当好引导者，观察幼儿走、跑、跳的实际情况，可以进行反复的练习，以达到熟练掌握的程度。在游戏中家长应时刻关注幼儿，防止出现意外伤害。
家庭延伸活动	在日常生活中，家长们可以这样做： 1. 在日常生活中家长可引导幼儿模仿其熟悉的各种动物，如青蛙跳、鸭子一摇一摆地走，鳄鱼向前爬行，老虎奔跑等。 2. 家长还可以让幼儿走不同材质的地面，如木地板、瓷砖地面、防滑地面，以及各种材质的地毯，提高幼儿触觉的灵敏度。	

案例二

精细动作训练(18~24个月)

<table>
<tr><td colspan="3">活动名称:《我是妈妈的小帮手》　　年龄:18~24个月
场　　地:室内活动室　　人数:10人(成人5人,幼儿5人)</td></tr>
<tr><td rowspan="2">活动目标</td><td>家长学习目标</td><td>幼儿发展目标</td></tr>
<tr><td>1. 知道18~24月龄幼儿手部精细动作的发展特点,了解幼儿的发展水平。
2. 学会在家庭中开展促进幼儿手部小肌肉发展和锻炼幼儿手眼协调能力的游戏。</td><td>1. 幼儿手部小肌肉的力量逐渐增强.
2. 幼儿手眼协调能力进一步提高。</td></tr>
<tr><td>活动准备</td><td colspan="2">1. 彩色卡纸10张(纸上有打好衣服形状的小孔)。
2. 音乐《我的好妈妈》。
3. 3个支撑架,每个支撑架带有3个木夹子。</td></tr>
<tr><td>活动过程</td><td>一、导入环节
教师播放音乐《我的好妈妈》,让幼儿体验妈妈的辛苦,一边播放音乐一边引导幼儿用自己的小手给妈妈捶捶背。
二、游戏环节
(一)衣服做好了
1. 教师发给每个家庭彩色卡纸2张。
教师:宝宝们,你们有没有穿过妈妈给你们做的衣服呀? 比如毛衣等,今天我们也来给妈妈做一件衣服。教师示范沿着彩色卡纸上的小孔撕成一件衣服的形状。
2. 父母带领幼儿一起参与撕纸游戏,如果幼儿撕不动,家长可帮其撕一个小口。幼儿撕得不像衣服也没关系,重点在体验游戏的乐趣。
(二)晾衣服
1. 教师:衣服做好了,我们要来洗一洗,晒一晒,晒在哪儿呢?
教师给每个家庭分发一个支撑架。示范如何把“衣服”晾上去:右手拇指、食指二指捏住木夹子的顶端,使木夹子打开,左手把“衣服”放到打开处,松开右手,使夹子夹住卡纸。如下图所示。</td><td>家长指导语
此游戏教育价值:
手是认识事物特征的重要器官,手部的动作在婴儿心智教育中非常重要。18~24个月幼儿的手眼协调能力进一步增强,我们可以通过各种有趣的游戏,使幼儿在愉快的氛围中锻炼手部肌肉。
家长提示:
1. 在做衣服时,宝宝撕不动,家长可帮幼儿撕一个小口,这个纸是打了衣服形状的小孔的,幼儿易操作。
2. 该年龄阶段的幼儿使用剪刀的能力还不足,随着年龄的增长,可以让幼儿用剪刀剪出衣服等形状。
3. 家长在指导的过程中要有耐心,多鼓励、表扬幼儿。</td></tr>
</table>

	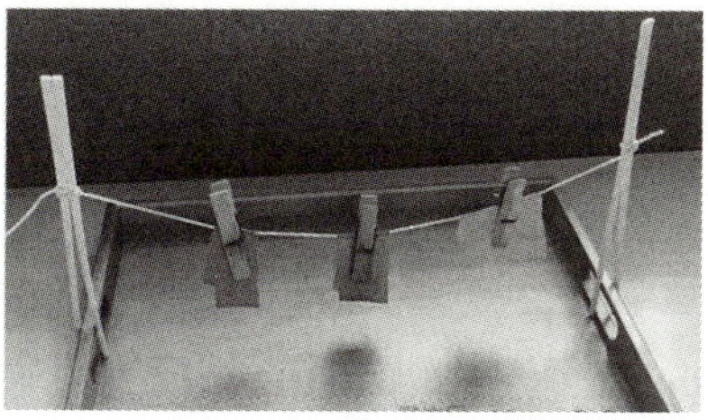 2. 家长与幼儿一起晾衣服。教师进行观察并指导。 (三)折衣服 1. 教师:宝宝们衣服已经晒干了,大家闻一闻,可香了。衣服干了我们就要把衣服收下来,折叠起来。教师示范:右手拇指、食指二指捏住木夹子的顶端,使木夹子打开,左手把“衣服”取下来,松开右手。把“衣服”平铺在地垫上,整理平整,左右对折,再上下对折。 2. 家长带领幼儿收衣服、折衣服。 三、结束活动 1. 教师表扬幼儿:今天可帮了妈妈大忙了。引导家长拥抱幼儿,夸奖幼儿。 2. 播放音乐,放松小手并互相道别。	
家庭延伸活动	在日常生活中,家长们可以这样做: 1. 家长可以在家里准备若干积木,让幼儿随意垒高、垒长。 2. 家长还可以给幼儿购买拼插的游戏套盒,让幼儿用二指捏着材料进行拼插。	

(二)亲子动作训练案例

案例

游戏名称:追球游戏。

适宜年龄:18~24个月。

游戏准备:小足球一个。

游戏目标:1. 增强幼儿腿部肌肉的力量;2. 提高幼儿反应速度。

游戏方法:父母带幼儿到户外(也可在家里宽敞的地方),父母把小足球丢出去,告诉幼儿看谁先抢到足球,鼓励幼儿往前跑,去追足球。

注意事项:该年龄阶段的幼儿平衡能力不足,在向前跑的时候,家长应随时注意幼儿是否有摔跤的危险,及时排除安全隐患。

亲子动作训练案例

本章回顾

本章围绕1~2岁幼儿动作发展核心能力与训练方法而展开，阐释了1~2岁幼儿大动作和精细动作发展的核心能力，指出了1~2岁幼儿大动作在走、蹲、跑、跳等各个动作发展的具体内容和训练要点。梳理了1~2岁幼儿二指捏、双手相向的动作、双手相反的动作、不对称的双手动作的发展特点和训练方法。其重点是1~2岁幼儿动作发展的核心能力，1~2岁幼儿动作发展的训练方法和要点，设计并组织促进1~2岁幼儿动作发展的游戏。

思考与练习

1.1~2岁幼儿大动作发展的核心能力有哪些?

2.1~2岁幼儿抓握动作发展的特点有哪些?

实训与实操

1.设计并组织促进1~2岁幼儿大动作发展的游戏活动。

2.设计并组织促进1~2岁幼儿精细动作发展的游戏活动。

3.针对1~2岁幼儿某一方面的动作能力发展开展模拟试教，运用相关知识进行评析。

推荐阅读

1.周念丽.0–3岁儿童观察与评估［M].上海:华东师范大学出版社,2013.

2.李洁,雷华,杨娅娅.婴幼儿运动训练[M].北京:中国人口出版社,2004.

3.周念丽.学前儿童发展心理学[M].上海:华东师范大学出版社,2006.

4.王明晖等.婴幼儿亲子教育活动设计与案例精选[M].上海:复旦大学出版社,2017.

第五章 2~3岁幼儿动作发展与训练

2岁的幼儿已经具备了走、跑、跳、钻、爬等基本大动作能力，手部五指动作及手眼协调动作也得到很大的发展。2~3岁这一期间，幼儿能够从熟练地独立行走到跨越障碍行走、从扶着上下楼梯到自由上下楼梯、从熟练跑到追着目标有节奏地跑、从双脚向前跳到向上跳、钻、爬、攀、投掷等技能越来越熟练。可以说，2~3岁是幼儿动作发展最为迅速的时期，也是动作训练的关键时期，当然也是最易发生危险的时期。

学习目标

1. 掌握 2~3 岁幼儿大动作发展和精细动作发展的核心能力。
2. 掌握 2~3 岁幼儿大动作发展和精细动作发展的训练方法和要点。
4. 能根据 2~3 岁幼儿动作发展水平指导和设计训练活动方案。

学习重难点

1. 掌握 2~3 岁幼儿动作发展的核心能力。
2. 掌握 2~3 岁幼儿大动作和精细动作的训练方法和要点。
2. 能根据 2~3 岁幼儿动作发展水平指导和设计训练活动方案。

思维导图

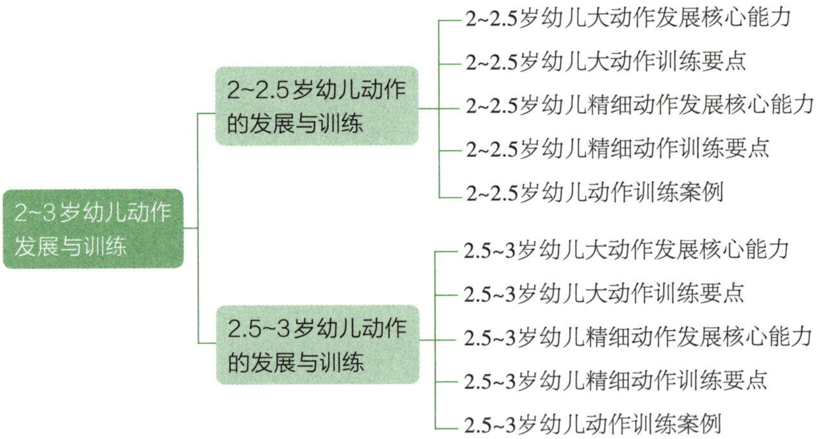

第一节

2~2.5岁幼儿动作的发展与训练

2岁多的豆豆走路时虽然还有点脚步蹒跚,但他已经不满足于室内较小的活动空间,他越来越喜欢在户外宽敞的草坪上奔跑,在玩滑滑梯时先爬上去后再滑下来。他也喜欢模仿大人的动作,会尝试着举起手臂朝着一定方向投掷,还会摆出单脚站立的动作呢!他像一个探索家一样,什么事都做一做,什么东西都要摸一摸、玩一玩,一双小手也越来越灵活。

2~3岁幼儿的动作发展进入一个全新的时期,他们的大动作发展与精细动作发展不再像2岁之前那样有里程碑式的动作技能的获得,这一时期动作发展的主要任务是巩固与熟练前期所掌握的走、跑、上下楼梯、钻、爬、攀等大动作,发展手部五指的动作、手眼协调的能力,促进动作的准确性、协调性、灵敏性等的发展,提高动作的反应速度。

2岁的幼儿掌握了走、跑、跳、钻、爬等基本的大动作技能后,开始寻求有挑战性的走、各种各样的跑、跳等动作练习,以增强其体质和体能,促进身体的生长发育。他们也开始喜欢在动作的练习中进行事物探索、追逐玩耍、合作分享,这不仅能促进其动作的发展,还能促进其认知和社会性的发展及良好性格的形成。

一、2~2.5岁幼儿大动作发展核心能力

2~2.5岁幼儿以发展基本动作技能为主,过渡到发展动作的平衡、协调能力。本节将从走、跑、跳、投、钻、爬、攀等基本动作发展和平衡能力与协调能力等特殊动作发展方面来阐释核心能力。

(一)走

走路的动作发展可以促进神经系统的发育,促进大动作的协调与平衡,为跑、跳、攀等其他大动作的发展奠定基础,同时对幼儿平衡知觉、空间知觉的发展有极大的促进作用。正确的走路姿势是幼儿身体健康发展的标志,也反映了幼儿的性格和精神状态。因此,2岁之后的幼儿仍要进行走这一动作训练,根据年龄和个体能力而选择不同难度的走的训练,它也是平衡能力训练的内容之一。

2岁之后,幼儿能较为熟练地走直线,走路的步态较稳,但协调性还不够。能走一条短的平衡木,还能足尖走路,27个月后能踮着脚尖走10步左右。

(二)跑

从生理上讲,跑的动作可以锻炼幼儿的心血管系统和呼吸系统,有利于增加幼儿的腿部肌肉力量,提高身体的平衡能力和动作的协调能力。在心理发展

上，跑的动作可以促进幼儿负向情绪的释放，激发身体的积极力量，有助于正向情绪的产生，促进心理健康发展。

跑是幼儿最早掌握的动作之一。6岁前幼儿在跑这一技能上的发展顺序是：上肢优先发展、平稳增长；下肢在4岁时开始大幅度发展，6岁时下肢与上肢发展基本持平。研究发现，多数幼儿在1岁半学会了跑，但跑步姿势僵硬、不标准，直到2岁左右，幼儿的膝、踝关节变得较为灵活，此时可以有意识地增加幼儿跑步次数，规范其姿势。2岁后，幼儿能连续跑5~6米，到了2岁半时，幼儿可以跑得比较稳定，动作也较协调，并在起跑时手的姿势正确，但不能保持到最后。这期间，幼儿还能掌握倒退跑和越过简单的障碍物的动作技能，只是在越过障碍物时动作协调性不够。

（三）跳

跳这一动作的完成说明幼儿具备了较强的腿部肌肉力量和身体协调能力。跳的动作练习可以促进幼儿大脑皮层运动中枢的发展水平和功能，促进幼儿四肢尤其是腿部骨骼的发展，使腿部肌肉更有弹性。

2岁时，幼儿开始学会跳，大多数幼儿能够双脚跳离地面，连续跳跃多达10次，但跳得并不高，上身与下肢不能很好地配合，普遍将重心落到小腿和脚上，手臂无明显配合动作。这时的幼儿在蹦跳时不会前脚掌落地和利用双臂摆来保持身体平衡，因此在跳的时候容易出现失衡而摔倒。到了2岁半时，幼儿能够双脚向前跳3~4米，原地跳10~20次，还可以从楼梯的最后一个台阶跳下来。随着年龄的增长和运动能力提高，幼儿可以玩出跳跃新花样来。

（四）投掷

投掷动作可以锻炼幼儿双臂的力量和肩部的肌肉，同时也促进幼儿手眼协调能力的发展。

2岁左右的幼儿学会挥动大臂进行简单的投掷动作，如将双手放在胸前或过肩后扔球，但由于幼儿手臂力量不足，挥臂动作不协调，出手角度过小。投掷动作的初期表现为投掷物向下扣，投掷的方向也掌握不好，忽左忽右，忽上忽下。2岁半后经过投掷训练的幼儿能够较好地控制扔投掷物的方向。

（五）钻爬攀登

钻爬攀登可以锻炼幼儿手臂肌肉和腿部肌肉的力量，促进大脑皮层功能的完善，兴奋和抑制过程平衡的完善，以及视觉、前庭器官的协调控制能力的发展，提高各种技巧运动能力，为幼儿参与多种体育活动和掌握更为复杂的动作技能奠定基础。①

2岁后的幼儿爬行动作较为熟练，已经能很好地掌握手膝着地的跪爬动作。

---

① 陈春梅.0~3岁儿童动作发展与训练[M].上海.复旦大学出版社，2014.

钻的能力体现在，掌握了一系列下屈膝、下蹲、低头弯腰、蜷身并移动双脚的动作，但动作的协调性不够，尤其是在通过较为狭窄的隧道时，由于动作协调性不够会遇到困难。在攀爬能力上，幼儿学习双脚交替上下楼梯。

（六）平衡

2~3岁是幼儿平衡能力发展的一个关键期。平衡是幼儿进行各种活动和保持身体姿势所必需的重要因素，也是幼儿走、跑、跳等大动作的基础。平衡训练可以促使幼儿大脑神经系统功能的发展和完善，也为以后特殊动作的发展奠定基础。

2岁后幼儿可以单脚站立10秒以上，可以行走一段较短的平衡木，可以双脚离地跳跃，这些都说明幼儿已经具备初步的平衡能力。

二、2~2.5岁幼儿大动作训练要点

根据幼儿大肌肉动作发展的年龄特征，2~3岁幼儿大动作发展有几个敏感期，抓住动作发展的敏感期进行训练就会收到事半功倍的效果。比如，24~25个月是幼儿单脚站立能力发展的敏感期，能锻炼幼儿的四肢协调能力及身体平衡能力；32~33个月是双脚跳跃能力发展的敏感期，能培养幼儿的平衡感和节奏感，有利于幼儿形成准确的方位感；36个月是控制物体平衡能力的敏感期，可训练翻滚、走平衡木、抛物、接投、旋转等动作，发展幼儿大胆进行身体运动的能力。①

这一时期幼儿大动作的训练以巩固发展走、跑、跳、投掷、钻、攀等单项基本动作和有意识训练平衡、协调等特殊动作为主要内容。

（一）走、跑、跳、投掷、钻、攀等单项基本动作的训练要点

1.走的训练内容

（1）用脚尖走路。幼儿学习提起脚后跟用脚尖走路，小腿后面的肌肉将脚底和脚后跟提起，可使小腿的肌肉和肌腱得到锻炼，为脚弓形成打下基础。练习时，让幼儿与大人一起，轻轻走路，踮起脚尖，走路时不要弄出声音来。

（2）走直线、走圆圈。幼儿与成人一起，沿着地面画好的直线、圆圈线走，一边走一边做一些简单的动作，如举起双手走、半蹲着走，走的时候可以伴随着不同的音乐调整速度以增加难度和幼儿的兴趣。

（3）走平衡木。将木板垫高10~15厘米，让幼儿在木板上来回走动。幼儿第一次上平衡木时可由成人拉着他的一只手先走几遍，熟悉之后才放手让幼儿一个人走。如果2岁的幼儿在日常生活中有走过花坛边沿或马路牙子的话，就能较快地学会走平衡木。

走的训练

进行走的练习时，成人注意观察幼儿的走路姿势是否正确，示范正确的走

①陈春梅.0~3岁儿童动作发展与训练[M].上海.复旦大学出版社，2014.

路姿势给幼儿。训练时可以将幼儿带入到故事的角色和情景中，可以配上音乐，以增加训练的趣味性。

2.跑的训练内容

(1)自由奔跑。练习奔跑，可以在阳光下玩耍时让幼儿追踩成人的影子，成人可以向不同的方向躲闪，让幼儿在阳光下跑来跑去，在深秋或初冬季节更佳，不仅可以强健幼儿的肌肉和筋骨，太阳的紫外线晒到皮肤能合成维生素D，可以预防佝偻病的发生。

(2)跑跑停停。在跑步练习的基础上，继续训练幼儿能跑、能停的平衡能力，对幼儿喊“开始跑”，待幼儿平衡跑出几步后喊“停”，训练幼儿听指令，让跑则跑、让停则停的能力。

(3)追逐。追逐跑是训练幼儿有特定方向和目标地跑，在跑的过程中调节自己跑的速度和方向，能控制跑和停。“老鹰捉小鸡”游戏就是很好的追逐活动。

在对幼儿进行跑步训练时需要注意，跑步姿势需要成人的示范与纠正，如发现幼儿出现单侧脚尖往里拐、摆臂不对称的现象时需要及时纠正。引导幼儿学会用鼻子呼吸，指导过程一般是先教幼儿在跑步时用口鼻呼吸，呼吸时不用张大嘴，然后过渡到教幼儿完全用鼻子呼吸。在跑步练习前可以做一些准备活动，让幼儿的身体活动开，跑步的距离不宜过长，如果能在空气质量良好的室外进行跑步练习就更好了。

跳的训练

3.跳的训练内容

(1)原地跳跃。原地跳跃，是幼儿学会用全身的力量使双腿离开地面向上跳。如果幼儿只能单脚离地的话，成人可以抓住他的双手让其可以跳起来。跳蹦床是很好的体验跳跃感的方式。

(2)立定跳远。立定跳远是幼儿双腿离开地面向前方跳跃。幼儿最早学习跳是在大人的帮助下站在台阶的第一级往下跳，或者是由两个大人各牵着一只手往前跳，这时的幼儿是在大人的牵拉下才跳得远的。在大人不牵拉，又不扶物的情况下，让幼儿练习立定跳远。可以在地上画几道横线，初练时幼儿可能只跳过一道线，以后再教他在跳之前将上身上下起伏，膝盖微弯，利用下肢的弹力向前一跃可以跳得更远。

2~2.5岁的幼儿在跳的时候身体不协调，在练习时需要注意跳跃练习的时间不宜过长，高度不宜过大，按照循序渐进原则来设计练习难度，通过游戏活动来增加练习的趣味性。成人需要反复、耐心示范，并注意贴身保护。

投掷的训练

4.投掷的训练内容

(1)扔沙包。准备呼啦圈一个、筐一个、100克重的沙包若干。成人示范，取沙包，双手举沙包过肩，站在呼啦圈内将沙包投进筐。幼儿独立手握沙包，举手过肩，对准小筐，用力投掷。一开始幼儿无法把握投掷的方向，通过练习手臂力量逐渐加强，对方向的把握力也在提高。

（2）投球。准备用一个纸篓挂在门上或墙上，高度略高于幼儿的身高。家长先示范，把皮球投进纸篓中，引导幼儿跟着练习。开始时让幼儿练习双手投篮，经过一段时间练习后，再练习单手投篮。

2~2.5岁的幼儿由于上臂力量不足和身体的协调性不够，一开始练习投掷时往往把握不好方向，这时需要适当减轻投掷物的重量和调整投掷的距离，从易到难，循序渐进。

5.钻、攀的训练内容

（1）钻爬山洞。准备有高高低低、坡度不同的地面，有长短不一、宽窄不同的隧道的运动场地，让幼儿在场地里自由地爬上爬下，钻进钻出。训练时可以扮演角色、配上音乐，将幼儿带入到故事情景中，增加钻爬运动的趣味性。

（2）上攀登架。准备一个攀登架，让幼儿可以练习向上攀登。让幼儿双手抓紧第二级横栏，抬起一只脚踩在第一级横栏上，利用手臂的抓握力量和脚蹬的力量，再让另一只脚也踩上第二级横栏。等两脚站稳之后，再向上攀登一级横栏。在攀爬的过程中，幼儿由于力量不够有可能会滑落下来，需要成人的贴身保护。

在对幼儿进行钻、攀训练时，设置有趣的场地和提供相应的设施会激发幼儿的兴趣。随着训练的进行，幼儿身体的协调性和灵活性会大大提高，自信心也会大大增强。

（二）平衡、协调等特殊运动能力训练及要点

1.平衡的训练内容

（1）单脚站。练习单脚站稳，用单脚支持体重，保持身体的平衡。幼儿初学时需要扶人或扶物，逐渐由一只脚支撑而站稳。练习时，成人与幼儿面对面站立，提起左脚，左膝屈曲，身体不依靠任何物体，站稳后开始数数，从“1”数到“10”，看右脚能站多久。同样的方法，提起右脚，看左脚能站多久。

平衡的训练

（2）螃蟹横走。让幼儿双手手臂伸直放在身体两旁模仿螃蟹的样子，从左往右双脚移步横着走，注意两脚的配合，随着幼儿平衡协调能力的发展，可以慢慢加快速度，小步移动脚步。①

（3）走平衡木。将15厘米宽的木板铺在高10~20厘米的砖上，做成平衡木，牵着幼儿的手，让幼儿从平衡木上走过。刚开始练的时候，木板可以铺得稍微短一点，经过一段时间的训练以后，木板可以逐渐加长。

①陈春梅.0~3岁儿童动作发展与训练[M].上海：复旦大学出版社.2014.

拓展链接

亲子平衡能力训练小游戏

什么是平衡能力

平衡能力是指身体对来自前庭器官、肌肉、肌腱、关节内的感受器以及视觉等各方面刺激的协调能力。身体平衡能力是人体最重要的生理技能之一，与前庭功能、小脑、肌肉韧带的力量和协调性等都有密切的关系。失衡现象对幼儿身体素质的发展和动作技能的形成有着严重的不良影响。

幼儿缺乏平衡能力可能会造成：

(1)走直线时身体总是晃来晃去。

(2)平日撞到东西或者稍微被东西绊到就会摔跤。

(3)带站在高一点的地方，会害怕、发抖。

(4)注意力不集中，手拿不稳东西。

(5)组织逻辑能力差，语言发育也比同龄人迟缓。

提高幼儿平衡与协调能力除了针对性地进行单项练习外，在训练走、跑、跳、投掷、钻、攀等大动作的过程中也是可以实现的。

(三)训练时的注意事项

2~2.5岁幼儿动作训练时要注意循序渐进、由简到繁，需要把动作的训练与游戏、竞争性活动及日常生活自理活动结合起来。这一时期幼儿大动作的训练需要增加幼儿户外活动的时间。幼儿与生俱来对大自然有特殊的亲近感，可以带幼儿去远足、爬山，让幼儿光着小脚丫在沙滩、草坪上奔跑，在体验运动的乐趣时提高幼儿大动作的发展。在室内场地，也需要投放诸如跷跷板、秋千、球、圈、羊角球、攀登架等作为运动器械。

三、2~2.5岁幼儿精细动作发展核心能力

精细动作也叫小肌肉动作，是由小肌肉群所进行的随意动作，一系列小肌肉动作就构成协调的小肌肉运动技能。早期的精细动作的发展被心理学家视为评价神经发育状况的主要指标。[①]2岁以上的幼儿主要的小肌肉动作就是手的活动，包括眼手协调、指尖动作、手指屈伸等局部运动，如在日常生活和游戏中，穿鞋、穿脱衣服、吃饭、玩插片、画画时，常常使用一些小肌肉群。

2~3岁的幼儿主要通过感知觉来认识世界，也就是通过摆弄物品、使用工具等活动来进行认知和探索。这个阶段也被认为是手部动作技能的敏感期。精细动作的发展能促进幼儿骨骼关节及小肌肉群的生长发育，促进幼儿神经系统的完善，促进幼儿认知能力的发展。对于2岁以上的幼儿，精细动作的发展与生理自理能力的提高是相辅相成的。

---

①文颐.婴儿早期教育指导课程(0~3)[M].北京：北京师范大学出版社.2012.

2~2.5岁幼儿小肌肉动作发展的核心能力主要有以下几个方面：

1. 绘画

(1)模仿画出横线、竖线等线条。

(2)涂色，能进行涂鸦式涂色。

(3)印章。

(4)画填充画。

2. 手工

(1)会折正方形、三角形。

(2)会折简单物体。

(3)初步使用剪刀。

(4)抹糨糊粘贴。

(5)搓、团、压多彩泥。

3. 结构造型

(1)用5块左右积木搭出简单物体(房子等)。

(2)将套珠逐一套上。

(3)穿珠子。

(4)用积塑插出简单物体。

4. 生活日常自理

(1)使用勺子。

(2)开、关水龙头，抹肥皂，搓洗小手。

(3)穿脱开衫、鞋子。

(4)折叠手帕、毛巾，会擦嘴、擦手。

四、2~2.5岁幼儿精细动作训练要点

著名教育家苏霍姆林斯基曾说过，儿童的智力在他的手指尖。中国古话“心灵手巧”同样说明了精细动作训练的重要性。幼儿时期，精细动作主要依靠幼儿的十根手指的小肌肉群的动作。因此，精细动作训练的目的是使手指变得更加灵活。在进行训练时，可以通过幼儿手指的揉、画、折、夹、插、剪、敲、钓、扣、拧、涂等具体的操作动作来进行练习。以下分别从单项动作和使用工具两个方面来讲训练要点。

(一)单项动作训练

1. 揉的训练内容

(1)做馒头。准备面粉和水，将两者混合调匀。成人和幼儿一起将调和好的面粉团分成小块，让幼儿学着将面粉团揉成一个个馒头的形状。在这个过程中，还可以引导幼儿将面粉团揉成一个个小球、搓成一根根面条状，提供糖果，将糖果包裹进去做成汤圆等。

（2）做糖果。准备彩泥和包裹糖果的彩纸。成人和幼儿一起将彩泥揉成一个个的小球，用准备好的大小适宜的彩纸将彩泥包裹起来，并将两头的彩纸分别揉在一起。

2.画的训练内容

（1）涂鸦。2岁左右的幼儿进入涂鸦阶段，给幼儿提供各种颜色的彩笔，让幼儿运用手腕、手指的力量握笔、运笔，在纸上自由地涂抹。

（2）沿线条画。在纸上事先画出一些线条，让幼儿沿着已画好的线条进行涂描。到了2.5岁，随着幼儿手部力量和手眼协调能力的发展，幼儿可以自己画直线条。

3.折的训练内容

（1）折纸。给幼儿提供折纸，并由成人进行示范。2岁后幼儿可以开始运用手腕、手指的力量和双手的协调能力练习折纸，到3岁左右幼儿能够折正方形、长方形这些图形，且边角整齐。

（2）折餐巾。给幼儿提供餐巾布或餐巾纸，成人与幼儿一起进行折叠，当幼儿不会时成人可以示范，当幼儿能够完成时给予及时的鼓励。

4.夹的训练内容

（1）使用镊子（或食品夹）。准备一个镊子或食品夹、两个小碗，海绵、纸团或红枣若干。成人示范引导幼儿用镊子或食品夹将一个碗中的海绵夹到另一个碗中。当幼儿的动作熟练之后，可以将海绵换成稍硬一点的纸团和红枣。目的在于增强幼儿手指肌肉的力量和手指动作的灵活性。

（2）使用夹子。准备晾晒衣服使用的夹子若干、各式衣服图片和一根绳子。模拟晾晒的情景，由成人示范如何将衣服图片用夹子夹在绳子上，然后由幼儿自己操作。

5.插和拔的训练内容

（1）插花。准备用吸管和无纺布制作的花枝若干，不同口径大小的塑料瓶数个。成人示范将一枝枝花插入到花瓶中，再拿出来放在另一个花瓶。可以将花瓶换成具有数个不同小孔的泡沫板，幼儿将花枝插进去后，可以将其再拔出来。鼓励幼儿可以随意插，提供粗细不同的吸管制作的不同颜色的花枝，让幼儿在这个过程中感知粗与细的不同和颜色的不同。

（2）美丽的小鱼。准备纸盒、即时贴、海绵纸和塑料片。用海绵纸剪出小鱼的形状，在小鱼的身上切割出长条形的插口，并在插口上贴上颜色标记（3种颜色），用塑料片剪出带柄的鱼鳞（3种形状，3种颜色）。鼓励幼儿为小鱼插上美丽的鳞片，成人与幼儿轮流插，也可以让幼儿随意插，还可以让幼儿按照颜色来匹配插。完成一组后可以让幼儿练习拔下来。

6.穿的训练内容

(1)穿珠子。穿珠活动是促进幼儿精细动作发展的常见方法。将细绳穿过一定深度和直径的洞眼,把各种形状、各种颜色的珠子串在一起,在穿和拉的过程中,幼儿双手和手眼的协调力得到发展。准备大小不一的珠子若干和软硬不同的绳子,对于初次穿珠的幼儿准备一根在末端绑上了较细的木棍的绳子。训练幼儿将这些珠子串联起来。绳子的精细、软硬和珠子洞眼大小、深度等决定了穿珠的难易程度。

(2)制作门帘。准备一个可以装进娃娃玩偶的纸盒,作为洋娃娃的家,纸盒的一面是敞开的,作为门,在门上挂上几根绳子,再准备有两个小孔的小块无纺布若干。成人和幼儿一起将一块块的无纺布穿在绳子上,制作成门帘。

7.钓、扣、拧、敲的训练内容

(1)钓鱼。准备带有磁铁的鱼竿和小鱼,让幼儿用鱼竿把一条条小鱼钓起来。这个过程既可以锻炼幼儿的耐心和手眼协调能力,还可以让幼儿感知磁铁的作用。

(2)扣扣子。扣扣子需要幼儿运用五个手指的相互配合来完成。给幼儿提供一件有较大扣子的衣服,让幼儿练习把纽扣扣上。

(3)拧盖子。准备带盖的大小不一的小壶或小瓶若干,让幼儿练习拧开和盖上瓶盖。

(4)敲物体。提供电子琴等类似的玩具,让幼儿敲击键盘,使电子琴发出不同的声音,也可以自制敲击物品,如大小不一的奶粉罐、盛着水量不等的杯子,让幼儿用小木棒进行敲击。敲击物体发出声音,不仅给幼儿带来惊喜,还可以锻炼幼儿手的肌肉力量和手眼协调能力。

(二)使用工具的训练内容

1.使用彩笔涂鸦

涂鸦的彩笔可以选择粗细合适的水彩笔和蜡笔。成人可以给幼儿示范正确的握笔方法。涂鸦训练对于2岁多的幼儿简单易行,既锻炼了幼儿拿笔的灵活性,又增强了幼儿对颜色的感识。

2.使用剪刀

准备一些厚度适宜的纸张和适合幼儿使用的剪刀。剪刀的正确使用方法是拇指在上孔,中指在下孔,食指放在下孔外面起平衡及稳定作用。成人可以先做示范,然后给予手势帮助,并给予"张开、合起"语言提示。注意选择的剪刀一定是适合儿童使用的安全剪刀,不需要限制幼儿用哪只手来使用剪刀。这一时期的训练是让幼儿学习使用剪刀,不要求剪图形。

3.使用筷子

使用筷子对2岁多幼儿来讲是一项十分具有挑战性的事情。刚满2岁的幼儿只会用筷子扒饭入口，筷子是合拢的，几乎不能分开。这时可以让幼儿练习将两根筷子分开，大拇指、食指和中指同时操纵一根会动的筷子，无名指和小拇指操纵另一根比较固定的筷子。一开始可以准备一些方便夹起的物品，如形状较大，不是特别光滑的东西，大枣、纸团等。熟悉之后可以练习一些形状较小、质地偏硬、外表光滑的物品，如黄豆、花生米等。

（三）训练时的注意事项

1. 关注生活，将训练渗透于生活之中

幼儿在自理能力的培养过程中能促进小肌肉动作的发展。让幼儿自己的事情自己做，如使用筷子自己吃饭、使用餐巾擦嘴、穿脱衣服、脱提裤子等；让幼儿参与简单的家务劳动，如收拾玩具，在餐前拿筷子、摆放餐具等，促使幼儿使用双手来完成相应的任务。生活中可以创编相关的儿歌和歌曲，如《洗手歌》《喝水歌》《穿衣歌》等，让幼儿在具体的语言提示下练习小肌肉动作的同时充满乐趣。

2. 关注个体，提供相适应的训练难度

每个幼儿由于遗传、环境和教育的影响而呈现出不同的身心发展速度和水平。3岁前幼儿精细动作的发展存在着很大的个体差异，因此，在提供的材料上要有针对性，给予个体相适应的训练难度。难度过大，幼儿有可能丧失兴趣；如果过于简单，又不能达到训练的目的。

3. 关注强度，控制好训练的时间

在精细动作的训练上，要遵循幼儿身心发展的阶段性规律，不能操之过急。人有8块腕骨，到了10岁左右腕骨才能完全钙化。因此，幼儿手腕的力量不大。在为幼儿挑选玩具时不能太重，也要控制好训练的时间，长时间地使用腕部力量，会造成幼儿过度疲劳而伤害到手部骨骼，影响肌肉的发育生长。

五、2~2.5岁幼儿动作训练案例

(一)早期教育课程案例

案例一

大动作训练(25~30个月)

<table>
<tr><td colspan="2">活动名称:《小宝宝去旅行》
场地:室内教室</td><td>年龄:25~30个月
人数:10人(成人5人,幼儿5人)</td></tr>
<tr><td rowspan="2">活动目标</td><td>家长学习目标</td><td>幼儿发展目标</td></tr>
<tr><td>1. 了解25~30个月幼儿大动作中平衡能力发展的3个难度不同的代表性行为。
(1)代表性行为1:单脚站稳。
(2)代表性行为2:双手平举物走S线3米。
(3)代表性行为3:走宽15厘米、高10~20厘米的平衡木3米。
2. 观察幼儿行走时的平衡情况,了解幼儿平衡能力发展水平。
3. 主动积极参与活动,根据老师的示范对幼儿进行指导和协助,并能在家中开展相应活动。</td><td>1. 幼儿能完成平衡走的3个发展难度不同的代表性行为游戏。
2. 通过完成游戏,锻炼幼儿的腿部动作和身体平衡能力。
3. 体验与家长、同伴一起游戏的乐趣。</td></tr>
<tr><td>活动准备</td><td colspan="2">1.3个场地布置,小脚丫、S线路和平衡木。
2. 粮食袋(沙包)。
3. 音乐《身体歌》《再见歌》。</td></tr>
<tr><td>活动过程</td><td>活动环节
本次活动根据幼儿平衡能力发展的代表性行为,设置了3个难度不同的小游戏。
一、认识问候环节
教师用儿歌带领家长和幼儿互相问候,彼此做简单的互动交流。播放音乐《身体歌》做热身活动。
二、游戏环节
(一)游戏一:看谁站得稳(代表性行为1)
教师:宝宝们,今天我们要去森林城堡探险,现在我们就一起出发吧。</td><td>家长指导语
此游戏教育价值:
平衡是幼儿进行各种活动和保持身体姿势的前提条件,是幼儿进行走、跑、跳等大动作的基础,在提高幼儿平衡能力的过程中,幼儿的注意力、坚持性、意志力等品质也会得到发展。我们提供了3个代表性行为游戏来让幼儿在有趣的游戏中发展平衡的能力。</td></tr>
</table>

续表

	1. 带幼儿到活动场地，观察画在地上的一只小脚丫，告诉幼儿出发前看看谁能站得稳，指导幼儿只用一只脚站在上面。 2. 成人与幼儿面对面站立，一起提起左脚，左膝弯曲，身体不依靠任何物体，站稳后开始数数，从“1”数到“10”，看右脚能站多久。同样的方法，提起右脚，看左脚能站多久。 （二）游戏二：运粮食（代表性行为2） 1. 带幼儿到活动场地，观察画在地上的3米长的S线，告诉幼儿这是我们要经过的地方。 2. 出示粮食包，任务是将粮食包双手平举起来走过S线。 3. 家长在前面演示双手平举粮食包走过S线条，幼儿在后面模仿。 （三）游戏三：过桥（代表性行为3） 1. 带幼儿到活动场地，观察准备好的小桥（宽15厘米、高10~20厘米、长3米的平衡木）。 2. 家长演示踩过平衡木，幼儿在后面模仿。如果幼儿害怕走的话，家长可以牵着幼儿的手。 三、结束活动 1. 鼓励表扬幼儿完成了游戏活动，穿过S路的森林，走过小桥，来到了森林城堡。 2. 播放音乐《再见歌》，放松小脚并互相道别。	家长提示： 在3个平衡游戏中，家长要担当好示范者，幼儿才能正确地模仿家长做完游戏。观察每个代表性行为并记录下幼儿的实际情况，可以进行反复的练习，以达到熟练掌握的程度。代表性行为1到3是由易到难的，家长要根据幼儿的实际情况选择合适的游戏活动。
家庭延伸活动	平衡训练可以促使大脑神经系统功能的发展，为特殊动作的发展奠定基础。在日常生活中，家长们可以这样做： 1. 荡秋千，幼儿在荡秋千时，感受身体的一起一伏、位置变化，还需要调整自己身体来适应这种变化。 2. 让幼儿站在家长的脚上，家长抓住幼儿的手，然后慢慢地开始跳舞，并且旋转，让幼儿感受身体舞动的节奏，保持平衡，并踏准节拍。 3. 走马路牙子和走花坛。 4. 玩滑滑梯，跳蹦床。	

案例二

精细动作训练(25~30个月)

<table>
<tr><td colspan="3">活动名称:《制作新年贺卡》　　年龄:25~30个月
场地:室内教室　　人数:10人(成人5人,幼儿5人)</td></tr>
<tr><td rowspan="2">活动目标</td><td>家长学习目标</td><td>幼儿发展目标</td></tr>
<tr><td>1.知道25~30个月幼儿精细动作中使用工具的代表性行为。
(1)代表性行为1:会使用剪刀和胶水。
(2)代表性行为2:使用剪刀沿着纸上直线剪8厘米以上;会粘贴物品。
(3)代表性行为3:使用剪刀沿纸上的弧形线条剪纸;能粘贴物品到指定位置。
2.观察幼儿的行为发展情况,了解幼儿手部动作发展水平,并为幼儿选择合适的游戏。
3.主动积极地参与活动,根据教师的示范对幼儿进行指导和协助,并能在家开展相应活动。</td><td>1.幼儿在完成不同难度代表性行为的游戏中,原有使用剪刀和胶水的动作水平得到进一步发展。
2.体验与家长、同伴一起游戏的乐趣。</td></tr>
<tr><td>活动准备</td><td colspan="2">1.音乐:《小手小脚》《新年好》《再见歌》。
2.制作贺卡的卡纸,颜色多样。
3.含有弧形线条的简单图案,像气球、爱心、花朵等,含有直线条的图案如小草、大房子等的彩纸片若干。
4.适合幼儿操作的剪刀和胶水。</td></tr>
<tr><td>活动过程</td><td>活动环节
本次活动根据幼儿使用剪刀和胶水这一精细动作中使用工具的代表性行为,提供了不同的材料进行组合加工,家长可以帮助根据幼儿实际发展水平选择适宜的游戏材料,引导幼儿进行手部操作游戏。
一、认识问候环节
播放音乐《小手小脚》,教师带领家长和幼儿相互问候,简单地交流与互动。</td><td>家长指导语
此游戏教育价值:
随着幼儿的成长,对手的控制能力变得越来越重要,这不仅因为对手的控制能力有助于幼儿变得更加独立,而且还与解决问题的能力以及学习能力密切相关。本次活动着眼于幼儿手眼的协调能力和手部精细动作的发展,利用制作新年贺卡游戏很好地锻炼幼儿的手眼协调性和手指肌肉的控制力,增强双手的协作与配合。</td></tr>
</table>

续表

<table>
<tr><td></td><td>二、游戏环节
(一)教师出示材料和示范操作
首先,选择一张卡纸作为制作贺卡的原材料。在这张卡纸上用铅笔描绘出一些图案。如由三角形和正方形组成的房子,由两根直线条组成的小草,由弧形线条组成的彩虹、气球、花朵等。
其次,选择彩纸,用剪刀按照贺卡上面的线条剪下相应的图案。
最后,将剪下来的图形涂抹上胶水,粘贴在贺卡相应的地方。
(二)在家长的指导下幼儿进行贺卡的制作
1. 观察卡纸上的图案,选择一张卡纸。
2. 选择彩纸,用剪刀将彩纸剪断(代表行为1)。
3. 选择有直线条的彩纸,用剪刀沿着纸上的直线剪8厘米以上(代表行为2)。
4. 选择有弧形线条的彩纸,使用剪刀沿着纸上的弧形线条剪(代表行为3)。
5. 将剪下来的图案用胶水粘于指定的地方(代表行为3)。
(三)作品展示
家长与幼儿一起对完成的贺卡进行展示讲解。
(四)以《新年好》歌曲结束活动,将做好的新贺卡送给幼儿。</td><td>制作新年贺卡游戏主要是让幼儿发挥想象力,选择自己喜欢的卡纸,通过剪和粘的手操作,锻炼幼儿的精细动作。家长尽量让幼儿自己动手操作,不要对幼儿的操作进行过多的干涉。25到30个月的幼儿手部发展还不够灵活,尤其是双手配合还不够协调。如果没有使用剪刀的经验,幼儿操作起来有一定难度。家长可以向幼儿示范正确使用剪刀的方法。通过演示,让幼儿观察成人的动作,鼓励幼儿模仿学习,发展幼儿的精细动作。
在幼儿活动过程中,需要家长认真观察并记录幼儿精细动作发展处于什么阶段,并根据幼儿的发展水平,选择适当的材料进行操作与练习。
注意剪刀的安全使用与管理。</td></tr>
<tr><td>家庭活动延伸</td><td colspan="2">精细动作的发展可以帮助幼儿解决生活中的问题,促进其自理能力的提高。在家里可以做的事情有:
1. 平时在家也可以让幼儿练习剪纸,随着使用剪刀的时间越来越长,幼儿手指的控制能力和手眼协调能力也会提高。
2. 贴贴画。购买适合2~3岁幼儿使用的贴贴画书,让幼儿把图案抠下来,粘贴到指定位置,训练手指灵活性和手眼协调能力。
3. 生活中需要使用剪刀时,可以让幼儿来操作。比如,剪开食品包装袋,将线条剪断等。</td></tr>
</table>

（二）亲子动作训练案例

案例一

大动作训练

训练目的：锻炼幼儿腿部肌肉，发展幼儿的肌肉动作协调和平衡能力。

训练方法：

（1）小青蛙过河。家长将荷叶大的纸板一个接一个摆放在地板上，布置成池塘的荷叶，家长和幼儿一起双脚跳在纸板上模仿小青蛙过河。

（2）亲子袋鼠跳。选择两个大布袋，让幼儿和家长分别站在一个布袋中，双手分别拉着布袋的两个提手，袋子中放一个洋娃娃，幼儿和家长一起模仿袋鼠妈妈去郊游。

训练目的：熟悉球，练习滚、投、抛、接等动作，发展幼儿肌肉、关节的协调运动能力。

训练方法：

（1）抛抛球。家长与幼儿面对面坐着，先用双手按住球，再将球推给幼儿，指示幼儿将球推给成人，并称赞幼儿。家长将双臂围成空心圈，示意幼儿将球投进成人的手臂圈，夸奖他本领大，反复数次。家长与幼儿面对面地站着，距离近一些，成人伸出的手要离幼儿的手近，示意幼儿把球抛给家长，接住幼儿抛来的球，不断地赞扬幼儿，并逐渐拉开和幼儿的距离。①

（2）足球队员。选择一个直径为15厘米左右重量较轻的球，家长用脚当球门柱，幼儿把球往球门里踢，或者幼儿用双脚当球门柱，家长把球往球门里踢。

案例二

精细动作训练

训练目的：训练幼儿双手的协调性、手眼协调性，发展幼儿的注意力。

训练方法：

（1）存钱罐投币。准备一个存钱罐和诸多硬币，让幼儿将硬币放进钱罐中。

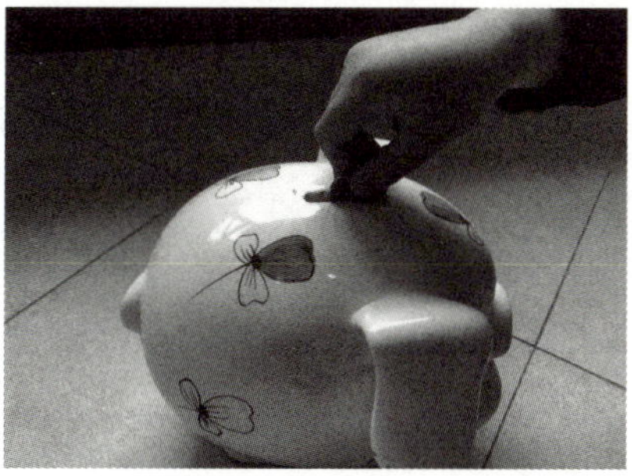

①赵凤兰.0~3岁婴幼儿智能开发与训练[M].上海：复旦大学出版社.2011.

(2)使用勺子。准备一个盛有多个珠子的容器和一个大小合适的勺子,让幼儿用勺子将容器里的物品舀出来。

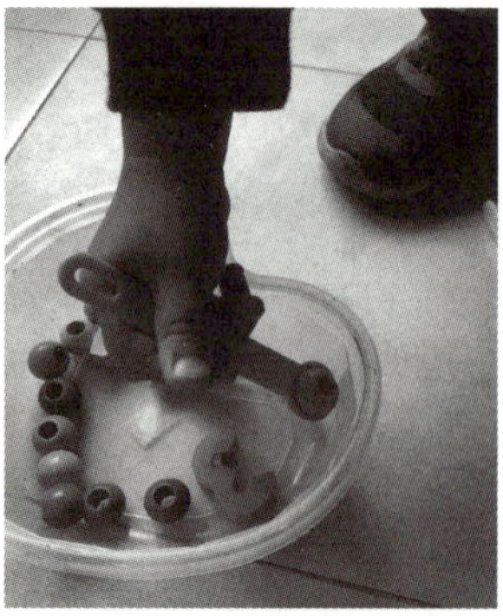

(3)使用夹子。准备一个盛有多个小型积木的容器和一个大小适合的夹子,让幼儿使用夹子将容器里的物品夹出来。

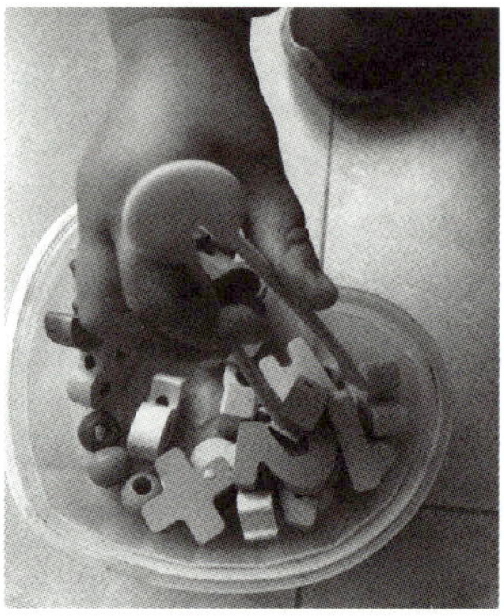

第二节

2.5~3 岁幼儿动作的发展与训练

欣欣快满3岁了,欣欣妈妈为了让欣欣能够较好地适应幼儿园的生活,开始训练欣欣的生活自理能力。欣欣妈妈让欣欣自己使用勺子吃饭,虽然一顿饭下来欣欣身上、桌上和地上都是饭粒,但欣欣乐此不疲。欣欣妈妈还让欣欣自己穿脱衣服,扣上和解开扣子,穿脱袜子和鞋子,上厕所时拉提裤子,虽然也时常出现小插曲,但欣欣一次比一次做得好。你认为欣欣妈妈的做法对吗?简要说说理由。

2.5~3 岁的幼儿动作发育更加成熟,在2.5岁时,基本掌握了跑、跳、攀登等基本动作,会单独脚站立,会单脚上跳1~2次,会双脚交替上楼梯,会骑小三轮车,这都说明幼儿掌握了身体平衡能力。3岁左右的幼儿已经能较好地控制身体的平衡了,动作可以很灵活。

一、2.5~3岁幼儿大动作发展核心能力

2.5~3岁的幼儿大动作水平表现：一是走、跑、跳、投、钻、攀等基本动作技能已经基本掌握；二是平衡与协调等动作技能需要进一步完善与发展；三是发展出了一些特殊的动作技能，如骑小三轮车。

（一）走、跑、跳、攀、投掷等基本动作发展

1.走

2岁半的幼儿走路时可以走得平稳自如，上身正直自然走，可以按指定方向一个跟着一个走。在幼儿能平稳熟练地走以后，成人可以教其大步走或小步走的概念，还可以结合步伐的大小喊节奏，如一二一或左右左，培养其协调性和节奏感，还可以让其自然摆臂走，并逐渐增加摆臂的幅度。

2.跑

多数幼儿在1岁半学会跑，在经过一年跑的练习后，2岁半的幼儿跑得已经比较稳当，动作自如协调，可以短距离内随意跑和听到信号后向指定方向跑。3岁左右的幼儿的跑步姿势基本正确，一般30秒钟幼儿能跑35~40米。

跳的训练

3.跳

2.5~3岁的幼儿跳的能力在进一步提高。他们已经完全掌握双脚离地跳起，动作较为协调，他们也能向前行进跳、从高处向下跳、跳过低矮的障碍物和完成分合跳的动作。这一时期，幼儿跳的动作发展越来越完善。

4.投掷

2岁多的幼儿由于手臂肌肉力量弱，身体协调能力差，投掷物出手角度及方向往往掌握不好。幼儿的投掷动作一般包括远投和投准两大类，这也是2.5~3岁幼儿进行投掷动作训练的重要内容，具体的动作有双手抛投、单手抛投、正面投和侧面投。2.5岁左右的幼儿原地挥臂过头可以投物2~3米，可以完成与成人传接球。

5.攀登

2.5~3岁的幼儿能双脚交替上下滑梯的台阶，动作自如，可以在攀登架上爬上爬下。

拓展链接

幼儿散步，大有学问

从幼儿学会走路起，他对未知的世界就表现得越来越好奇，喜欢到处走走、跑跑、看看、摸摸等。当家长与幼儿一起户外散步时，你经常会看到：他们走着走着就开始蹲下来捡地上的树叶；他们不太喜欢走大路，总是爱跑到花坛上或有坡度的小路上去走；他们走一会儿会停一会儿，有时停下来采摘花朵，有时停

下来观看；他们走着走着还会往回跑。总之，一条不长的路，幼儿可以走上好长时间。

2岁多的幼儿也特别喜欢户外散步这一活动，散步不仅可以刺激幼儿的感官神经，使幼儿认识很多新鲜的事物，消耗幼儿的体能和精力，也能促进幼儿情绪和社会性的发展。带幼儿散步，父母需要注意以下几点：

（1）不要牵着或者催促幼儿快走。幼儿有他自己的节奏，他会很好奇地观察路上的行人和周围的事物，父母千万不要打扰他。要配合幼儿的步伐，当他停下来时，父母也要有耐心地站在幼儿的身后陪伴他，适时给予解答。

（2）当幼儿在小跑时，不要不时叫幼儿停下来。幼儿在散步时更喜欢小跑，那是因为幼儿的平衡能力还较差，脚部的肌肉力量还较弱，走路的时候就会以跑的方式来获得平衡。因此，散步时应该选择行人较少，地面较平坦的广场和公园。

（3）过马路时，要将幼儿抱起来。此时路上行人较多，父母脚步加快，拉着幼儿的胳膊过马路，用劲大了很容易拉伤幼儿的胳膊，使关节脱臼。

（4）带幼儿走一些“不寻常”路，如草坪地、上下坡、土路、石子路、泥巴路等。

（二）平衡与协调等特殊动作的核心能力

1.平衡

平衡能力的发展表现为：2.5~3岁的幼儿可以上体正直、两臂平举地在平衡木上自然行走；也可在10~15厘米高、倾斜度为30度的斜坡上走上走下；能头顶沙袋慢慢行走。

2.协调能力

幼儿动作协调能力表现在：可以双脚交替着上下楼梯，动作也较为协调。他们可以更多地掌握自己的身体状态，可以做一些拉伸、攀爬、投掷等动作，而且越来越协调。在学习骑三轮车的过程中，协调能力也得到较大发展。

二、2.5~3岁幼儿大动作训练要点

这一时期幼儿大动作的训练以巩固发展走、跑、跳、投掷、钻、攀等单项基本动作和有意识地训练平衡、协调等特殊运动能力为主要内容。

（一）跑、跳、投掷、钻、攀等单项基本动作的训练要点

1.跑的训练内容

（1）追逐跑。这项训练需要在较为宽敞和平坦的空地或室内场地进行。由一成人来扮演老鹰，幼儿扮演小鸡，成人告诉幼儿：“我是老鹰，我的肚子好饿好饿，我要抓一只小鸡来吃。”一边说一边向幼儿靠近，让幼儿为了不让老鹰捉住而四散奔跑。

（2）竞技跑。“我和小球来赛跑”游戏。成人准备一个小球和球门，成人和幼

儿站在离球门4~5米处，成人将球轻轻地向球门滚出去，让幼儿去追逐小球。鼓励幼儿在追到球之后，用力抬脚将球踢进球门之中。

（3）躲闪跑。“抓尾巴”游戏。成人和幼儿在腰间系上一根彩带，在腰后留出一个小尾巴长度的彩带。播放音乐时，让成人与幼儿相互去抓对方的尾巴。成人可以变换跑的速度，时快时慢，也可以变换跑的方向，忽左忽右。成人也要指导幼儿快速跑，灵活躲闪。

跑是幼儿非常喜欢的动作之一。在跑的过程中，加入一些竞技、追逐、障碍等元素不仅可以提高幼儿跑的动作发展，还增加了趣味性。在对幼儿进行跑步训练时，幼儿之间相互追逐和躲闪，需要注意避免相互碰撞，同时，成人要根据幼儿的能力和体力适当地调整跑的速度和方向。

2.跳的训练内容

跑的训练

（1）单脚跳跃。当幼儿学会“金鸡独立”后，就可以练习单脚跳跃了。初练时，成人可以牵着幼儿的一只手，熟练之后放手让幼儿独自单脚跳。最初可以在地上画一条线，单脚跳过线条，之后可以在地面设置标志，让幼儿从一个标志跳到另一个标志。民间游戏中“跳房子”就是很好的训练单脚跳跃的游戏。

（2）“跳飞机”。在地上画一个飞机，头3格是单脚跳，第4、5格时双脚落地各踏1格休息一会儿，再单脚跳到第6格，将手中的“豆包”扔向“飞机头”，不许扔到界外，到第7、8格双脚落地，各踏1格，不许移动，弯腰伸手取到“豆包”，再照样跳回来。学习单脚连续跳，“跳飞机”游戏可以综合训练幼儿单脚跳及投包瞄准等技能，是一个很好的游戏。3岁前后幼儿跳“小飞机”，每格15~17厘米，大一些孩子可以每格20~25厘米。（如下图）①

（3）助跑跳。让幼儿从2米之外跑向起跑线，然后用力向前跳跃，看看助跑之后的跳远距离是否比立定跳远要远一些。练习助跑跳可以提高身体的弹跳能力，尤其是促进下肢的肌肉发育。

2.5~3岁幼儿跳的训练是在原地跳和立定跳远的基础上，增加难度的单脚跳、往远处跳、有目标地跳。这时的跳跃练习的主要任务是让幼儿自由地蹦跳，发展弹跳能力，锻炼腿部肌肉力量，也为平衡与协调能力的发展奠定基础。

①王玉萍.0~3岁婴幼儿早教启蒙专家方案[M].北京：中国妇女出版社，2016.

投掷的训练

3.投掷的训练内容

(1)传接球。准备一个大小适宜的球，成人与幼儿相对并间隔一段距离站好，让幼儿用双手接过成人滚过来的球。幼儿双手抱球，将球举起来，用力向前抛去，如此重复。

(2)投篮。准备一个小球篮(用铁丝圈一个篮球圈)固定在距幼儿头顶35~40厘米处。鼓励幼儿跳高投篮。

2.5~3岁幼儿进行投掷动作训练时，可以通过变换投掷物重量来增加难度。投掷物越重，难度越大。投掷物的选择可以是纸团、小球、小沙包、小纸飞镖等。还可以通过调整投掷目标的远近来增加投掷动作的难度，目标越远，所需要的力量越大，相应的难度就越大。最为常见的投掷游戏是投接球，成人和幼儿可以进行接球、原地踢球和追逐球的游戏。

4.攀登

练习上攀登架。3岁前的幼儿可以练习爬3层的攀登架。攀登要用手先握紧上面的横栏，再用脚登上最下面一层，一手再抓最高的横栏，两手抓紧后，脚再上一层，然后将身体趴在最高的横栏上，一条腿跨过去踩在对面的横栏上，踩稳之后再移过来另一条腿，使身体完全移到对侧，然后一级一级地扶着下来。上下攀登架不仅能练习上下肢协调和高空平衡能力，还能锻炼幼儿的胆量。

(二)平衡、协调等特殊运动能力训练及要点

1.平衡的训练内容

平衡的训练

(1)“金鸡独立”。幼儿能保持单脚站立的姿势之后，可以先用一只脚站稳，再提起另一只脚，膝盖弯曲，脚尖下垂，右手手掌向前弯曲放在头上做鸡冠，左手手掌放在身后向上翘起做鸡尾巴。2.5~3岁的幼儿可以完成此动作，并坚持40秒到1分钟多。

(2)双足交替下楼梯。让幼儿与成人一起上下楼梯，开始时身体平衡能力不足，要双脚在一级台阶立稳再往下迈步。练习多次之后，幼儿的身体平衡能力有进步，可以自己扶栏一只脚踏一级台阶交替着下楼梯。成人应在楼梯下方保护，以防幼儿在上下楼梯时由于身体一时不稳而摔倒。

2.协调的训练内容

(1)踢球入门。跑步和踢球可以锻炼全身肌肉。可以用一张下面有空当的凳子或者一个大纸箱当球门，让幼儿距离球门2米左右向球门踢球。

(2)跳跃时能越过障碍物。准备一个矮纸盒，让幼儿双脚跳跃跨过矮盒子。幼儿动作越来越协调后，可以增加盒子的数量，让幼儿一个接着一个进行跨越。

(3)亲子蹬车游戏。3岁左右的幼儿可以与成人面对面坐好，双手体后支撑，两脚脚底互顶。家长一只腿绷直，一只腿弯曲，幼儿的左右腿绷直和弯曲刚好与成人相反。这样的蹬车动作可以训练幼儿的协调能力。

(4)儿歌表演操。儿歌表演操是将幼儿熟悉的动作如跑、跳、投掷，与幼儿朗朗上口的儿歌结合在一起的一种运动形式，可以促进幼儿身体协调和全身发展。儿歌表演操简单、轻快、充满感情，比如，儿歌“请出脑袋点一点，请出小手摆一摆，请出脖子扭一扭，请出屁股转一转，请出膝盖蹲一蹲，请出小脚踢一踢，让我的全身动起来”。儿歌表演操操节短小，动作简单，具有反复模仿和活动量适中的特点。

（三）训练时的注意事项

2.5~3岁幼儿动作的训练同样要注意循序渐进、由简到繁，需要把动作训练与游戏、竞争性活动与日常休闲活动等结合起来。另外，也需要注意以下几点：一是关注幼儿创造性的激发。这一时期的幼儿越来越独立自主，他们的想象力和自我意识也有了较大提高，因此，让幼儿自主选择活动的材料，给予幼儿自主练习的机会。成人要做的是运动环境的营造、不同材料的提供和安全保护。二是关注幼儿的意志力的培养。这一时期特殊动作技能的获得是需要幼儿付出一定的努力才能完成的。因此，当幼儿在运动过程中遇到了困难时，需要成人的及时鼓励和有效支持。三是关注幼儿自信心的建立。2.5~3岁幼儿的个体差异明显地体现在动作发展上。动作发展较好的幼儿，常常能获得成功，动作发展稍差的幼儿却会体验到失败。这时成人需要鼓励那些动作协调能力稍差的幼儿，提供与他们能力相适应的活动项目，当发现有进步时给予及时赞扬，在逐步地提高其动作水平的同时也帮助幼儿建立自信心。

不适宜的婴幼儿早期运动项目

三、2.5~3岁幼儿精细动作发展核心能力

有研究记录了幼儿最喜欢的手部精细动作有以下14项：开、关、塞、放、嵌、按、抠、拉、插、拔、摸、套、拧、夹。[1]其中，许多动作在2~3岁期间反复出现，只是精准与熟练程度因月龄不同而存在差异。因此，2.5~3岁幼儿精细动作的发展核心能力相较于2~2.5岁幼儿来讲，更多是单项动作的熟练程度和准确程度，还有关注双手协调和手眼协调的能力。具体来讲，这段时期的幼儿精细动作的发展应具备以下能力：

（一）绘画

(1)模仿画横线竖线，要求线与线之间不交叉，允许轻度歪斜、弯曲及不齐。

(2)模仿画圆和十字形，圆形要求闭合，允许闭合处稍有角度。

(3)在指定范围涂色，涂色或印章不超出指定的范围。

(4)用印章印在指定的位置上。

(5)画填充画和简单意愿画。

---

①李惠渝.18~36个月婴幼儿精细动作游戏材料的设计与应用[J].幼儿教育.2008(19):40-41.

（二）手工

（1）会折正方形、三角形，要求边角较整齐。

（2）会折简单物体3~4种。

（3）初步使用剪刀，会剪出直线。

（4）在指定的位置抹糨糊粘贴。

（5）用多彩泥搓、团，压出简单的物体。

（三）结构造型

（1）用5~8块积木搭出简单物体。

（2）将套珠由大到小逐一往上套。

（3）隔色穿珠子。

（4）用积塑插出简单物体。

（5）用正方形、长方形、圆形、三角形等材料拼出简单的物体。

（四）生活自理

（1）手腕、手指协调地使用勺子。

（2）会开、关水龙头，抹肥皂，搓洗，冲净小手。

（3）按次序穿脱衣服、鞋子，知道衣服的前后，会穿开衫、扣大纽扣。

（4）边对边折叠手帕、毛巾，会正确擦嘴、擦手。

四、2.5~3岁幼儿精细动作训练要点

2.5~3岁的幼儿精细动作的训练同样包含了揉、画、折、夹、插、剪、敲、钓、扣、拧、涂单项动作的训练，其训练的要点可以参照前面所讲。2.5~3岁幼儿精细动作的发展更加复杂，动作更高级，这段时期的幼儿精细动作的训练相较于2~2.5岁的幼儿而言，更加关注精细动作的准确性和灵活性，本节将从手指协调与控制能力训练和使用工具两个方面来进行阐述。

拇指歌

（一）手指协调与控制能力训练要点

1. 手指游戏

五指儿歌游戏。用彩色笔分别在妈妈和幼儿的手指上画上可爱的人脸或用纸做带脸谱的手指套，妈妈与幼儿面对面坐着，一边念儿歌一边做动作，让幼儿模仿。

2. 撕扯训练

撕扯训练可以训练幼儿手指之间的协调能力。给幼儿提供一些用过的纸、过时的书、画等让幼儿去撕扯，鼓励幼儿大胆地去撕，并且撕得越碎越好，因为撕得越碎，对幼儿手指技巧的要求就越高，说明他们两手的拇指、食指之间的对捏的力量越强。

3.搓揉训练

搓揉训练可以锻炼幼儿手指的灵活性。给幼儿提供一些较硬的纸或碎布料让幼儿去搓揉或搓卷，这既可锻炼幼儿手指的灵活性，又可锻炼他们的腕力。也可以提供一些彩泥等让幼儿进行自由结构塑形，搓和揉的动作也可以得到发展。

4.对折纸

折纸训练幼儿的抓握能力和手的协调能力。在幼儿面前放一张边长15厘米的正方形纸和手帕，成人先示范把纸进行对折，然后请幼儿进行对折。幼儿折纸动作的发展顺序是：能对边折纸、能对角折纸、能将8开（或32开）纸折成边角整齐的长方形。①

5.用积木搭金字塔

先摆3块积木做桥，在桥的旁边隔开半个积木的距离再摆1块积木，在2块积木之上再架成桥，在两桥之上再摆上1块积木就成金字塔了。幼儿搭好底部3块积木的金字塔后，可在旁边多放1块积木搭成底部4块、高4层的金字塔，还可以继续增加。

（二）使用工具训练

1.使用彩笔涂色

准备一些涂色的图画书和适宜幼儿使用的彩笔。2.5~3岁幼儿已经开始认识颜色，但画画时通常不在意色彩的搭配，作品色彩单调，在涂画之前，成人可以教幼儿辨识不同的颜色，尤其是红、黄、蓝三种基本颜色。成人展示不同的图画，像太阳、花朵、蓝天、白云等，启发引导幼儿自己选择颜色，在不受任何条件约束的情况下进行涂色。

2.使用剪刀

2.5岁后幼儿可以剪直线。训练方法是在纸上画出直线，让幼儿沿着线条来剪。随着幼儿使用剪刀的熟练程度提高，可以增加图形的难度，诸如长方形、三角形等，让幼儿沿着图形的外沿进行剪。此时的训练需要循序渐进地进行练习，根据幼儿动作发展个体差异来设计难度。

3.使用筷子

研究表明使用筷子时能牵动肩、肘、手腕、手指等部位的多个大小关节和上臂、前肩、手掌、手指等处的多条横纹肌，给予幼儿使用筷子的机会能促进幼儿的手眼协调。物品的选择遵循由易到难的顺序，夹稍大的物品比夹稍小的物品的难度要小，夹稍软的物品比夹稍硬的物品的难度要小。

①文颐.婴儿早期教育指导课程（0~3）[M].北京：北京师范大学出版社.2012.

（三）训练时的注意事项

1.遵循由易到难循序渐进原则

幼儿精细动作核心能力中达成指标的难易程度不同，比如，穿珠子时，由于珠子直径的大小、绳子的软硬程度不同，穿珠子的难度也会不同。这就需要成人根据幼儿的现有发展水平提供相适合的训练材料，遵循由易到难循序、渐进的原则。

2.关注个体差异因材施教

前面所讲的幼儿精细动作核心能力中的指标，部分幼儿在2.5岁就可以达成，部分幼儿则需要在3岁左右才能实现。在训练的过程中，在幼儿的现有发展水平上提供贴近其“最近发展区”的活动材料，根据幼儿的个体差异，因材施教，促进幼儿个体在原有基础上得到最大限度的发展。

3.抓住生活教育契机

生活中吃饭、喝水、穿脱衣服、穿脱鞋子、洗脸、洗手等动作都是在训练幼儿的双手协调能力，成人要给予幼儿自己的事情自己做的机会，哪怕做得不好，但相信幼儿可以做得一次比一次好。也可以给幼儿准备娃娃，让幼儿给娃娃喂饭、穿脱衣服、系上和解开扣子、拉开和拉上拉锁等，这不仅可以培养幼儿的自理能力，在这个过程中幼儿的精细动作也可以得到练习。

拓展链接

玩水、玩沙好处多

沙和水是大自然赐予幼儿的天然玩具，海滩、沙滩、小溪、沙坑都是幼儿最喜欢的游乐场。在玩沙、玩水的过程中，让幼儿感知沙子的粗细、干湿等不同质地，感受水体流动的特征和水的温度变化，这些都刺激着幼儿的感觉系统，使幼儿的感知能力变得更加敏锐。同时，在玩沙水的过程中锻炼幼儿手部的动作，提高幼儿手眼协调的能力及肢体的协调能力。由于沙和水没有固定的形态，可以给幼儿足够的创造和想象空间，幼儿玩的过程中发现水和沙的融合可以提高沙子的黏合性，从而激发幼儿探索自然的兴趣。有研究发现，玩沙水还能给予幼儿情感上的满足。无论是肆意泼洒还是专心创作，幼儿都可以从中感受到不受拘束的自由感，以及自我控制的快乐和创造成功的满足感。

幼儿在玩水的时候，成人可以准备小盆、小碗、小瓶、小杯和小漏斗等容器和可漂浮的玩具如小鸭子、塑料的香蕉、小船等。幼儿可以将小盆盛满水，将小碗压在水里，等水满后，将水倒进小瓶子里，由于碗口大，瓶口小，在倒的过程中需要幼儿掌握好距离及水量大小。反复操作后，幼儿的动作会越来越熟练。同时，幼儿会尝试使用小漏斗这一工具来将水从小碗或小杯倒入小瓶子中。这不仅锻炼了幼儿手眼协调的能力，也助于训练幼儿解决的问题思维。

幼儿在玩沙时,也需要为幼儿准备一些必要的工具,如小铲子、筛子、模具、小桶、各种各样的瓶盖及沙箱玩具(房子、花、树、草、动物等),幼儿可以运用这些工具,将沙塑造成自己想象的样子,比如建造一个小花园、动物园等。幼儿也可以运用一些模具用沙来做一顿丰盛的晚餐。在这个过程中,幼儿会用手臂、手腕的力量进行挖掘,然后用小铲子将沙装进桶里,搬运到空地上,再将沙填充在模具里做出各种食物。在玩沙的过程中,幼儿手部的挤、压、捏、握、抓、拍、抠等精细动作都会得到充分的训练。在幼儿玩沙时,需要提醒幼儿不要用带沙子的手去揉眼睛、鼻子等。遇到沙子飞扬的情况下,可以给沙子洒点水。如果在玩沙的过程中幼儿手部出现过敏,要立即停止。

五、2.5~3岁幼儿动作训练案例

(一)早期教育课程案例

案例一

大动作训练(31~36个月)

活动名称:《我是小小冒险家》 场地:室内教室	年龄:31~36个月 人数:10人(成人5人,幼儿5人)	
	家长学习目标	幼儿发展目标
活动目标	1. 了解31~36个月幼儿大动作发展中跳的3个难度不同的代表性行为。 代表性行为1:原地蹦跳3次以上,双脚离地。 代表性行为2:并脚跳过5厘米高的障碍。 代表性行为3:并脚连续向前跳3步。 2. 观察幼儿跳的情况,了解幼儿跳的能力发展水平。 3. 主动积极参与活动,根据教师的示范对幼儿进行指导和协助,并能在家中开展相应的活动。	1. 幼儿能完成跳的3个发展难度不同的代表性行为游戏。 2. 通过完成游戏,锻炼幼儿的腿部动作和增强腿部力量。 3. 体验与家长、同伴一起游戏的乐趣。
活动准备	1. 香蕉、胡萝卜、荷叶图片若干。 2. 猴子、兔子和青蛙头饰各10个。 3. 两根长长的红线。 4. 音乐《小手小脚》《火车汽笛声》《青蛙叫声》《再见歌》。	

续表

活动过程	活动环节 本次活动根据幼儿跳的动作发展的代表性行为,设置了3个难度不同的小游戏。 一、认识问候环节 教师用儿歌带领家长和幼儿互相问候,彼此做简单的互动交流。播放音乐《小手小脚》。 二、游戏环节 (一)游戏一:猴子吃水果(代表性行为1) 1.教师介绍游戏一的材料及玩法。 教师:孩子们,今天我们要坐着小火车一起去探险,现在我们就一起出发吧。播放音乐《火车汽笛声》到达第一关"花果山"。出示猴子头饰并给幼儿和家长们戴上。教师:我们要在这里找食物啦。 2.幼儿和家长进入游戏区域,玩摘香蕉的游戏。 香蕉图片被挂在树上,需要幼儿轻轻跳跃才能拿到。家长可以给幼儿示范轻轻一跳,摘到高一点的香蕉。让幼儿也向上跳一跳,把他们头顶的香蕉给摘下来。 (二)游戏二:小兔子拔萝卜(代表性行为2) 1.教师介绍游戏二的材料及玩法。 教师:现在我们坐火车去对面小山坡的"萝卜地",我们去帮兔子拔萝卜。在地面设置5厘米高的红线,需要跳过去才能达到萝卜地。出示兔子头饰并给幼儿和家长们戴上。 2.幼儿和家长进入游戏区域,玩跳高的游戏。 教师:孩子们,小兔子有点饿了,想爬过山坡去拔萝卜,我们一起陪它去吧。 教师请家长和幼儿来到红线前,让幼儿并脚一起跳过红线,到达萝卜地。 (三)游戏三:小青蛙过河(代表性行为3) 1.教师介绍游戏三的材料及玩法。 接下来坐火车来到第三关"池塘"。教师先请幼儿听一听声音,播放音乐《青蛙叫声》。教师让幼儿猜一猜是什么小动物,交流怎么帮助小青蛙过河。教师给幼儿和家长们戴上青蛙头饰。	家长指导语 此游戏教育价值: 运动不仅能锻炼幼儿的身体,还能促进幼儿想象力、创造力及意志力的发展。本次活动通过有目的、有计划的游戏锻炼幼儿的跳跃能力,提高幼儿大脑皮质运动中枢的发展水平和功能,促进身体动作的协调,使幼儿四肢骨骼的发育更加坚固,腿部肌肉更有弹性。所以,我们在本次活动中根据跳的3个不同难度代表性行为分别展开游戏,帮助家长了解幼儿跳的现有水平和跳的相关游戏。 此外,在游戏过程中可以发展幼儿的语言能力与社会交往能力,在认识小动物的基础上,还要注意让幼儿用准确的语言表达,并愿意与大家一起交流。 家长提示: 家长在幼儿蹦跳摘水果时,注意幼儿能否原地蹦跳3次以上,当幼儿不想跳时,家长可以鼓励幼儿,带领幼儿一起游戏。幼儿在跳过红线的时候会左右摇晃,身体不稳定,这是正常的现象,家长可以指导幼儿模仿小兔并足跳,根据幼儿的跳跃能力,适当增减红线高度。幼儿在模仿青蛙跳时,家长要注意幼儿能否两腿用力蹬伸,

	2. 幼儿和家长进入游戏区域，玩并脚连续跳的游戏。 教师：孩子们，小青蛙想去池塘的另一边，可是它太小了，有点害怕，我们一起帮助它去池塘的对面吧。 家长与幼儿一起跳过连续摆放在地面上的荷叶。 三、结束活动 1. 表扬幼儿完成了游戏活动，帮助了不同的小动物。 2. 播放音乐《再见歌》，放松小脚并互相道别。	往前跳。当幼儿能并足往前跳3步后，再增加次数。不可勉强幼儿，要根据幼儿跳跃能力的发展水平进行练习，中途可让幼儿适当休息，不要运动过量。在活动中，家长要观察幼儿完成3个代表性行为的情况并做好记录。
家庭延伸活动	跳的游戏是增加幼儿腿部肌肉、提高平衡能力的有效手段，在家里也是很容易进行练习的。在日常生活中，家长们可以这样做： 1. 爸爸妈妈分别牵着毛巾的四个角，上面放一些小糖果或海洋球，放置于幼儿的头顶，让幼儿在毛巾下跳一跳，将毛巾上的物品抖落。 2. 在户外有一些较矮的阶梯，家长可以和幼儿一起跳上和跳下台阶。 3. 在家中铺上不同颜色的游戏垫，指导幼儿跳进不同的颜色格子中。 4. 家长与幼儿一起模仿小兔子、小青蛙走路的动作。	

案例二

精细动作训练（31~36个月）

活动名称：《我是折纸小能手》 场地：室内教室	年龄：31~36个月 人数：10人（成人5人，幼儿5人）	
	家长学习目标	幼儿发展目标
活动目标	1. 知道31~36个月幼儿折纸动作发展的3个代表性行为。 代表性行为1：能对边折纸。 代表性行为2：能对角折纸。 代表性行为3：能将8开（或32开）纸折成边角整齐的长方形。 2. 观察幼儿的行为发展情况，了解幼儿手部动作发展水平，并为幼儿选择合适的游戏。 3. 主动积极参与活动，根据教师的示范对幼儿进行指导和协助，并能在家开展相应的活动。	1. 幼儿在完成不同难度代表性行为的游戏中，可以促进幼儿在原有折的动作水平上进一步发展。 2. 体验与家长、同伴一起游戏的乐趣，发展幼儿的观察力和想象力。

续表

<table>
<tr><td>活动准备</td><td colspan="2">1. 音乐:《拍拍手,好朋友》《手指运动》《再见歌》。
2. 折纸若干,其中,有印着边对边对折的虚线的彩纸,有印着角对角折的虚线的彩纸,有印着边对边对折和再边对边对折的虚线的彩纸。
3. 自由创作的彩纸。</td></tr>
<tr><td>活动过程</td><td>活动环节
本次活动根据幼儿折的动作发展的代表性行为,提供了3个不同难度的游戏,家长根据幼儿实际发展水平选择适宜的游戏材料,引导幼儿进行手部操作游戏。
一、认识问候环节
播放音乐《拍拍手,好朋友》,教师带领家长和幼儿相互问候,简单地交流与互动。
二、游戏环节
(一)游戏一:大小变变变(代表性行为1)
1. 教师出示一张彩纸,观察彩纸中间的虚线位置,示范将平行的两个边重合,沿着虚线折叠。
2. 幼儿在家长的指导下,沿着虚线进行折叠,并引导幼儿观察彩纸由大变小的过程。
(二)游戏二:形状变变变(代表性行为2)
1. 教师出示一张彩纸,观察彩纸对角处的虚线位置,示范将两个角重合,沿着虚线折叠。
2. 幼儿在家长的指导下,选择一张连接对角的虚线位置的彩纸,沿着虚线进行折叠,并引导幼儿观察,彩纸由长方形变成正方形的过程。
(三)游戏三:看我七十二变(代表性行为3)
1. 教师出示一张彩纸,观察彩纸中的虚线位置,示范将其沿着虚线折叠后再折叠。
2. 幼儿在家长的指导下,选择一张有两根虚线的彩纸,沿着虚线进行折叠后再折叠,并引导幼儿观察,彩纸由大变小、再变小的过程。
(四)自由创作
幼儿在家长的指导下,选择彩纸进行自由创作。彩纸上有着不同的虚线,沿着虚线的位置进行折叠,可以创作出不同的形状来。
鼓励幼儿在这个过程中去发现创作的规律和乐趣,使其乐于操作双手,发挥想象力。
(五)以《再见歌》歌曲结束活动,将做好的作品送给幼儿。</td><td>家长指导语
此游戏教育价值:
随着幼儿的成长,手部精细动作的发展变得越来越重要,这不仅因为对手的控制能力有助于幼儿变得更加独立和自信,而且在这个过程中,幼儿的观察力、思考力和学习力都能得到发展。本次活动利用折的动作锻炼幼儿的手眼协调性和手指肌肉的控制力,增强双手的协作与配合。
大小变变变和形状变变变的游戏内容主要是让幼儿观察折纸发生的前后变化,思考双手如何来实现这个变化。家长尽量让幼儿自己动手操作,不要对幼儿的操作进行过多的干涉。31~36个月的幼儿手部发展还不够灵活,尤其是双手配合还不够协调。家长需要耐心地等待幼儿去探索和发现,家长可以向幼儿示范正确的方法。通过演示,让幼儿观察成人的动作,鼓励幼儿通过模仿学习,从而发展幼儿的精细动作。
在幼儿活动过程中,需要家长认真观察并记录幼儿精细动作发展处于什么阶段,并根据幼儿的发展水平,选择适当的材料进行操作与练习。</td></tr>
</table>

续表

家庭活动延伸	精细动作的发展能帮助幼儿解决生活中的问题,促进其自理能力的提高。精细动作的发展离不开日常生活,在家里可以做的事情有: 1.生活中,可以让幼儿折餐巾、毛巾等物品,当幼儿能够完成时应该给予鼓励。 2.让幼儿自己用勺子吃饭,用餐巾纸擦嘴,将使用过的餐巾纸扔进垃圾桶里。 总之,生活中幼儿愿意做的事情,尽可能地让他自己做,做得不好没有关系,在这个过程中,幼儿的双手会越来越灵活,手眼越来越协调,精细动作发展越来越好。

(二)亲子动作训练案例

案例一

大动作训练

训练目的:增加幼儿上下肢肌肉的力量,促进身体平衡能力与协调能力的发展。

训练方法:

(1)骑马。家长扮演马,双手和膝盖着地,跪在地上,幼儿骑在家长的背上,可以趴下身子,也可以直起身子,双手抱着家长的头。游戏时可配上音乐,家长在前进的过程中,让幼儿感受到左右和前进后退的晃动,从而使幼儿通过调整自己身体确保不会从马背上摔下来。

(2)投篮比赛。家长和幼儿一起准备一些小纸团或生活中的小物件,如小勺子、小积木等,再准备一个篮子,放在与幼儿稍近的位置,和幼儿一起往筐里投物品,看谁投得多、投得准。

(3)好玩的呼啦圈。

玩法一:将呼啦圈依次平铺在地上,让幼儿双脚跳进一个呼啦圈后,再双脚跳进下一个呼啦圈里。

玩法二:将呼啦圈立在地上,由家长扶着,让幼儿用一只脚先跨过呼啦圈,再移动身体跨过另一只脚,在这个过程中,让幼儿的身体尽量不要接触到呼啦圈。

玩法三:让幼儿双手分别握着呼啦圈的两边,弯下腰后,把它放在正前方,先一只脚迈入呼啦圈,接下来再迈进另一只脚。

案例二

精细动作训练

训练目的:通过训练幼儿捏、揉、压、穿、拉等动作,发展幼儿手指的灵活性和协调性,增加幼儿生活常识。

训练方法:

(1)做项链送妈妈。准备一根编连着小木棒的绳子和多个算盘珠子,让幼儿将小木棒穿过珠子并将其一个个串起来,制作成项链。

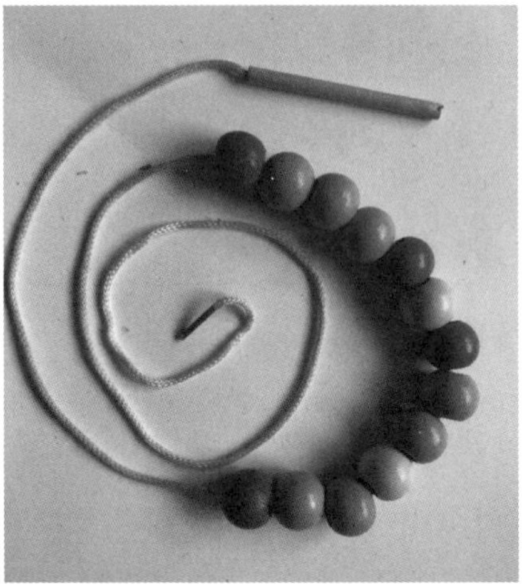

(2)拧瓶盖。准备大小不一的塑料瓶,让幼儿旋转瓶盖将其打开或拧紧。

(3)橡皮泥创作。准备一块橡皮泥、梳子、瓶盖和勺子,让幼儿使用这些工具将橡皮泥塑造成不同形状。

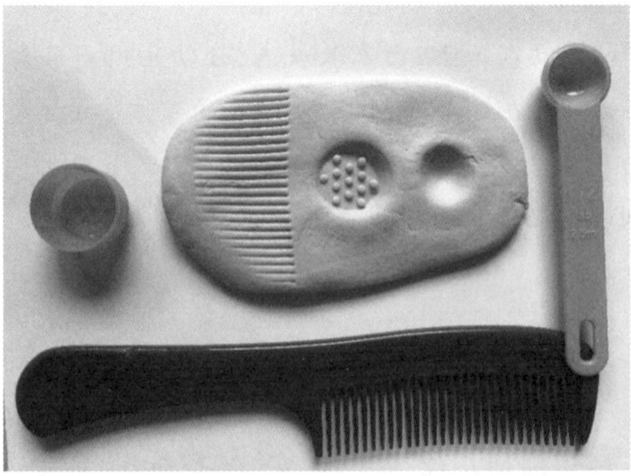

(4)垒高高。准备多个积木，让幼儿将积木一个个垒高。

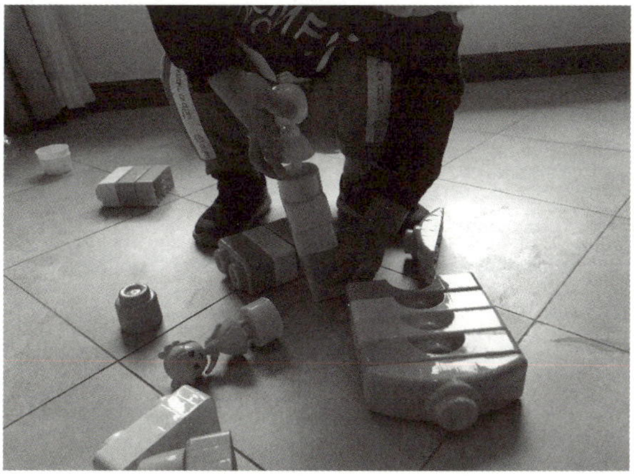

本章回顾

本章围绕2~3岁幼儿动作发展核心能力与训练方法，阐释了2~3岁幼儿大动作和精细动作发展的核心能力，指出了2~3岁幼儿大动作在走、跑、跳、钻、攀、爬、投掷、平衡和协调能力等各个动作发展上的具体内容和训练方法。梳理了2~3岁幼儿精细动作在绘画、手工、结构造型和生活自理4个项目上的具体内容，提供了在揉、画、折、夹、插、剪、敲、钓、扣、拧、涂等单项精细动作和使用工具上的动作训练方法。重点是理解2~3岁幼儿动作发展的阶段特点，掌握2~3岁幼儿动作发展的核心能力，熟悉并能应用动作训练的常见方法。

思考与练习

1.2~3岁幼儿大动作发展的核心能力有哪些？

2.2~3岁幼儿精细动作发展的核心能力有哪些？

3.2~3岁幼儿动作训练的常见方法有哪些？

实训与实操

1.设计一份针对2~3岁幼儿动作发展的游戏活动并模拟操作。

2.在实训室里，针对2~3岁幼儿某一方面的动作能力发展开展模拟试教，运用相关知识进行评析。

推荐阅读

1. 李俐，王唯. 2~3岁幼儿精细动作游戏资源库[M]. 南京：南京师范大学出版，2010.

2. 李洁，雷华，杨娅娅. 幼儿运动训练[M]. 北京：中国人口出版社，2004.

3. 周念丽. 学前儿童发展心理学[M]. 上海：华东师范大学出版社，2006.

第六章
0~3岁婴幼儿动作发展的观察与评价

儿童动作发展评价是对儿童动作发展水平和发展速度的评定和估价，依据一定的评价标准，采用各种定性、定量的评定方法，对儿童动作发展做出价值判断并寻求促进动作发展的途径的一种活动。动作发展对婴幼儿来说，就是身体能力和心理能力（包括动作、思维、感觉、情感和社会性等方面）的变化和进步。对于婴幼儿的动作，若完全任其自然发展，则发展的偶然性太大，可能会导致最佳发展时机的丧失；若过于干预发展，则发展的刻意性太强，可能会导致适宜发展的丧失。所以找到最适合婴幼儿动作发展的时机，对0~3岁婴幼儿动作发展进行观察与评价很重要。

学习目标

1.理解0~3岁婴幼儿动作发展与评价的意义和原则。

2.掌握0~3岁婴幼儿动作发展的常见观察与评价的方法。

3.能根据对婴幼儿动作发展的观察与评价结果正确促进婴幼儿大动作和精细动作的发展。

学习重难点

1.结合生活实际,运用相应方法对0~3岁婴幼儿进行观察与评价。

2.理解不同时期婴幼儿的大动作和精细动作发展的观察和评价。

思维导图

- 0~3岁婴幼儿动作发展的观察与评价
  - 0~3岁婴幼儿动作发展的观察与评价概述
    - 婴幼儿动作发展观察与评价的意义
    - 婴幼儿动作发展观察与评价的基本原则
    - 婴幼儿动作发展观察与评价的主要方法
    - 婴幼儿动作观察记录方法
    - 针对一个亲子游戏的观察与评价
  - 0~3岁婴幼儿大动作发展的观察与评价
    - 0~3岁婴幼儿大动作发展测评指标
    - 0~3岁婴幼儿大动作发展水平观察方法
  - 0~3岁婴幼儿精细动作发展的观察与评价
    - 0~3岁婴幼儿精细动作发展测评指标
    - 0~3岁婴幼儿精细动作发展水平观察方法

第一节

0~3岁婴幼儿动作发展的观察与评价概述

在“小鸟找食”的游戏中，老师要求幼儿能从15~25厘米的高度双脚并拢向下跳，老师先示范了一遍，孩子们在听到口令后，也向下跳，老师观察到只有松松还站在上面，不敢跳下来，于是老师对松松说：“我拉着你的手一起跳，好吗?”松松摇摇头不愿意，然后老师让其他小朋友尝试从更高的地方往下跳，自己带着松松继续跳15~25厘米的高度。第一次，松松是走下来的；第二次，他是单脚跳下来的；最后一次，老师让他试试双脚并起来跳，在老师的鼓励下松松两只脚并拢，准备了很久，终于跳了下来。

案例中老师对松松的行为进行观察与评价，发现了松松在动作发展方面的不足之处(不敢从较高的地方向下跳)，最终通过正确的引导帮助松松完成规定动作，使松松的动作能力得到发展。动作贯穿人的发展始终，动作发展是人能动地适应环境和社会并且与之相互作用的结果，动作发展与人的身体、智力、行为和健康发展的关系十分密切。[①]婴幼儿的动作发展是在大脑和神经系统、骨骼肌肉控制下共同进行的，因此婴幼儿的动作发展和他们的身体发展、大脑和神经系统的发展密切相关。而观察与评价的作用，就是通过观察与评价来发现婴幼儿动作发展的不足，通过正确的引导使婴幼儿能够在对应的时间达到对应的动作发展标准。

一、婴幼儿动作发展观察与评价的意义

(一)观察与评价婴幼儿生长发育水平

0~1岁的婴儿的运动以移动为主，所谓移动，主要包括躺、坐、爬、翻身、站等动作。3个月左右的婴儿会抬头，大人可以将他竖直抱起；四五月左右的婴儿可以翻身，大人可以提供婴儿抬头支撑和翻身的机会；五六个月的婴儿可以坐；6个月是婴儿学习爬行的最佳时期，大约七八月就可以很好地掌握爬行动作；10个月左右的婴儿可以自己扶助栏杆站立。进行婴幼儿动作发展观察与评价，可以阶段性地对其动作发展进行检测。能够及时发现婴幼儿在生长发育过程中的问题。0~3岁是婴幼儿动作发展的关键期，动作发展在一定程度上影响其心理和智力发展水平。通过科学的观察与评价，可以使我们更好地了解婴幼儿动作发展水平，并且根据动作发展了解他们的智力、心理等各方面的发展。[②]

---

① 周念丽.0~3岁儿童观察与评估[M].上海：华东师范大学出版社，2013.

② 陈雅芳，陈春梅.0~3岁儿童动作发展与训练[M].上海：复旦大学出版社，2014.

（二）观察与评价婴幼儿的动作感知觉发展水平

1~2岁的婴幼儿的动作从移动运动向基本运动技能过渡，基本运动技能主要包括走、蹲等。例如婴幼儿可以连钻带爬地通过一些简单的障碍物：1岁左右的婴幼儿开始练习走路，最初步子还不稳，会出现步子僵硬，动作不规范，经常摔跤的情况；在11个月左右能扶着东西下蹲，1岁4个月左右就可以自主下蹲了；再大点能用双手滚球，用脚碰球。进行婴幼儿动作发展观察与评价，可以监控婴幼儿的心理发展水平。儿童心理学家皮亚杰认为：人的认知来源于动作，儿童最初的智力是从感觉动作开始的，动作不仅是感知的基础，还是思维的源泉，可以说智慧起源于运动。

（三）观察与评价婴幼儿的动作均衡发展

2~3岁的婴幼儿以发展基本运动技能为主，各种动作均衡发展，主要包括走、跑、跳、投掷、玩运动器具等。例如：婴幼儿可以向不同的方向走，侧着走或者倒着走，或者是上下楼梯；可以进行一些简单的障碍跑，还可以相互之间追逐跑；能够接住空中的球，可以往不同方向抛球；可以在成年人的保护下蹬儿童三轮车、荡秋千、玩一些娱乐设施等。进行婴幼儿动作发展观察与评价可以促进其全面健康地发展，只有深入了解和分析婴幼儿的动作发展水平，根据评价结果及时调整和修正教育过程中的方案，才能针对性地为婴幼儿的发展制订合理的计划。

二、婴幼儿动作发展观察与评价的基本原则

（一）科学性原则

评价的方法和指标的选择和设定要科学，符合0~3岁婴幼儿的身心健康发展需要和动作发展特点，评价方法要简单明确，有较强的实践性和操作性。评价过程要科学，制订观察与评价计划时，要严谨，要注意选择观察与评价的时机，做到观察与评价精准无误。0~3岁婴幼儿的动作不确定性比较大，所以要排除一些无关的干扰因素。评价的参考标准要科学，而且不能烦琐甚至重复某一方面，评价要科学且简单又切实可行。例如在对婴幼儿的抓握能力进行观察与评价时，不能总是让其抓握同一个物品，应该多换一些婴幼儿能够抓握的物品，然后再对其进行观察与记录。

（二）全面性原则

对婴幼儿动作发展的观察与评价要全面，做到把握整体，顾全大局，要保证能够综合、全面、客观地观察与评价婴幼儿动作发展的各个方面。在观察0~3岁婴幼儿的动作发展时，在注意大动作发展的同时也要关注精细动作的发展。例如，在观察婴幼儿“扶站”时，不仅要观察其是否能够扶着栏杆站立，还要观察他的手指是五指都扶着栏杆，还是只能用三指扶着栏杆；在对0~3岁的婴幼儿

进行观察与评价时还要考虑年龄、身高、体重以及其他方面的因素，不能以偏概全。评价主体是多元化的，所以要注重评价环境的建立，例如建立一个家长、教师、儿童保健医生、儿童动作发展方面的专家共同参与的环境，让他们共同评价，这样能够使评价结果更加全面。

（三）动态性原则

在观察与评价时应该以发展的眼光看待婴幼儿的动作发展，在关注他们的动作发展的时候，要注意顺序和历程，不仅要了解他们现有的水平，还要关注其发展的速度、方向、特点等。例如0~3个月的婴幼儿的大动作发展主要是俯卧抬头，而对于2个月和3个月的婴幼儿，抬起的头与床面的夹角的要求不一样，2个月的婴幼儿达到的标准为45度，3个月的婴幼儿达到的标准是90度。在观察与评价时要正确和客观地认识每一个个体发展方面的差异，要尊重他们的不同，更要尊重他们的发展。在做到正确、全面地评价之后，要大胆地提出个性化的、建设性的改进意见和方案，做到与时俱进，促进每一个评价对象在原有基础上得到发展。

（四）客观性原则

对婴幼儿的动作发展进行观察与评价，要综合考虑其在家庭和早教机构中的表现，收集与婴幼儿动作发展有关的各方面资料。在观察与评价过程中要查阅相关资料，在分析数据时要实事求是，客观严谨地进行评价，而且要排除一些干扰因素。例如对8~9个月的婴幼儿进行评价，最好由婴幼儿熟悉的人员进行动作发展观察，这样能够保证所得数据的真实性，最终才能得到比较客观的结果。

三、婴幼儿动作发展观察与评价的主要方法

（一）观察评估法

观察法是指研究者根据一定的研究目的、研究提纲或观察表，用自己的感官和辅助工具直接观察被研究对象，从而获得资料的一种方法。

1.观察准备工作

第一步，确定观察时间，例如观察6个月婴幼儿的动作发展，观察时间一般是上午婴幼儿吃奶后半个小时，婴幼儿正处于清醒状态时。第二步，确定观察对象的特点，例如，月龄、身高、体重、性别、性格特点等能够影响婴幼儿动作发展的因素。第三步，确定观察内容和评估的要点，要具体到某一个点上，不能过于概括化。

2.实施观察

观察的方式有很多种，例如自然观察，自然观察要求观察者尽量不干扰被观察对象，在不影响儿童正常活动的情况下观察者在一旁安静地观察，然后选

择有用的信息进行记录，避免无关信息干扰。例如观察者在观察婴幼儿拿物品的能力的时候，如果婴幼儿无法独立将某一样物品拿起时，就算婴幼儿产生不耐烦的情绪或者不愿意继续拿物品，也不应该进行干涉，而是应该继续观察直至得到结果，或是中断观察，更换物品后再次进行观察与评价。又如情景观察，观察者可以通过创造不同的情景来观察儿童，获取自己需要的内容。例如观察者可以通过设计不同的游戏，像夹豆子、串串珠，对儿童是否能完成游戏和儿童完成游戏的情况进行观察与评价。

3.观察记录

做好详细记录，整理、分析、概括观察结果，最后得出结论。具体的观察记录方法见后文“婴幼儿动作观察记录方法”。

（二）问卷调查法

问卷调查法就是发放儿童动作发展相关问卷，抚养人根据对儿童的了解，如实地填写问卷，调查者将问卷收回进行整理分析，研究评价。问卷调查法是以设计好的问卷为工具进行调查，问卷的设计要求规范化并可计量。问卷应该目的明确，指导鲜明，避免言语的误导。问卷调查法的主要优点在于标准化和成本低。

表6-1　1岁儿童动作发展调查问卷

问题	不会	一般	熟练
是否能独自站立10秒以上			
是否能蹲下身子拾物，扶地站起			
是否能准确将小物件放入瓶中			
是否能扶着桌子独立挪步			
是否能按指定方向跑			
是否能向上抛球			
是否能手、膝盖着地向前爬			

注：请根据婴幼儿实际情况进行选择。

（三）自然实验法

自然实验法是在自然环境下创设控制对婴幼儿的动作发展有影响的某些因素以引起某种心理进行研究，获取真实有效的结果。开展调查，需要做到以下几点。第一，实验者要在实验前规划好实验的步骤和计划，准备需要的工具，确定记录的方式，以及对各种意外的方法。第二，要针对不同年龄阶段的儿童的特点，进行不同的假设，如在对1岁的儿童的站立能力进行观察与评价时，可以事先假设“这一阶段的儿童可以独立站立”。第三，通过随机抽样等随机性的手段来选择相应的被调查对象。第四，注意控制自然环境的无关干扰因素，保证测试结果的真实可信。第五，根据实验的计划具体实施步骤。第六，最终的调查结果可以通过统计图、表格等方式呈现。

四、婴幼儿动作观察记录方法

（一）日记叙述法

以日记的形式来记叙婴幼儿的动作和行为表现。日记叙述法有两种形式：一是重点记录，记录婴幼儿动作发展过程中的一些具有里程碑意义的行为，或者一些新出现的行为。二是流水账型日记，就是简单地不加任何修饰地按照时间来记录儿童的行为，可以是一个时间段内的，也可以是一天或者几天的行为。

以美国谢因《一个婴儿的传记》一书中的一段描述日记为例，说明日记描述法应记载的内容：“第25天，黄昏，祖母坐在火炉旁，她把婴幼儿平放在自己的膝盖上。婴幼儿感到非常满意，她盯着祖母的脸。这时，我走近祖母，并坐在她身旁，把脸伏在婴幼儿身上。这样，婴幼儿不能直接看到我的脸。她努力把眼睛转向我的脸。不久，她额头和嘴唇的肌肉就出现了轻微的紧张。然后，她又把眼睛转回到祖母脸上，继而又转向了我，如此往返几次。最后，她似乎看见了我肩上的一片光，于是转动眼睛和头以便能更好地看见它。注视了一会儿，她的脸上出现了一种新的表情——一种模糊的初步的热情。她不再只是盯着它，而是真正地去看它。”在上述记录中，观察者以自己的侄女为观察对象进行描述记录。观察者记录了被观察对象的年龄：25天；时间：黄昏；地点：家中；情境：火炉旁；还有婴幼儿的情绪、活动、反应等。在结尾处，观察者还做了概括性总结。上述这个例子可以体现出日记描述法的优点：对被观察对象的记录较为全面、详细，可以记录被观察对象在各个方面的发展情况，可以揭示被观察对象实际的动作发展、变化的过程，加深对被观察对象的认识。观察者在一段较长的时间内进行追踪研究，能够揭示被观察对象动作发展的各个阶段的情况。

（二）列清单法

根据婴幼儿的动作发展列出观察与评估的细目，并且标出“是”或“否”两种选择，根据观察、了解进行记录并判断，选择“是”或“否”并做出记号。在列举清单法中，调查者可以通过一系列问题或陈述清单来指导新创意的开发方向，以保证创意集中于某一特定的领域。清单的形式和长度不受限制。

表6-2　0~3岁婴幼儿动作发展的观察与评估表

姓名：　　　　　　出生日期：　　　　　　性别：

陪同测试人：　　　　　　测试日期：　　　　　　测试者：

观察与评估细目	是	否
行走自如		
踢球时不摔倒		
绕障碍物行走		
将小物体投掷在瓶中		
搭积木		
握笔涂鸦		

（三）等级评定法

根据婴幼儿童的动作表现制订等级评定表，观察者根据观察的实际需求进行全面的记录。为了避免误差的产生，观察者应当重复观察，保证记录结果的准确性、全面性和客观性。等级评定法要求观察者在观察的基础上，对行为或事件做出判断和评定。特性等级评定是在观察前先确定所要观察的内容，并按一定的标准将这些项目分为几个等级，观察时只注意观察对象的行为表现属于哪个等级，观察后按特性为被观察者的动作表现评定等级。观察需要持续一段时间，并在多次观察后做出评价。同时，需要根据选定的行为特性展开评价，然后根据婴幼儿的行为特性对照预定的行为特性做出等级评定。

表6-3　0~6个月婴幼儿动作发展观察记录表

月龄	项目	一级	二级	三级
1~2	追视玩具	眼睛和头同时转动	仅眼睛转动	不追视
3~4	俯卧抬头	俯卧抬头90度，前臂可以支撑，头能平稳竖直	俯卧抬头45度，头能竖直但不稳	俯卧抬头可离开床面，在帮扶下可竖直
5~6	翻身动作	独立翻身动作连贯	在帮助下能翻身	不能翻身

（四）频率记录法

频率记录法是指对单位时间内婴幼儿行为发生的次数进行记录。如：婴幼儿每小时翻身次数；每天翻身次数；每周翻身次数等。对行为发生频率的记录，是建立在对行为发生次数进行观察的基础之上的。但与次数记录有所不同的是，频率的记录中每次观察持续的时间可以不同。当观察持续的时间固定不变时，可以直接报告每次观察到的行为发生的次数，当观察持续的时间不固定时，可以以每次行为发生的次数除以每次观察所持续的时间，得出行为发生的频率。这种记录方式的优点是将行为发生的次数转换成一种单位值，相对于次数数据，频率数据是可以相互做比较的。

表6-4 频率记录法案例

学生姓名:诚诚		观察者:李老师	
环境:操场		日期:2020.1.4~2020.1.8	
日期	观察周期	行为次数	发生频率
2020.1.4	30分钟	10	0.33/分钟
2020.1.5	20分钟	8	0.40/分钟
2020.1.6	15分钟	8	0.53/分钟
2020.1.7	30分钟	12	0.40/分钟
2020.1.8	20分钟	6	0.30/分钟

(五)实况详录法

实况详录法指在一段时间内(如1小时或半天)持续地、尽可能详细地记录被观察对象所有的行为表现,包括与环境及他人的相互作用和互动。在使用实况详录法时,观察者无选择地记录被观察对象行为系列中的全部细节,获得对这些行为详细的、客观的描述,而不做主观推断、解释和评价,犹如描绘一幅反映现实情况的全景系列图。由于对详细记录的要求较高,一般难以做手工记录,所以较多地使用摄像技术将现场实况全部录下来,以后再做处理。如:将婴幼儿的一天的活动用视频记录下来,然后进行分析。

五、针对一个亲子游戏的观察与评价

亲子游戏要根据年龄阶段来设计,爱玩是每个孩子的天性,每个孩子都喜欢做游戏,如果能让孩子在玩中不知不觉地学习或者收获到很多东西是最好不过的了。游戏是小孩子们的主要活动,每个孩子都喜欢做游戏,但如果给孩子设计和选择的游戏不符合孩子的年龄特点,那游戏就只是在消磨时间而已,就起不到应有的作用。因此,要针对不同年龄阶段的孩子的特点来设计游戏。下面列举一个能促进12~15个月孩子动作发展的亲子游戏,并且对此游戏的结果进行观察与评价。

案例

妈妈去哪儿了——藏猫猫①(适合年龄12~15个月)

活动目标:

1.观察宝宝的动作发展是否符合幼儿期的标准。

2.锻炼宝宝行走的能力。

3.培养宝宝听着声音找物体的能力。

①王金玲,祝雅珍.0~3岁婴幼儿保育与教育[M].北京:化学工业出版社,2015.

活动准备：

1.将一个沙发移到客厅的宽敞处，并且清除掉周围的障碍物、危险物

2.一两个宝宝喜欢的玩具

活动过程：

1.妈妈把宝宝放到沙发边上，让宝宝玩自己喜欢的玩具。

2.趁宝宝不注意，妈妈悄悄躲到沙发后面，观察宝宝的行为活动。

3.妈妈呼唤宝宝并且偶尔探出头来，快速说“喵”，再快速将头躲到沙发后面，引导宝宝寻找，妈妈观察宝宝是否能够主动寻找自己。

4.当宝宝围绕沙发寻找时，妈妈也可以变化位置，观察宝宝能否独立行走并且寻找自己。

5.在这个过程中，妈妈要给宝宝发现、捉住的机会。

6.找到后，妈妈要抱一抱、亲一亲宝宝，给他一些鼓励。

7.活动结束后，妈妈和宝宝面对面唱儿歌《藏猫猫》并且加一些简单的动作，观察宝宝能否跟着妈妈唱儿歌和做动作。

《藏猫猫》：小宝宝，藏猫猫，找啊找，找啊找，找来找去找不到。喵喵喵，喵喵喵，找到啦，哈哈笑。

1.妈妈引导宝宝，观察宝宝是否能够独立行走，是否能够听见声音后寻找声源，是否能够跟着哼唱儿歌，是否能够学会简单的动作，然后根据前文的评价方法进行评价，判断宝宝是否达到该年龄的动作发展标准。

2.听力发育影响着婴幼儿的语言发展。12个月时婴幼儿声音定位能力已经发育得很好了，能够主动向声源的方向转头，能够辨别声音的来源方向。这个活动可以强化婴幼儿的声音定位能力。

3.12个月的婴幼儿，大多数能够站稳走几步；到15个月时，已经走得很稳了。这个活动可以锻炼婴幼儿的独立行走能力，也是比较安全的。

4.活动过程最终的结果是宝宝找到妈妈，让宝宝获得游戏的快乐和成就感。

在宽敞的房间摆放几个大人可以藏身的纸箱，大人在箱子后面变换位置让宝宝找。宝宝年龄大一些后可以角色互换，不断地加大难度，培养宝宝的兴致和空间探索能力。

第二节

0~3岁婴幼儿大动作发展的观察与评价

宝宝30个月,会跑、会双脚向上跳和双脚向前跳,但是不会走平衡木,不会独脚站立。根据婴幼儿大动作的发展水平测评表,该宝宝大动作的发育年龄为28.5个月,为中等发展水平。建议为宝宝设计一些游戏活动来锻炼他的动作发展。例如让宝宝模仿“公鸡走路”,让宝宝练习在直线上用足尖走路;还可以让他练习“过河石”的游戏,将河石排成圆形和S形,在家长的保护下,让宝宝练习走过石头,训练身体的平衡能力①。

婴幼儿在出生大约四周后,就开始出现高级的脑皮层控制的初步自主运动,其中就包括全身大肌肉活动的大动作发展。个体首先具备的是头部和躯干部分的基本自主控制能力,其次就是爬、走等自主位移动作的发展也慢慢地完善了,最后才是起跑、起跳等技巧性的大运动技能的发展。如案例中30个月的宝宝,会跑、会双脚向上跳和双脚向前跳,但是不会走平衡木,不会独脚站立,就说明该宝宝的动作发展是从比较简单地对躯干的自主控制开始的。

一、0~3岁婴幼儿大动作发展测评指标

(一)1~6个月

1.俯卧:转动头部→抬头45度→用手肘支持着抬高头及胸部→协调头与颈位置的平衡反应+可曲颈抬头→伸直手肘撑高上身。

2.仰卧:头部左右转动+头部与脊柱保持一条线。

3.转动:在平面上团团转。

4.坐立:保持头部位于脊柱线约20秒→协调头与颈位置的平衡反应→以手向前支撑坐地约2分钟+以手在旁支撑坐地约2分钟+以单手支撑坐地。

5.翻身:仰卧至侧卧→俯卧至仰卧。

6.站立:双脚承力约10~20秒。

表6-5 0~6个月婴幼儿大动作学习进程观察量表②

项目名称	观察记录
俯卧时转头45度	符合项打钩(P F O R)
仰卧时头部转动	符合项打钩(P F O R)

①人力资源和社会保障部,中国就业培训技术指导中心.育婴员[M].北京:海洋出版社,2013.

② 文颐,石贤磊.0~3岁婴幼儿核心能力与学习进程观察量表[M].成都:西南交通大学出版社,2017.

续表

项目名称	观察记录
可以在平面上团团转动身体	符合项打钩(P F O R)
坐立时可以保持头部平衡	符合项打钩(P F O R)
可以仰卧侧卧	符合项打钩(P F O R)
可以双脚站立10秒以上	符合项打钩(P F O R)
P通过,F失败,O未测(婴幼儿拒绝参与,且在平时的活动中养育人也未观察到),R(婴幼儿拒绝参与,但在平时的活动中养育人能观察到)	

(二)7~12个月

1.俯卧:伸直单手支撑上身→以手掌及脚掌撑高全身。

2.翻身:仰卧至俯卧→连续翻身。

3.转动:俯卧时,在平面上团团转。

4.坐立:手握摇晃不定的支持物,仍能坐着保持平衡(双手离地坐)→伸手保护性反应→向前的重心转移→向两旁的重心转移→向后的重心转移→从卧到坐+可自如地转换不同的坐姿+伸直腰部,双手不用支撑地面,进行活动约2分钟+伸手保护性反应→在外力支持下,做上身(胸部以上)控制→伸手保护性反应→在双手支持下,做身体控制→不用支持下的身体控制→坐椅子时重心转移。

5.爬行:匍匐爬行+在四点跪姿势中,协调双手及双脚。

6.跪起:由坐的姿势转至四点跪+稳定地保持四点跪姿势20秒+四点跪的姿势做重心转移。

7.站立:用直立姿势维持盘骨及髋关节的稳定,并能持续一段时间→在扶持下从座椅上站起来+在扶持下从地面上站起来+在外力支持下,做身体控制+扶着家具或墙壁站立。屈膝坐在椅子上或地上+双手扶持站立35分钟→短时间地自行站立→单手扶墙站立,另一只手进行活动。

8.步行:扶着栏杆横行5~6步→双手按着四面椅面,绕着行走一圈→在稳定的双手扶持下向前走5~6步→在不稳定的双手扶持下向前走→在单手扶持下向前走5~6步。

9.平衡:依靠身体摆动及踏步来维持前后、左右的平衡。

表6-6　7~12个月婴幼儿大动作学习进程观察量表

项目名称	观察记录
俯卧时能伸直单手支撑上身	符合项打钩(P F O R)
可连续翻身	符合项打钩(P F O R)

续表

项目名称	观察记录
可在平面上团团转	符合项打钩(P F O R)
可自如地转换坐姿	符合项打钩(P F O R)
能协调双手双脚匍匐爬行	符合项打钩(P F O R)
能自行站立	符合项打钩(P F O R)
可在扶持下稳步行5~6步	符合项打钩(P F O R)
能依靠身体摆动维持平衡	符合项打钩(P F O R)
P通过,F失败,O未测(婴幼儿拒绝参与,且在平时的活动中养育人也未观察到),R(婴幼儿拒绝参与,但在平时的活动中养育人能观察到)	

(三)13~18个月

1.步行:在不需要扶持下学走3~4步→稳定地向前走5~6步→向前走时改变方向→跌倒时,双手及双脚做保护性反应。

2.站立:稳定地自行站立。

3.坐高椅:身体控制保持平衡。

4.踢球:将不滚动的物件,如球向前踢。

5.攀爬:协调四肢,爬上及滑落高至胸部的物体。

表6-7　13~18个月婴幼儿大动作学习进程观察量表

项目名称	观察记录
不需要扶持下学走3~4步	符合项打钩(P F O R)
能稳定地站立	符合项打钩(P F O R)
坐高椅时能保持平衡	符合项打钩(P F O R)
能将不滚动的物品向前踢	符合项打钩(P F O R)
攀爬时四肢协调	符合项打钩(P F O R)
P通过,F失败,O未测(儿童拒绝参与,且在平时的活动中养育人也未观察到),R(儿童拒绝参与,但在平时的活动中养育人能观察到)	

(四)19~24个月

1.平衡:双脚站立平衡+前后脚站立5秒。

2.快步走:快速步行→控制方向。

3.上下楼梯:单手扶持下,两步一级上下楼梯。

4.跳:原地跳→向下跳。

5.三轮车:自行上下三轮车→坐在三轮车上被推时双脚放在脚踏板上。

6. 摆物：摆放大型物件→搬3~5磅（约1.36公斤~2.27公斤）的重物步行约10米→稳定地摆放物品。

7. 推拉：在固定位置向前推动物件。

8. 抛接：双手向下掷直径约7厘米的中型球→双手持球高至额前抛掷。

9. 攀爬：在倾斜的平面攀爬。

表6-8　19~24个月婴幼儿大动作学习进程观察量表

项目名称	观察记录
双脚站立时保持平衡	符合项打钩（P　F　O　R）
能快速步行并且控制方向	符合项打钩（P　F　O　R）
能单手扶持上下楼梯	符合项打钩（P　F　O　R）
能原地和向下跳	符合项打钩（P　F　O　R）
能自行上下三轮车	符合项打钩（P　F　O　R）
能稳定地摆放物品	符合项打钩（P　F　O　R）
能在固定位置向前推动物品	符合项打钩（P　F　O　R）
能双手向前投掷物品	符合项打钩（P　F　O　R）
能在倾斜平面攀爬	符合项打钩（P　F　O　R）
P通过，F失败，O未测（婴幼儿拒绝参与，且在平时的活动中养育人也未观察到），R（婴幼儿拒绝参与，但在平时的活动中养育人能观察到）	

（五）25~36个月

1. 单脚站：成人示范单脚站立，婴幼儿能够不扶支撑物模仿站立1秒钟以上→不扶支撑物模仿站立5秒钟以上。

2. 独自上楼：婴幼儿能够两脚连续上楼梯2~3个台阶，脚步很平稳并且会停止。

3. 上下楼梯：婴幼儿能够交替双脚上下楼梯，可以做到上楼梯时一步一阶→下楼梯时两步一阶。

4. 双足并跳：婴幼儿可以模仿成人双脚同时跳离地面两次以上（双脚同时离地，同时落地）。

5. 双脚跳远：成人示范双脚立定跳远，婴幼儿能够模仿跳远，并且双脚稳定落地。

6. 骑三轮车：提供场地和三轮车，婴幼儿能在平地上行驶3米左右→能够转弯。

表6-9 25~36个月婴幼儿大动作学习进程观察量表

项目名称	观察记录
能单脚站立	符合项打钩(P F O R)
能连续上2~3级台阶	符合项打钩(P F O R)
能交替双脚上下楼梯	符合项打钩(P F O R)
能双脚离地跳跃	符合项打钩(P F O R)
能立定跳远并稳定落地	符合项打钩(P F O R)
能独自骑车并转弯	符合项打钩(P F O R)
P通过,F失败,O未测(婴幼儿拒绝参与,且在平时的活动中养育人也未观察到),R(婴幼儿拒绝参与,但在平时的活动中养育人能观察到)	

二、0~3岁婴幼儿大动作发展水平观察方法

(一)头部运动(0~3个月)

1.抬头转头(0~3个月)

观察方法:将婴儿竖直抱起时,观察他的头能否竖直保持端正并且能够向四周张望,保持头不向后仰或左右摇晃;将婴儿放置在床上俯卧时,成人用玩具逗引,观察他的头能否随着看到的物品或听到的声音上下转动或左右转动。

注意事项:玩具的移动速度可根据婴儿转头动作的发展水平确定。

2.俯卧抬头(0~3个月)

观察方法:将婴儿放在床上,让他保持趴着的姿势,观察其是否会借助肘和前臂的力量支撑抬头;并且观察其头是否保持端正和头部离开床面的角度是多少,坚持的时间是多长。

注意事项:家长有意识地每天让婴儿趴一趴,用玩具逗引,让其经常重复这些动作。

(二)翻身及坐姿(4~9个月)

1.翻身动作(4~6个月)

观察方法:让婴儿呈仰卧的姿势躺在床上,成人在婴儿胸部的上方出示玩具,然后观察婴儿的上半身是否有意识地跟着玩具转动的方向转动成侧卧姿势;上举的手臂和两腿是否弯曲并踢蹬借力,能否从仰卧位自行翻转成俯卧位,两手支撑并抬头、抬胸;俯卧时观察儿童臀部是否翘起,双膝是否弯曲,小腿能否抬离床面,两脚能否交替蠕动或摆动;是否需要家长帮助,能否从俯卧位翻转

成仰卧位。[①]

注意事项：婴儿的翻身动作是分阶段完成的，家长不宜过于着急，应积极鼓励并给予适当的帮助，不可直接帮助婴儿完成某个动作，使其没有经过自身努力而达成目的。

2. 靠坐学坐（4~6个月）

观察方法：观察婴儿坐立时头部能不能保持稳定并且一直保持竖直的状态；观察婴儿是否需要靠身旁的支撑物或借助双手支撑才能维持身体平衡，身体能否挺直不会左右摇晃或向前后倾倒。

注意事项：注意婴儿坐立时的安全保护，学坐时间不宜过长。

3. 独坐自如（7~9个月）

观察方法：观察婴儿是否能够不用借助手的支撑来维持坐立时的身体平衡；观察婴儿能否在仰卧位或俯卧位的基础上自行转到侧向坐起，是否能用一只手和髋部支撑身体将上半身抬起；观察婴儿从坐位翻转到仰卧位或俯卧位；从不同角度用玩具逗引婴儿，观察婴儿身体前倾或向左右方向自如转动上身，伸手够取玩具后能否坐稳；坐立时能否借助手和脚的力量来移动身体位置而不摔倒；是否能扶着栏杆从站位有意识地变成坐位。

注意事项：婴儿坐的时间不宜太长，注重观察训练婴儿侧向坐起的能力。

（三）站姿（7~18个月）

1. 扶杆站立（7~9个月）

观察方法：观察婴儿能否自己扶着把杆站立，上身和胸部是否能离开把杆，身体是否晃动，能否抬起一只脚又放下且保持身体平衡；在靠近婴儿的地面上放一个玩具，观察婴儿能否用一只手扶住把杆，弯下身体用另一只手拿到玩具后再站起来。

注意事项：注意观察引导婴儿用脚掌站立，以保持身体的平衡。

2. 独自站立（10~12个月）

观察方法：观察婴儿是否能够不扶把杆站立，能够保持站立姿态的时间；观察婴儿能否举起双手并且随意活动上肢，但是不破坏身体的平衡；观察婴儿能不能直接弯腰捡起地上较大的玩具，在不借助任何外力的情况下再次站起。

注意事项：家长可以多用玩具来逗引婴儿，训练婴儿的站立能力、站立时间和站立的平衡性这几个方面的能力。注意在训练过程中对婴儿的保护。

3. 蹲站动作（13~18个月）

观察方法：家长把玩具放置在地上，让幼儿弯腰捡起，观察幼儿是否需要用手来支撑身体或是必须借助其他的东西才能够站立；观察幼儿能否顺利将玩具

---

① 人力资源和社会保障部，中国就业培训技术指导中心. 育婴员[M]. 北京：海洋出版社，2013.

捡起后不摔倒，是否能够做到由蹲到站。

注意事项：可以由家长扔东西让幼儿捡，家长也可以鼓励幼儿自己扔东西，然后捡东西，训练幼儿的协调能力、平衡能力和蹲站能力。

（四）爬行（7~12个月）

1. 手膝爬行（7~9个月）

观察方法：让婴儿呈俯卧的姿势，家长在婴儿前面用玩具逗引，观察婴儿是否能够通过双手、大腿和膝盖的支持将身体撑起，胸部和腹部是否完全离开地面；观察婴儿的双手和双腿能否轮流协调地运动，带动身体向前爬行。

注意事项：家长要注意观察婴儿爬行的速度，四肢交替向前的配合和协调能力，创造条件让婴儿多爬行。

2. 爬行动作（10~12个月）

观察方法：观察婴儿在爬行时，能否随意改变爬行的方向，能否自如地转身，能否协调好双手、双脚的交替运动；观察婴儿能否抬高臀部而使膝盖离地弯曲，并且能够借助手足爬行；观察婴儿能不能有意识地躲过一些障碍物，如枕头、被子等，能否爬上一到两级台阶。

注意事项：训练要有针对性，符合婴儿的动作发展特点，家长要创设出合理、科学的训练环境，然后逐步加强训练难度，持续进行观察，观察婴儿的爬行速度、爬行的灵敏度等。

（五）行走（10~18个月）

1. 扶走迈步（10~12个月）

观察方法：观察婴儿能扶着栏杆、床沿、桌子等家具侧向移动双腿，是单手扶着前进还是双手交替扶着前进；观察婴儿能否拉着家长的手时双腿向前迈步；观察婴儿能不能不扶任何物体向前迈步，并且保持身体的平衡。

注意事项：家长在训练婴儿时，要由近到远设置距离，因为婴儿会对太远的距离产生恐惧感，家长要多鼓励，要注意在行走时的保护，根据婴儿的表现适宜地调整观察的内容和训练的内容。

2. 行走自如（13~18个月）

观察方法：观察幼儿是否能够躲避障碍物行走；观察幼儿是否能够抱着玩具前进，并且转弯，躲避障碍物绕着走；是否能够将双手背在身后行走；是否能够在走动的过程中朝前用力抛球或者抬起一只脚踢球而不摔倒；是否能够倒退行走；是否能够在熟练的情况下越走越快。

注意事项：行走的难度随着幼儿的训练程度增加，锻炼他们的平衡力、协调性和控制力。

（六）跑步及跳跃（19~36个月）

1.跑步动作（19~24个月）

观察方法：观察幼儿能否在跑动的过程中借助物体或者家长的手而停下来；是否能在跑动过程中控制速度，渐渐地放慢速度直至停下来；跑动时膝关节是否能弯曲，手臂的摆动是否和脚协调。

注意事项：由于幼儿的腿部力量比较弱，肌肉还没有发育完全，维持身体平衡的能力也比较差，在跑步过程中容易跌倒，家长要选择平坦宽阔的场地进行训练观察。

2.原地跳跃（19~24个月）

观察方法：家长和幼儿面对面，然后扶着幼儿的腋下使幼儿跳跃，家长示范跳跃动作，让幼儿模仿。观察幼儿是否能够跳起，是否有跳的意识；是否能够双脚同时离地跳起；是否能连续跳起两次以上。

注意事项：对于主动跳跃有困难的幼儿，家长可以拉着幼儿的手，有节奏地进行跳起；可以跟着某个节拍子或者是某一首儿歌，扶着幼儿的腋下，用近乎拥抱的方式和幼儿有规律地跳跃，从而使幼儿掌握跳跃的动作。

3.跳跃（31~36个月）

观察方法：家长可以播放不同节拍的音乐，创设不同的情景，让幼儿随着音乐尝试连续双脚离地向前跳跃。观察幼儿的脚是否都离地了，双脚是否同时离地和同时落地，是否能同时向上和向前跳跃；是否能够跳过15厘米宽的距离；听到相应的信号时，能否调整动作，能否跟着音乐的节拍跳跃，能否连续地跳跃。

注意事项：向前跳跃的距离可以逐步增加，在幼儿的跳跃动作不规范的时候家长要及时地指导使其改正，要时刻保证幼儿的安全，还要注意训练的密度和强度，要让幼儿能够适当地进行休息。

（七）其他大动作（13~36个月）

1.攀爬台阶（13~18个月）

观察方法：观察幼儿是否能够手足配合爬上阶梯，并且计算幼儿爬行的阶梯数；观察幼儿是否能够爬上沙发或者大椅子后转身坐下；观察幼儿的攀爬能力，手脚的配合能力，攀爬的速度、协调性；能否爬上70厘米左右的攀登架；能否独自爬下攀登架。

注意事项：家长要多鼓励幼儿攀爬，并且经常用鼓励性的语言鼓励幼儿。

2.上下楼梯（19~24个月）

观察方法：观察幼儿能否用手扶着栏杆或者墙壁一阶一阶地上楼梯，能否自己扶着栏杆熟练地上下楼梯；能否不扶栏杆自己上楼；观察幼儿是否能用两只手扶着上下楼梯而且保持双脚在同一阶梯上；能否用一只手牵着家长，另一只手扶着栏杆上楼，记录幼儿的上下阶梯数。

注意事项：上下楼梯比较危险，先选择阶级数较少的楼梯或者每级高度较低的楼梯，同时家长要做好保护措施，在幼儿感到害怕的时候多给予鼓励和引导。

3. 抛球踢球（19~24个月）

观察方法：两个大人分别站在幼儿的对面，并位于不同的方向，让幼儿用过肩丢球的姿势分别向两个大人抛球，观察幼儿能否向不同方向丢球，能否将球举过肩；是否能够将腿摆动起来然后用脚踢球，在踢球时能否保持身体平衡。

注意事项：家长要引导幼儿，并且示范正确的踢球、抛球的姿势和技巧。

4. 平衡能力（25~30个月）

观察方法：观察幼儿能否在不扶着物体的情况下单脚站立2秒钟以上，身体是否摇晃；让幼儿在平衡木上走，观察幼儿能否走过16厘米（宽）×15厘米（高）×200（长）厘米的平衡木，并且不扶物体跳下后站稳；能否双脚同时离地向前跳跃15厘米，并且保持身体平衡。

注意事项：幼儿的平衡能力比较差，家长要注意幼儿在跳跃时的安全问题，做好保护。

5. 攀登楼梯（25~30个月）

观察方法：大人示范不扶栏杆上下楼梯，观察幼儿能否在不扶栏杆的情况下稳定地上3级台阶；能否手捧球或拿玩具，两脚交替一步一级攀登台阶。

注意事项：幼儿开始学习独自下楼时，家长最好把他放在楼梯最末一层台阶中间让其自行下楼，再逐渐从楼梯最末几层台阶让其试着下楼。

6. 滚球接球（25~30个月）

观察方法：让幼儿蹲下做好接球准备，观察幼儿能否熟练地接住并抱起从离他2米远滚来的球；能否预测球滚来的方向以调整自己的站位；能否接住反跳起来的球；是用手臂和胸腹部把球抱住还是用双手接球。

注意事项：根据幼儿的能力调整球的速度和方向，逐渐加大接球难度。

7. 皮球投篮（31~36个月）

观察方法：将一个纸篓挂在墙上，高度略高于幼儿的身高，家长示范把皮球投进纸篓中，观察幼儿是单手投篮还是双手投篮，是否能够投中目标。

注意事项：纸篓的高度可以适当地随幼儿的身高变化和能力的不同进行改变，要鼓励幼儿用两只手交替轮换地进行投球。

8. 骑三轮车（31~36个月）

观察方法：观察幼儿是否能够自己骑小三轮车；是否能够踩着脚踏板直线前进；是否能够控制车头的方向来躲避障碍物；是否能够保持车身的平衡。

注意事项：让幼儿感受骑车的乐趣，掌握骑三轮车的方法。

拓展链接

婴幼儿动作发展观察:家庭中的自然观察法

家庭中的自然观察法是指对婴幼儿的行为、反应、感受、特征进行观察记录,地点设置在婴幼儿的家中。这种方法能够更加直观地从婴幼儿出生就开始进行观察,使观察者得到更加完整的观察结论。在理想的情况下,观察者应当在婴幼儿出生前就和婴幼儿的父母取得联系,进行最初的探访,并向婴幼儿父母说明观察婴幼儿是婴幼儿发展过程中的一部分。同时,很重要的一点是,要澄清婴幼儿观察是非侵入性和非治疗性的,观察者希望被观察者家庭的生活习惯不会因此而发生任何改变。观察者在每次观察后做记录,并每周进行小组讨论。

婴幼儿观察的重要性并不局限于婴幼儿动作发展领域,它也为婴幼儿今后的动作发展提供了第一手参考资料。在观察中,观察者可以了解婴幼儿以心智和动作发展情况。

第三节

0~3 岁婴幼儿精细动作的发展观察与评价

小明的父母总是担心小明把细小物品放进嘴里,所以往往会把这些东西放到小明够不着的地方。当小明接触到这些小物品时,父母就会立马拿走。父母这样的举动,导致小明9个月大时拇指和食指还不能准确地对起来。这种为了防止宝宝误食异物而不让他抓拿小物品的做法,其实会耽误宝宝精细动作的锻炼,实在是捡了芝麻丢了西瓜。正确做法应该是在家长的看护下,允许宝宝接触一些小物品,从而达到锻炼精细动作发展的目的;在没人照看的时候,再把细小物品收好。

精细动作是儿童智能的重要组成部分,是神经系统发育的一个重要指标。早期精细运动技能发育与脑认知发育进程存在时间和空间的重合,早期精细运动技能的顺利发育和有效发展有利于早期脑结构和功能的成熟,进而促进认知系统发展。同时,儿童的精细动作技能和学业成绩存在共变的关系。可见,精细动作能力的发展对儿童具有重要意义。①

一、0~3 岁婴幼儿精细动作发展测评指标

(一)0~3 个月

新生儿以抓握动作为主。

---

① 朱红英.0~3 岁婴幼儿精细动作发展的促进策略研究[D].东北师范大学.2011.

抓握动作是个体最初和最基本的手部动作，是婴幼儿掌握更复杂动作的基础。抓握就是用手指将物体环扣起来。抓握反射在新生儿时最常见，之后随着随意动作的出现而减弱。出生1个月左右，婴儿会松开手指做些抓东西的简单动作，如抓住汤匙和小摇铃片刻。随着月龄的增长，婴儿抓握物品的时间也会更长，有时还会看看手中抓握的东西是什么。从3个月起，婴儿开始出现一种无意识的手的抚摸动作，经常无意地抚摸亲人、玩具等。

表6-10　0~3个月婴幼儿抓握动作观察记录量表

次数	小摇铃		小积木		小瓶盖		小海绵	
	能否抓住	抓握时间	能否抓住	抓握时间	能否抓住	抓握时间	能否抓住	抓握时间
第一次								
第二次								
第三次								
第四次								
第五次								

（二）4~6个月

1. 婴儿抓握动作进一步发展

婴儿抓握东西越来越牢，手指动作也变得越来越灵活。开始主动抓握物体，会经常握紧和张开手掌玩手指游戏。之后，会抓住物体用简单的方式摆弄。简单地用手摆弄是一种技能，通常在第4个月底之前就具备了。快4个月大的时候婴儿开始用双手抓东西。在婴儿4~5个月大时，开始伸手用手掌、手指抓握物体。同时，婴儿习惯伸出一只手而不是同时伸出两只手来抓握物体，但此时婴儿伸出的并不是固定的左手或右手。

2. 婴儿手眼协调能力开始发展

手眼协调能力在第4个月末开始形成。4个月大的婴儿有些还不会伸手拿东西，这可能是因为他们还无法协调手臂动作，无法引导手臂去拿他们想要的东西。在发展手眼协调能力的初期，婴儿会尝试伸手去抓东西，但可能会伸过了头。视觉指引抓握的能力通常在4个月大时形成。此时当婴儿看到物体并伸手去抓时，一般可以成功地抓到。视觉指引抓握是一种相互协调的动作，因为它综合了各种感觉来探索一个观察目标。随着成长和不断的实践，婴儿抓东西更加准确，伸手和抓住这两个动作协调得更好。5个月的婴儿，由于手眼协调能力得到发展，他们的双手在眼睛的引导下拿东西易如反掌，他们可以拿到所有吸引他们的东西，然后用嘴巴进行检查。

表6-11 4~6个月婴幼儿动作发展观察与评估表

观察与评估细目	是	否
能握住拨浪鼓并摇晃		
主动够取桌面上的玩具		
先后抓住两块积木		
将玩具放入口中		

（三）7~9个月[①]

1.婴儿摆弄物体的能力加强

能自己拿瓶子，能自己吃饼干，能抓着自己的脚往嘴边拽。

2.婴儿手指抓握能力更加灵活

婴儿表现出初步的“对指”能力，即拇指的指腹与其他四指的指腹相对。8~ 9个月左右，婴儿在抓握时将拇指与食指相对，用两手抓起物体。该年龄段的婴儿喜欢用一只手而不是两只手同时拿东西，称之为单手抓握。这种习惯一般在婴儿 8个月左右能很好地形成。

表6-12 7~9个月婴幼儿动作发展观察与评估表

观察与评估细目	是	否
能用手摆弄小东西并抓住		
能将小积木从一只手换到另一只手中		
会将两块积木对击		
能用拇指和其他手指抓住小物体		

（四）10~12个月

1.婴儿钳形抓握动作已趋于准确

能捡起葡萄干和小珠子之类的小东西。

2.婴儿手眼协调能力快速发展

如在婴儿面前的桌子上放一个有孔的小钉板，他就可以模仿大人的动作将一个或多个手指插到孔中。动作发展较好的婴儿能协调两手的动作，如用一只手拿杯子，用另一只手取藏在杯子下的东西。

3.婴儿小肌肉动作很准确

能够抓住铃铛的柄或铅笔的末梢，还能够将物体从装得很严实的地方弄出来，如打开包糖的纸。

---

①周念丽.0~3岁儿童观察与评估［M］.上海：华东师范大学出版社，2012.

4.婴儿开始用笔涂鸦

涂鸦动作是自发的。

表6-13 10~12个月婴幼儿对捏动作观察记录表

不同材质	观察记录	
	能否用拇指和食指的指端捏起小物品	动作是否协调迅速
花生米		
小黄豆		
小积木		
玉米粒		
葡萄干		

（五）13~18个月

1.幼儿手腕和手指的控制比较灵活

两手可自如地拿起喜爱的玩具进行组合，能稳当地摆放图板。

2.幼儿会握笔乱画

刚开始幼儿画出的笔道不是一条直线，断断续续，接近1岁半的幼儿能较稳当地握笔。大人如果在这个阶段加强对幼儿握笔方式以及如何用力的训练，有利于培养幼儿手腕的控制能力。有些幼儿在这一年龄段还能模仿大人翻书。

3.幼儿手眼协调能力快速发展

接近18个月的幼儿已不再满足搭2块积木了，他们渐渐地能搭3块甚至更多的积木而不倒。

4.能将小物品投入瓶子中并拿出

幼儿可能在刚开始要花很大力气才能将小物品放进瓶子里，经过大人的示范和不断练习，可以完成将小物品投进、倒出瓶子的一系列动作。能使用杯子喝水，1岁多的幼儿，已可以手握勺子将饭菜放入口中，而不像1岁前那样拿勺子不分方向。

表6-14 13~18个月婴幼儿动作发展观察与评估表

观察与评估细目	是	否
用拇指和食指的指端捏起小物品		
将小物体放入杯子内		
模仿大人将手插入孔中		

（六）19~24个月

手眼协调能力不断发展。

18个月以后，幼儿双手开始协调，能做一些日常生活中的精细动作，能够用绳子穿扣眼。搭积木的能力也不断提高，能够搭6块以上的积木。握笔及画线的能力也有所提高，能够用拇指及食指和中指来抓握铅笔并画出直线等。各种体现生活自理能力的动作技能随之发展，如会穿袜子和鞋子、会关门和开门等。

表6-15　19~24个月婴幼儿动作发展观察与评估表

观察与评估细目	是	否
搭高积木		
握笔涂鸦		
用勺子取米饭		
拿着杯子喝水		
连续翻书3页以上		
会穿袜子和鞋子		
会开门和关门		

（七）25~30个月

手的动作更加灵活。

能够比较准确灵巧地运用物体拼搭各种形状的积木，如小房子、小火车、门楼等。还可以用指尖抓笔在纸上随意画，有的还可以画直线或垂线。在日常生活中，动作发展较好的幼儿已开始使用筷子，开始学着自己穿脱衣服、系扣子等。

表6-16　25~30个月婴幼儿动作发展观察与评估表

观察与评估细目	是	否
搭高积木7~8块		
能画出封闭图形		
能来回倒物体		
拿着杯子喝水		
可以用筷子夹起小物品放入盘中		
能解开衣服上的按扣		

（八）31~36个月

1. 可以有目的地使用小剪刀

25~ 30个月龄段的幼儿，因为拇指的控制能力还不好，进行剪纸活动时剪刀的开合幅度很有限，他们的前臂只是俯转但不能真正剪纸，只能在纸张表面开合剪刀。但进入35个月左右时，他们拇指的控制能力进一步提高，不但可以将剪刀张开较大幅度，而且可以较顺畅地合起剪刀。他们的前臂渐渐能仰转至中线位置，所以能剪开较短的纸条。

2. 握笔的姿势达到正常水平

可以独立画出十字形、正方形等，有些还能画人体轮廓。

3. 能享受垒积木的过程

31~36个月幼儿精细动作水平有了很大提高，能垒8~10层积木，还能用积木搭出各类小房子、各种小汽车等。与此同时，他们已可以跟着大人学折纸。幼儿一般是先学会折长方形或正方形，在大人的示范和指导下，能将纸对折一次或几次。当然，刚开始时折得不够准确，随着多次锻炼，能够将纸对齐、折好、压平。在学会折方形后，逐渐学会折三角形以及其他更复杂的图形。

表6-17　31~36个月婴幼儿动作发展观察与评估表

观察与评估细目	是	否
搭高积木10块		
拇指能分别与其他四指对碰		
能折长方形、正方形		
脱下和拉起裤子		
使用剪刀（剪圆）		

二、0~3岁婴幼儿精细动作发展水平观察方法

（一）0~3个月：简单的抓握能力

1. 触碰玩具：观察婴儿在清醒状态下，成人将玩具拿给婴幼儿，婴儿对玩具的反应。

2. 抓握玩具：在婴儿清醒状态下，将婴儿放置在床上或者由家长抱着，家长轻轻地从指跟到指尖抚摸婴儿的手指，引导婴儿将小手张开，分别把不同材质的玩具放在婴儿的手中，观察婴儿是否能够将玩具抓住，且保持不掉落。

3. 两手抓握相碰：让婴儿仰卧在床上，将他的两只手放在自己胸前的位置，观察婴儿的手能否互相碰握在一起；能否将自己的手臂举到身体的前面，把双手贴在自己的脸前面并且凝视自己的双手；能否把玩自己的手，并把手放进嘴里。

（二）4~6个月：主动抓取玩具和掀盖物品的能力[①]

1. 主动抓取玩具：在婴儿的眼前吊一个玩具，然后摇晃玩具，观察婴儿的眼睛是否能跟随玩具的移动而移动；能否主动伸手去抓住正在晃动的玩具，是用单手还是双手，是整只手掌玩具还是哪几个手指配合；能否在抓住玩具后持续较长时间不放手；能否用手腕的力量摇动玩具发出响声。

---

①邓静云，童梅玲，胡幼芳.婴儿运动能力的发展与训练[M].北京：中国人口出版社，2005.

2. 掀盖物品能力：家长准备一些小毛毯、衣物等盖在婴儿的腹部，观察婴儿能否将盖在自己身上的物件掀起来再盖到脸上；能否把蒙在脸上的薄布、手帕等物品迅速地拉开。

（三）7~9个月：玩具换手对击动作，捏取小物品的能力

1. 玩具换手对敲：让婴儿坐着，然后把一块小积木递给他，再向他拿着积木的手递第二块积木。观察婴儿是否将第一块积木先换到另一只手再拿第二块积木；观察婴儿是用整只手抓住积木还是几根手指配合进行抓握；让婴儿的两只手各拿一个玩具，观察是否能够在成人的示范下对敲，或者主动对敲，观察对敲的准确性和熟练程度。

2. 捏取细小物品：成人放一些小东西（小馒头、葡萄干等）在婴儿的面前，观察婴儿是否用拇指和食指对捏抓住小东西，并且能够准确地放入嘴中，抓握时，其他三个手指是松弛卷曲的还是伸展的；观察婴儿的动作是否协调、迅速。

（四）10~12个月：手指灵活对捏、手眼协调的能力

1. 手指灵活对捏：观察婴儿是否能够伸出食指拨弄各种开关、算盘等；能否用食指从瓶子中抠出小药丸；能否用拇指和食指捏取细小的物品并且将物品准确地投入到广口瓶中；能否独立尝试用多种方法将物品取出。

2. 手眼协调能力：让婴儿根据家长的指令做各种动作，比如家长说，耳朵耳朵在哪里？嘴巴嘴巴在哪里？观察婴儿是否能够根据家长的指令，做出相应的动作，动作是否快速准确；能否模仿家长做拍手鼓掌、挥手再见等动作。

（五）13~18个月：翻动书本、搭积木、使用汤匙等方面的能力

1. 翻书动作：选择纸张较厚的纸板图书或布书，成人引导幼儿翻阅图书。家长用拇指和食指捏着书页，将书页轻轻提起来翻过去。观察幼儿能否用手指捻书页，用几个手指配合翻书，能否一页一页翻书，翻书动作是否熟练。

2. 搭垒积木：成人准备一些积木，观察幼儿用哪些手指配合拿取积木，是否需要在成人的示范下才能搭积木，能搭几块积木；能否在示范下把积木排成横队，排成的横队是否是直的；能否在成人示范下把积木搭出形状，有哪些形状。

3. 使用汤匙：观察幼儿能否利用多个手指的配合拿好汤匙；能否利用手腕的力量舀起汤圆或饭菜，并把东西准确地送到自己的嘴里，无滴洒。

（六）19~24个月：握笔涂鸦、打开瓶盖、穿扣串珠等动作能力

1. 握笔涂鸦：家长敲打画笔，发出声音，边念儿歌边涂鸦，鼓励幼儿模仿，观察幼儿是否能够敲击画笔；握笔挥动画笔时，能否挥动手臂；握笔涂鸦的时候能不能小幅度地晃动。

2. 打开瓶盖：提供有瓶盖的瓶子给幼儿，观察幼儿是否会拿着瓶盖摆弄；在瓶子还没有打开之前会不会摇晃瓶子；在成人示范开瓶之后能否自己完成开瓶

动作,并且记录下需要的时间。

3.穿扣串珠:提供小珠子,家长示范串珠动作,观察幼儿是否能够看到小孔,然后将线穿进小孔中;将线穿过小孔之后是否能够顺利地拉出线头,是否需要成人的协助;有无穿好后翻手拉的动作,动作是否连贯;1分钟之内可以穿多少小珠子。

(七)25~30个月:使用夹子、握笔动作等能力

1.使用夹子:给幼儿准备不同大小的夹子,让他们用夹子夹住纸杯或者纸条,观察幼儿使用单手还是双手相互配合夹起物体;能否将物品夹到指定位置且不掉落。

2.握笔动作:观察幼儿的握笔姿势,是否使用拇指、食指、中指握笔;是否能在成人的示范下完成画圆、画线;是否能画出封闭的圆形;是否能画出两条直线,长度超过2.5厘米;是否能画出两条交叉的直线。

(八)31~36个月:翻书阅读、叠纸、使用剪刀等能力

1.翻书阅读:选择适合幼儿阅读的书本,家长陪同幼儿一起阅读,并且提出问题,观察幼儿是否会对问题进行回应;是否能一页一页地翻书;是否有顺序地看①。

2.叠纸:选择一张纸,家长示范对折,观察幼儿是否能够完成对折动作。

3.使用剪刀:观察幼儿是否能正确地使用剪刀;能够剪出什么样的图形;动作是否熟练。

拓展链接

评估—指导发展(EGD)

儿童的发展不管是动作还是智力的发展都很重要,儿童的发展测评和指导最重要的是找到一种好的合适的模式,将个性化的潜能开发的实用知识和技能

①狄荣科.0~3岁婴幼儿早期发展与教养手册[M].江苏:江苏大学出版社,2015.

直接传递给家长，形成一种“评估—指导发展（EGD）”[①]循环互动的测评指导模式，让儿童能够获得更加高质量的可持续的发展。测评就是为了找到儿童在成长中的新的起点，使儿童的每一步都能从他最合适的起点出发，从容稳定地走过每一个成长的里程。

表6-18　1~3岁婴幼儿智能发展的主要指标

月龄	大运动	精细动作	言语	认知能力	情绪与社会行为
15个月	行走自如	倒出透明瓶中的小丸	指出身体的三个部位	做翻书动作两次	用手脱袜子
18个月	举手过肩扔球1米远	模仿画道道，方向不限	会说除“爸妈”之外说10个字	方积木搭高4块	白天控制大小便
21个月	扶栏上楼3阶以上	用玻璃丝穿过扣眼0.5厘米	说3~5个字的句子	方积木搭高7~8块	开口表示个人需要
24个月	双足跳离地面2次以上	穿扣后拉过线	说两句以上儿歌	一页页翻书3页以上	说出三种物品用途
27个月	不扶栏上楼3阶以上	模仿画竖道2.5厘米以上	说8~10个字的句子	认识大小	会脱单衣或单裤
30个月	单脚站稳2秒	用玻璃丝穿扣子3~5个	说出10种图片名称	认识红色	无把杯来回2次倒水不洒
33个月	立定跳远20厘米	模仿画圆封口无角	说出自己的性别	方积木搭高10块	会穿鞋（不分左右）
36个月	两脚交替跳起5厘米	折纸一折边角整齐	知“冷”“累”“饿”“怎么办”	懂得“2”	会扣扣子

本章回顾

本章主要从三个方面对0~3岁婴幼儿动作发展的观察和评价进行了分析，第一个方面首先了解了0~3岁婴幼儿动作发展和评价的意义和原则，介绍了一些观察与评价的方法；第二个方面着重介绍了0~3岁婴幼儿大动作的观察和评价，分别从坐姿、站姿、爬行等方面介绍了不同时期婴幼儿的大动作发展水平，并且介绍了在不同时期不同的观察与评价角度和指标；第三个方面介绍了0~3岁婴幼儿精细动作的观察和评价，按照3个月分年龄段进行了介绍，并且介绍了在不同年龄段里不同的观察与评价角度和指标。

①中国关心下一代工作委员会．早教人才培训教程［M］．北京：新星出版社，2011.

思考与练习

1.0~3岁婴幼儿动作观察与评价的意义是什么？

2. 如果大动作和精细动作的发展有缺陷应该怎么引导？

实训与实操

1. 运用本章介绍的方法对一个0~3岁的婴幼儿进行观察与评价。

2. 针对婴幼儿某一大动作或者精细动作的发展的观察与评价举行一个游戏性质的活动。

推荐阅读

1. [美]琼·利特菲尔德·库克，[美]格雷格·库克. 儿童发展心理学[M]. 和静，张益菲译. 北京：中信出版社，2020.

2.[德]艾申波茜. 小脑袋，大世界[M]. 赵远虹译. 北京：北京出版社，2004.

第七章

0~3岁婴幼儿动作发展障碍的诊断与训练

婴幼儿动作发展是儿童早期发展的重要进程。由于先天、环境和心理等诸多因素，婴幼儿在动作发展的快慢上存在个体差异。动作发展障碍将严重影响其日常生活和学习，且这种影响将随着时间的延长而加深，适当地训练能有效促进其运动发展。因此，有必要尽早对患有动作发展障碍的婴幼儿实施动作训练，使其运动功能得到最大限度的补偿与发展。本章首先介绍动作发展障碍的基本概念和主要表现，然后介绍动作发展障碍的诊断标准和测评量表，最后介绍动作发展障碍的训练方法。

学习目标

1. 理解动作发展障碍的概念。

2. 掌握婴幼儿动作发展障碍的影响因素，能针对婴幼儿动作发展水平进行因素分析。

3. 了解婴幼儿动作发展障碍的主要表现，能根据婴幼儿动作发展能力进行诊断分析。

4. 熟悉婴幼儿动作发展障碍常见的评估工具，能根据婴幼儿动作发展能力的不足进行相关矫正训练。

学习重难点

1. 理解婴幼儿动作发展障碍对其身心发展的影响，并能联系实际进行解读。

2. 能根据婴幼儿动作发展能力的不足进行相关动作矫正训练。

思维导图

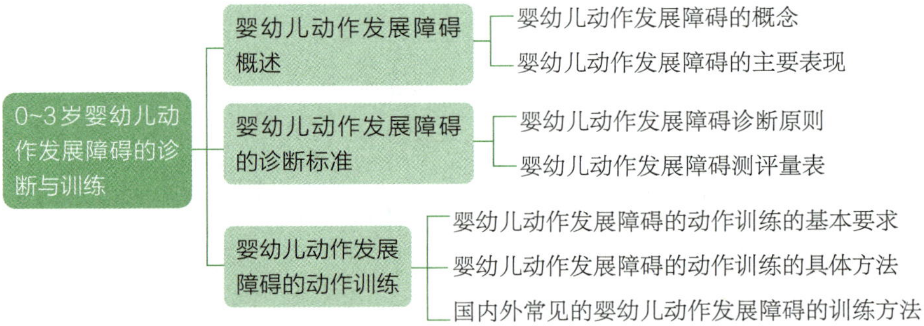

第一节

婴幼儿动作发展障碍概述

小崔的孩子长得白白胖胖，才8个多月就能走路。见到宝宝如此激动人心的举动，小崔少不得在朋友圈里发表感言，一瞬间挤满了大片的赞，小崔心里美滋滋的，只有一个朋友私下发声：宝宝走得早并不是好事，也许另有后患。小崔虽然不高兴，但还是去医生那里寻求专业指导。医生说：孩子走路有自己特定的规律，太早走路确实不利于腿型的发育，有些“O”型腿就是这样形成的，我们不建议过早让宝宝学走路。听到这里，小崔忧心忡忡，宝宝是自然发育学会走路的，并非人为的过早训练，怎么会有动作发育障碍呢？①

一、婴幼儿动作发展障碍的概念

（一）婴幼儿动作发展障碍的定义

婴幼儿动作发展障碍，亦称为发育性运动协调障碍（developmental coordination disorder，DCD），是指婴幼儿在智力正常且身体没有缺陷的情况下，虽然依照通常的神经系统检测标准，儿童的体力、感觉和协调能力均无异常表现，但是他们完成某种有目的的技能性动作的能力却存在障碍。在完成大肌肉动作与精细动作的运动任务上的动作协调水平显著低于以其年龄和总体智力为基础的预期水平，这一协调困难在其发展早期就已存在。婴幼儿动作发展障碍是一种技能获得性缺陷，儿童无法获得流畅协调动作的技能，而这一缺陷是一般性智力落后或神经性疾病等无法解释的。②

（二）婴幼儿动作发展障碍的原因

大量研究和临床实践表明，导致婴幼儿动作发展障碍的原因是多种多样的，包括母亲产前状态、个体神经生理、环境和心理等诸多因素。

1. 产前因素

一是营养和生物因素。从某种程度上说，母亲在孕期摄入的任何食物都会影响胎儿。这些影响是否有害以及是否产生持久的后果取决于各种情况，如：胎儿的状况，营养或药物滥用的程度、数量或剂量，怀孕的周期以及其他的可能性致畸效应。致畸剂是指任何可能使未出生的孩子以不正常的方式发育的物质。③

---

① 该案例选自月叔说育儿的《宝宝走路过早是发育障碍？幼儿动作发育有啥标准？》[EB/OL].

② 董奇，陶沙．动作与心理发展[M]．北京：北京师范大学出版社，2002.

③Gallahue，D.L. Ozmun，J.C.& Goodway，J.D.(2012).Understanding Motor Development：Infants，Children，Adolescents，Adults (7th ed).New York：McGraw-Hill.

母亲应该保证在孕期的营养摄入充足。胎盘营养不良是由营养物质从胎盘到胎儿的供应和运输问题引起的。胎儿的营养依赖于母亲的血液供应、胎盘和脐带的渗透作用。胎儿营养不良与发育中的胎儿无法利用所能获得的营养有关。正因为如此，如果母亲在孕期抽烟、喝酒、饮浓茶或浓咖啡，就会影响营养传输，造成胎儿大脑发育不足，引起出生后感觉和动作发育不良。所以健康、有营养的饮食对母亲的健康和胎儿的健康是绝对必要的。

二是遗传因素。随着1990年由美国能源部和国家卫生研究院资助的人类基因组计划的启动，我们对遗传学和遗传的知识有了极大的增长。研究表明各种遗传因素对婴幼儿的后期发育有着潜在影响。精子与卵子分别携带23条染色体进行结合，然后开始了发育的过程。通过细胞分裂（有丝分裂）的过程，每个染色体在身体的每个细胞中都有一个副本。每个染色体上都有基因。据估计，每条染色体可能包含多达20,000个基因，而基因决定了各种各样的个体特征。

三是环境因素。一段时间以来，环境对产前发育的影响引起了人们的注意，其中辐射和化学污染物的影响是未出生孩子的父母特别关注的一个领域，高剂量辐射环境对胎儿发育的影响是明显的。辐射剂量的测量单位称为拉德（rad）。对发育中的胎儿照射超过25拉德（rads）就被认为是高剂量。胎儿在怀孕的前三个月是最脆弱的，而过量的辐射可能导致小头畸形和智力迟钝。因此，在怀孕早期接受X光照射，特别是反复对骨盆区域进行X光检查，可能会使发育中的胎儿处于危险之中（见表7-1）。

表7-1　可能导致高危妊娠的条件

疾病原因	暴露于有害环境	使用有害物质	历史原因
哮喘 糖尿病 癌症 肌张力高 心脏病 肾脏疾病 肝病 产妇应激反应 甲状腺紊乱 性传播疾病	麻醉剂 化学污染 巨细胞病毒 过度辐射 鲁伯拉夫 弓形虫	酒精 成瘾性药品 烟草	年龄（<16岁，>35岁） 脑出血 遗传 营养不良 先前流产 严重超重或体重不足

2. 产后因素

一是周围环境因素。周围环境刺激是否会影响儿童动作的发展。如果家庭或集体教育机构难以为婴幼儿提供丰富的社会刺激，就可能会影响到婴幼儿与环境的交互作用，进而影响其动作发展。而且，家庭环境对儿童动作发展也有一定的影响作用。如果儿童处于比较严厉的家庭成长环境，有些儿童在没有达到父母的期望与要求而遭到斥责时，就会用动作笨拙来掩饰自己恐惧、焦虑的情绪，并有可能认为自己就是“很笨的孩子”，这会阻碍儿童动作的正常发展。

二是育儿因素。抚养和育儿方式不当也可能导致儿童动作整合和精细能力缺陷。在发育早期缺乏全面的感觉刺激、缺少运动技能形成过程训练的婴幼儿可能出现动作迟缓。在对505名用丹佛发育筛查法（DDST）判定为可疑的运动发育迟缓患儿发现症状调查中，结果显示动作迟缓在很大程度上与家庭对孩子的训练缺乏有关。[①]在对全国东中西部7个城市的3岁以下的4307名健康儿童精细动作发育的研究表明，女童的精细动作发育商高于男童，母亲文化程度是儿童精细动作发育的影响因素，主要是由于文化程度较高的母亲比较重视科学育儿理念，更注重儿童的早期教育和儿童智能的促进，在日常的教养中关注儿童神经心理发育情况，从而促进儿童精细动作发育。父母为主要抚养人的儿童精细动作发育商明显高于以爷爷奶奶、姥姥姥爷、保姆及其他为主要抚养人的儿童。主要原因可能是儿童父母相对于其他抚养人文化程度高、容易接受新知识、新理念，能够有意识地带儿童做多种精细动作游戏及早期训练等。其他抚养人更关注儿童的饮食卫生、健康安全，尤其是老人由于精力及理念的原因一定程度上可能限制儿童做一些有益于神经心理发育的训练。[②]

三是心理因素。在儿童的群体中，儿童笨拙的动作可能会招致同伴的嘲笑或排斥，这会直接影响该儿童的自尊心和自信心，从而阻碍其自我概念和社会性的正常发展，进而又会导致其以消极的态度或情绪反作用于周围的同伴群体或者是他所处的环境，在这种恶性循环中，儿童原先的动作发展障碍可能会日益加剧，甚至有些动作发展障碍就是其心理障碍的副产品。

此外，儿童动作发展障碍与孕期和围生期的高危因素和脑损伤有关。围生期一般是指自怀孕第28周到出生后一周这段时期。因为宫内发育迟滞、轻度窒息、早产、小于胎龄儿等情况的婴幼儿都可能会遗传动作发展障碍，所以他们早期表现为运动发育迟缓。[③]产时因素中早产和低出生体重是脑瘫的两个最主要危险因素，而婴幼儿脑损伤的高危因素一直以产时窒息为首位。[④]

二、婴幼儿动作发展障碍的主要表现

婴幼儿动作发展障碍主要表现为个体在要求运动协调性的日常活动中的表现明显低于其年龄和智力的相应水平，它可能表现为里程碑性运动能力（走、

---

① 麦坚凝. 儿童运动技能障碍[J]. 中国实用儿科杂志，2004，19(012)：760-763.

②政晓果等. 3岁以下儿童精细动作发育情况的影响因素分析[J]. 中国妇幼保健，2018，33(23)：5562~5564.

③ 张艳梅，张骠. 婴幼儿运动发育迟缓的病因病机及辨证分型初探[J]. 河南中医，2008，28(006)：81~83.

④ 李杨. 小儿脑瘫的病因学及危险因素的研究[J]. 国外医学：社会医学分册，2000，017(001)：18~20.

爬、坐等)的获得显著滞后,如掉东西、笨手笨脚等。动作技能障碍的表现是多样的,且程度轻重不一。常见的症状主要表现在肌张力异常、动作的计划性不足、动作的控制性失调、动作的持久性困难、动作的稳定性缺乏、动作的协调性缺陷等6个方面。大多数患儿从婴幼儿的发育早期开始就已表现出不同程度的运动发育迟缓或异常,表现为肌张力异常、动作姿势转换困难、精细或粗大运动的共济协调能力明显低于其年龄应达到的水平。

(一)动作笨拙

动作笨拙常指简单运动动作本身无异常,但复杂动作组织能力障碍或不成熟,完成技能性动作笨拙,尤其做精细动作慢,动作幅度大,常呈反射性,效率低;难于长时间维持静态姿势。这些儿童投掷物品易出现身体失衡、手眼协调能力差。动作笨拙可能会导致一组特殊肌肉(如,面肌、手和手指、肩带肌)、几组肌肉甚至全身肌肉系的损害。并常有视觉空间运动功能的障碍,如某种程度的立体视觉、认知作业的操作困难。不能顺利地走纵横交错的迷宫,搭积木、搭建筑模型、玩球、描画和认识地图能力也很差等。这些儿童的社会适应能力可能会受影响,尤其学习方面受到影响,出现书写困难。这些儿童除在组织、计划和实施复杂动作时有困难外,常有知觉、思维异常,语言可能有损伤、迟缓,可能有某种言语困难(特别影响到发音清晰度),咀嚼困难等。运动笨拙的具体形式也因年龄而异。

(二)偶然动作

多表现为联带动作不协调、舞蹈动作不协调、震颤、肌肉抽搐。其中联带运动最常见,可能是同源性(对称性)或异源性(不对称性)。抽搐通常发生在面部、口部、头部、颈部和膈肌。抽动障碍,表现为头面、躯干、腹部或四肢出现不同程度的抽动,出现的抽动为多发性抽动、眨眼、咧嘴、点头、鼓肚等。

(三)运用障碍

运用障碍也称协同障碍,动作发展障碍的儿童尽管肌力、感知觉均正常,实施运动的各神经肌肉结构是完整的,但不能组织实施一系列有效的随意动作和完成技巧性动作,或学习技巧性动作有困难。

一般包括为双侧整合能力顺序问题、姿势动作运用障碍。简单来说,就是影响了我们动作表现:

1.平衡能力:整体的平衡感觉不好。比如:在行走或坐在椅子上面的时候会容易摔倒,蹲下的时候也会容易跌倒。

2.动作计划能力:在进行连续性动作时反应慢,做不熟悉的动作会表现出很困难。比如:进行技巧性活动显得困难,对于复杂、经验缺少的活动表现出困难,无法很好地计划自己的肢体动作去适应当下环境或活动。

3.姿势维持:姿势维持不佳时,往往会表现出孩子的整体肌张力偏低,关节的稳定性不足，比较容易疲惫。比如：坐着时会东倒西歪、能坐下就不想站。站立时喜欢靠着墙或其他物体。

4.身体概念：动作幅度、身体的知觉、身体概念、运用力度不佳。比如：书写时过度用力，玩玩具时容易将玩具搞坏，捏橡皮泥很用力，拿东西的时候拿不稳，较难区分自己的肢体（如：鼻子、耳朵、手脚）。

5.快速动作反应：速度、节奏的动作反应不佳。比如：闪避靠近自己的物品或人时反应慢，音乐游戏节奏感不好，不能跟着音乐节奏一起做动作。

6.双侧整合能力：上肢跨越中线角度小，双侧协调能力较弱。比如：手脚不协调，前后左右交替地跳跃，不会骑单车、攀爬网，容易左右混淆。

（四）神经系统软体征

神经系统软体征代表一组异源现象，常发生于年龄小的儿童，随着年龄增长而消失。如果超过一定年龄（8~9岁）仍有该体征，则属异常。动作发展障碍患儿常有神经系统软体征阳性。许多幼儿有神经系统软体征，表现为快速轮替动作笨拙，共济活动不协调，不能直线行走，闭目难立，指鼻试验[①]阳性，精细运动不灵活，部分患儿有视觉－运动障碍、空间位置觉障碍等。

拓展链接

婴幼儿动作发展障碍的测量

对于动作联结现象，有的研究者认为，其原因在于穿过胼胝体的抑制性运动通路发展不够成熟。动作溢出的发生方式也可以反映出双侧和对侧神经通路的功能失调。也有观点认为，动作联结症是由中枢神经系统内抑制性过程的成熟延迟所致。[②]另一种解释是，在个体成熟过程中，神经系统未能有效剔除一些无用的突触联结。研究者通常认为，这些动作联结症状是个体运动神经系统不够成熟的反映，并且能够预测中度的行为功能异常。这些多余动作与儿童的注意力不良、学校表现不佳、语言表达问题均有一定相关性。此外，它还可预测其他一些情绪与行为的不成熟表现，并可以用于有效地鉴别正常与异常儿童群体。

动作联结是否存在、其强度如何，这是一个较难评估的问题。比如说，身体某部位的紧张程度可能是另外一个部位紧张“溢出”的结果。此外，一个正常的个体处于高度紧张的状态时也会出现动作联结现象。因此，区分个体在紧张状态时可能出现的正常动作“溢出”与异常的动作联结症是十分困难的。动联症

①让病人将前臂外旋、伸直，以示指触自己的鼻尖，先慢后快，先睁眼后闭眼，反复上述运动，称指鼻试验。

② 董奇，陶沙．动作与心理发展［M］．北京：北京师范大学出版社，2002.

的测量常采用多种方法。最常用的一种是，要求受测者分别在不同的条件下行走，以制造肌肉紧张，例如用“脚后跟”“脚趾”“脚的一侧”等部位行走。在给下肢施加额外紧张的情况下，观察和记录胳膊、手及肩膀的姿势和紧张程度，并在三点量表上进行评估。对于尚未发育成熟或动作发展障碍儿童而言，上肢的联动反应通常与腿和脚的紧张类型相对应。具体而言，如果要求儿童用脚趾走路，他们将会伸展胳膊，同时手伸向后部；如果要求儿童用脚后跟走路，他们的胳膊肘和手腕将会弯曲；如果要求儿童用脚外侧走路，他们的手可能外翻；如果要求儿童膝盖和脚朝内行走，他们的手和肘也将会朝里翻。

第二节

婴幼儿动作发展障碍的诊断标准

一名女宝宝3岁了，长期喂养困难。评估时发现，她全身肌张力低下，站立及行走时躯干控制差，双手精细运动差，手部到口部的动作平滑性差。后来了解到宝宝是妈妈胎龄28周早产生下来的。出生后在重症监护室诊治了5个月。父母每次都想尽办法让患儿多吃一些，双方常在对抗中结束喂养，父母心情沮丧。治疗小组曾从行为方面入手，如进食前让她看喜爱的录像，或玩她所钟爱的音乐玩具，鼓励她用嘴咬玩具，效果不明显，而且进食时她是对录像感兴趣，而不是食物。对她加强体位和姿势的处理，试图提高其口肌运动功能，效果仍不明显。①

一、婴幼儿动作发展障碍诊断原则

儿童动作发展障碍的成因和症状表现是多样且复杂的，所以对动作发展障碍的诊断也是一个复杂而又谨慎的过程。在诊断中，治疗者应该遵循一系列原则，选择适当的诊断指标和方法，严格按照一定的诊断程序来判断儿童是否存在动作发展障碍以及何种类型的动作发展障碍，并为动作发展障碍的矫正提出合理建议。在动作发展障碍诊断的过程中，应该遵循以下四个原则。②

（一）客观性原则

在诊断动作发展障碍时，信息的来源是关键，是教师和家长是最主要的评价源。教师基于自身工作态度和知识背景及工作性质等，可能会提供较准确的评价信息，尤其是可在与学习相关的动作技能方面提供更为客观有效的信息。但是，如果教师和家长在采取科学诊断方法之前对诊断对象已经形成某种不正

① 该案例来自儿童运动发育迟缓与脑瘫康复训练指导的《婴幼儿喂养障碍的治疗》[EB/OL].

② 唐敏，李国祥.0~3岁婴幼儿动作发展与教育[M].上海：复旦大学出版社，2011.

确的直觉判断，就会影响科学诊断。因此，为了客观地做出诊断，评价者有必要摘取“有色”眼镜，保持客观公正。

（二）科学性原则

动作发展障碍的诊断专家应当以科学的态度对待诊断工作，测验应当有可接受的信度、效度，并经过标准化。由于个体在能力、兴趣和学习等方面存在广泛的差异，而动作技能及技能学习又具有具体性，如果诊断样本较小，那么对测查结果应持有谨慎态度。

（三）整体性原则

整体性原则指的是在动作发展障碍诊断过程中要运用系统论的观点，系统地多方面地收集诊断对象的各种信息。在综合考察运动技能、神经生理学与心理功能测验结果的基础上，从整体上做出综合判断。

（四）教育性原则

根据我国目前的实际情况，最迫切的问题是开发和形成补偿教育计划。从治疗角度而言，诊断得越早越好，因为随着年龄的增长，矫正的难度就会越来越大。动作发展障碍的诊断工作应该注意从教育和促进发展的角度进行，而不能用诊断的结果来给患儿贴上各种标签。诊断不是目的，诊断后为患儿提供有针对性的教育和促进训练，以促进其发展才是最重要的。

二、婴幼儿动作发展障碍测评量表

对动作发展障碍的婴幼儿进行动作矫正训练之前，首先要全面了解、掌握其运动功能的基本情况。通过测评结果，可以有效分析婴幼儿的动作发育情况，进而制订科学的、针对性的康复训练方案。以下主要介绍四种常用的运动功能测评量表。

（一）《丹佛发育筛查测验》（DDST）

《丹佛发育筛查测验》是美国心理学家道兹和儿科医生弗南肯伯格于1967年推出的简明发育筛查工具，目前已为国际上广泛使用。《丹佛发育筛查测验》主要用于6岁以下儿童的智能筛查，共有105个项目，分布在四个区域：个人社会技能，测查人际关系和自我帮助行为；精细运动与适应行为，测查儿童眼手协调等运动能力；语言，测查儿童言语接受和表达能力，如理解大人的指示，用语言表达自己的要求；大运动，测查儿童坐、立、行走和跳跃等能力。如表7-2所示：

《丹佛发育筛查测验》的工具包括：红色绒线球（直径约10厘米）1个；葡萄干（或类似葡萄干大小的小丸）若干粒；有柄拨浪鼓1把；无色透明玻璃瓶（瓶口直径1.5厘米）1个；小铃铛1个；花皮球（直径分别为7厘米和10厘米）2个；正方形积木（边长2.5厘米）11块，其中红色8块，蓝色、黄色、绿色各1块；红铅笔

1支；白纸1张；语言测验卡片。

《丹佛发育筛查测验》的测试方法：现场测试，一般需要10~20分钟，大部分项目由测试者通过现场观察儿童对测试项目的反应和完成情况进行评判，也有小部分项目由询问家长获得(筛查表中标有“R”)。测试时首先根据受试儿童年龄在测试表上画出年龄竖切线，每个能区先测年龄线左侧的项目，至少测三项，然后向右侧项目测查，直到测到年龄线通过的所有项目，因为项目难度是越靠右越难，所以不需再向右侧测查。每个项目可重测三次。询问家长的项目要详细问明儿童完成时的具体情境和过程，尽可能还原实际情况，同时要避免暗示性的语言。早产和过期产儿年龄线不做调整。进行下一项测试时，应先收起上一项目的所有用具。

表7-2 《丹佛发育筛查测验》量表(部分)

年龄	个人与社会	语言
1个月	小儿仰卧时能注视家长(相距30厘米)	听到铃声有眨眼、呼吸节律和活动改变等反应；除哭声外，能发出喉音
2个月	不接触小儿，对他逗笑时，他会微笑	
3个月	会自动微笑	不接触小儿，经逗引能笑出声
4个月		经逗引能发出兴奋的高音或尖声
6个月	试拉小儿手中玩具，他会表示拒绝	
7个月	对距离较远的玩具有企图搜取的要求	从背后20厘米处轻呼名字数次，小儿能向着声音方向转头
8个月	见生人表现出犹疑或有点儿害羞；能玩“藏猫猫”游戏	
9个月		会正确地称呼母亲为“妈妈”，父亲为“爸爸”
10个月	能拍手或挥手表示再见	会咿咿呀呀学成人说话；能自己扶着把手站起来
11个月	成人逗引着试取小儿手中的玩具时，小儿能将玩具伸向成人，但不放下	
12个月	能观察出成人乐意或不乐意的表情并做出相应的反应	

续表

年龄	个人与社会	语言
12~15个月	需要东西时会做出表示，指点或讲出事物名称；会举杯饮水且洒出不多	
15~18个月	对扫地等简单家务进行模仿	至少会针对特殊物体、人或动作说出3个字
18~21个月	喜欢学做简单家务，如收拾玩具、帮助家长取指定的东西	能指出自己的眼、鼻或身体的其他部位；会说两个或更多有意义的短语；会扶墙或栏杆上楼梯
21~24个月	会脱外衣、鞋、短裤、短袜等；独立吃饭撒落地上不多	会看图说出画的名称；能听懂“给妈妈”“放在桌上”“放在地上”中的两个
2~2.5岁半	能与小朋友一起玩；会洗手并擦干；会穿短裤、短袜或鞋	从图片上能识别日常用品或常见动物
2.5~3岁	能穿、脱衣服，区别衣服的前后	能说出自己的姓名
3~3.5岁	能扣纽扣	已理解冷、累、饿的含义，如问“冷了怎么办?”回答“穿衣服”或“到房间里去”均为正确
3.5~4岁	成人外出时，请其他人陪着小儿，小儿能接受	能理解介词。如按要求把积木放在桌子上(下)、椅子前(后)； 会说反义词(括号内的)，如火是(热)的，冰是(冷)的；妈妈是(女人)，爸爸是(男人)，马是(大)的，鼠是(小)的
4~5岁	会独立穿衣	认出红、黄、蓝、绿4种颜色中的3种
5~6岁		能讲出球、桌子、房子等常见物体的作用；能说出日常用品是由什么做成的

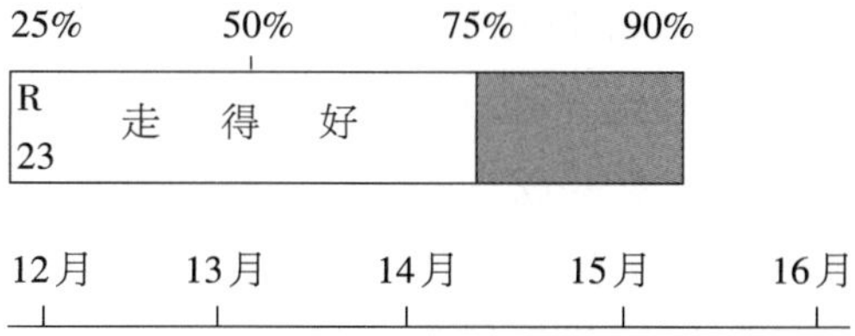

《丹佛发育筛查测验》量表横条(部分)

《丹佛发育筛查测验》的评分标准：表中每个横条表示一个测查项目，这些项目排列于出生至6岁年龄的范围内，并分别安排在四个能区。横条上标有25%、50%、75%和90%，该年龄组有相应比例的儿童可通过该项目；横条中浅色部分25%~75%儿童能通过，深色部分为75%~90%儿童能通过。横条内“R”(report)表示该项目可依据编号在测验表或筛查手册中查到简要注解。

测试结果标记在项目横条上，以“P”表示通过，完成测试项；“F”表示失败，没完成测试项目；“R”表示拒绝，不合作；“NO”表示儿童没有机会或条件做该项目。“R”和“NO”在总分计算时不考虑在内。在年龄线左侧的项目如果不通过，被认为“发育延迟”，用“F”表示并用红笔标记出来。如超过年龄线的项目如果不通过，仅用“F”表示，不被认为发育延迟，也不必用红笔标记。

测试结果分为正常、可疑、异常及无法判断。具体标准是：异常，2个或2个以上能区，有≥2项迟缓；1个能区有≥2项迟缓，同时另外1个或多个能区有1项迟缓且同区年龄切线过的项目都未通过。可疑，1个能区有2项或更多迟缓；1个或更多能区有1项迟缓且同区年龄切线过的项目都未通过。无法判定，不合作项目、没有机会或条件做的项目过多者。正常，无上述情况者。

（二）《格塞尔发展顺序量表》（GDS）

格塞尔是美国著名的儿童心理学家，以研究婴幼儿的行为发展而闻名于世。他认为婴幼儿的每一步发展都以一定的行为模式为代表，每一年龄阶段所特有的行为模式可以作为这一阶段智力评断的依据。经过数十年的研究，格塞尔概括总结出了正常婴幼儿心理发展中的重要项目及这些项目的发展顺序，并于1940年正式推出《格塞尔发展顺序量表》（见表7–3）。《格塞尔发展顺序量表》适用于4周到3岁的儿童，项目内容分为四类：运动（动作能力），粗细动作；适应性行为（应物能力），对外界刺激进行分析和适应新情景的能力；言语（言语能力），理解与表达；个人–社交行为（应人能力），社会交往和生活自理能力①。

总量表共包括8张分量表，以8个关键年龄（4周/16周/28周/40周/52周/18个月/24个月/36个月）作为主要测试年龄进行编排，把这些年龄阶段中新出现的特定行为作为该年龄段表的测查项目及评定指标。实际施测时，选用与被试儿童年龄最近的分量表。测得结果以发育商数（DQ）表示。

《格塞尔发展顺序量表》的工具包括：响铃、三色环、拨浪鼓、积木、摇铃、蜡笔、纸、皮球和颜色板等。

《格塞尔发展顺序量表》的测试方法：此表属于发育诊断类量表，专业性强，内容多，测试时间为60分钟。一般对4周到16周婴幼儿从仰卧位开始，28周以上婴幼儿可从坐式开始。需要注意的是，该发展量表需要完整的记录，如记录体格检查表、家长谈话（与发展量表项目相对应），在对儿童进行行为观察后，必须及时、详细地记录在婴幼儿智能检查表上。及格项目记为“+”，不及格记“－”，超过要求的记“++”或“+++”，没做出反应的项目记“?”，最后综合分析所有资料，评估智能。评估时不是将所有的“+”“－”相加求平均值，而是对4个行为区分别找出婴幼儿成熟水平由“+”号变为“－”号的交接点。例如，评定幼儿

①文颐，石贤磊.0~3岁婴幼儿核心能力与学习进程观察量表[M].成都：西南交通大学出版社，2017.

适应能力为24~28周，意味着能力处于24周到28周这一成熟水平。

《格塞尔发展顺序量表》的评分标准：发育商数(DQ)=测得的成熟年龄/实际年龄×100%，发育商数如低于65%~75%，则表明有严重的落后，再如婴幼儿阶段应物能发育商数低于85%，表明机体存在损伤。

发育商数对婴幼儿临床诊断有很大价值。运动发育商数可用于鉴定神经运动的整体水平；适应发育商数可表明大脑皮层是否完整无损，是预测智慧潜力的主要指标；社会反应也与神经运动和智力的健全性有关。该量表的特点是诊断较可靠，但测查比较繁杂、费时。为满足实践需要，一些研究者从原量表的每个方面抽出1~2项，组成简明扼要的初查表，对儿童较快地做出初步筛选，如有问题再用原量表做正规检查。

表7-3　婴幼儿智能发育阶段初步检查表

关键年龄	成熟阶段	动作能力	应物能力	言语能力	应人能力
4周	仰卧	不能控制头部，仰卧姿势左右不对称	眼光能短暂跟随人、物，喉头作微声	面部无表情，喉头作微声	凝视四周
16周	仰卧	颈可竖直，头微摇动，仰卧姿势左右对称	开始接近有响声的玩具，注视手中有响声的玩具	发出咕咕声，出声笑	自动微笑
28周	坐	扶起独坐，身体前倾	伸手拿玩具，能将玩具自一手递交他手	呼号，哭时作“姆姆”声	将足置于口
40周	坐	可独坐，爬行，扶着物件站立	能将两样玩具放在一起	能叫“爸爸妈妈”，除“爸妈”外能说另一字	懂得成人逗玩，能自己吃饼干
52周	运动	搀一手行走，摇摆	能把方木置于杯中，试堆叠二方木	能说二字，对“给我”二字有反应	穿衣时能合作
18个月	运动	独立行走，自坐于小椅子中	堆叠3~4块方木	能说10字言语（无任何意义）	白天时能控制大小便；能携带及抱娃娃

续表

关键年龄	成熟阶段	动作能力	应物能力	言语能力	应人能力
24个月	幼儿园前期	能跑，自行上下楼梯	堆叠6~7块方木，模仿画圆圈	能说2~3字短语，能说3~5张画片中物名	白天预示大小便，能照顾娃娃入睡
36个月	幼儿园前期	能骑三轮脚踏车，能一足短暂独立	模仿叠方木成品字形、房屋型，模仿画十字	能成句，能说出姓名、性别	能自己吃食物，能自己穿袜解扣

（三）《皮博迪运动发育量表（第二版）》（PDMS-2）

个体化家庭服务计划（IFSPs）与个体化教育计划（IEPs）是美国于1975年颁布的《残疾儿童教育法》的核心与中心环节，致力于使所有的残疾儿都能获得适当的教育、训练与服务。皮博迪运动发育量表第2版（PDMS-2）及其配套的训练方案正是专门设计用于个体化家庭服务计划（IFSPS）或个体化教育计划（IEPs）的，在美国现在已得到普遍的应用，在世界范围内也有着广泛的影响。

该量表由6个亚测验组成，包括反射、姿势、移动、实物操作、抓握和视觉运动整合等，共249项。测试结果最终以粗大运动、精细运动和总运动等的发育商来表示。其中粗大运动，原始表格如表7-4所示：

表7-4　皮博迪运动发育量表

PDMS-2	测试记录册						
皮博迪运动发育量表　第二版							
项目序号	月龄	项目名称、体位和操作说明	评分标准	测试次数			
				1	2	3	4
粗大运动量表							
反射							
1 起始 1~11月	2	踏步反射 双手扶小儿躯干呈立位（背对你），将小儿稍向前倾。使小儿足背轻轻划过桌边，然后放在桌面上	2　3秒内向前迈步，抬起一脚，然后抬起另一脚 1　3秒内抬起一脚 0　脚和腿不动				

续表

2	4	姿势反射：非对称颈姿势反射 （整合的） （仰卧位，头朝向检查者） 将小儿面部转向一侧，使左面颊与台面平行。保持头位置不变3秒，观察肢体的反应。右侧重复以上步骤	2 头转向一侧时，上下肢均未移动 1 上下肢呈现下述反应，但转头后，上下肢会从反应姿势移开 0 反射仍然存在（当面部转向左侧时，左侧上、下肢伸展，而右侧上、下肢屈曲。当面部转向右侧时，右侧上、下肢伸展，而左侧上、下肢屈曲。反射于6个月之前消失）				
3	6	兰朵反应 从侧面伸手，双手托住小儿胸腹部，使其呈水平悬空位	2 头抬起高出水平面，躯干伸展，双髋及下肢对称性抬起，达到完全伸展 1 头高出平面，躯干伸展，而双髋与下肢低于水平面 0 头与髋均低于水平面				
4	6	保护性反应—前方 （可以双膝跪于地面或者面向桌子站立，当小儿向前倾斜时，伸手能接触到平面。） 抱住小儿于水平悬空位，使小儿头快速向下倾斜	2 伸出双臂，肘伸直，手掌张开支撑身体 1 伸出双臂或手放于平面，肘屈曲，不支撑身体 0 没有伸出双臂，或未将手掌放到平面上				

运动测试由四个分测验组成，包括姿势（30项）、移动（89项）、反射（8项）和实物操作（24项），共151项。抓握（26项）和视觉运动整合（72项）组成精细运动测试，共98项。

《皮博迪运动发育量表》主要评估四个方面：①与同龄人相比，评估孩子运动技能水平；②确定粗大运动发育和精细运动发育相对差异；③建立治疗或教育干预的个人目标和目的；④评价孩子运动技能进步情况。PDMS-2涵盖粗大和精细运动两方面，且配套有运动发育干预训练方案，可根据评估结果指导训练干预，对评估疗效、制订康复计划、降低医疗成本有着非常重要的意义。

《皮博迪运动发育量表》的评分标准：每个项目都用1、2或0进行评分，评分取决于孩子是否能正确、部分或不能完成测试项目。如果被测试儿童能够全部完成特定的动作，得2分；如果有明确的意愿去做，但未能完成动作，得1分；如果根本没有完成动作的意识，也没有迹象表明这个动作正在发展出来，得0分。孩子测试得分总和称原始分，根据原始分查表可得标准分和发育商。因发育商是评价儿童运动能力的最好指标，所以测试结果最终以粗大运动商、精细运动商和总运动商来表示。商值>90为正常，商值<90为落后。正常和落后也分为各种等级。整个PDMS-2在45~60分钟内完成，单独的精细或粗大运动分测验需要20~30分钟完成。

（四）《贝利婴幼儿发展量表》（BSID）

美国加州伯克利婴幼儿发展研究所心理学家贝利于1969年修订《贝利婴幼儿发展量表》。贝利及其同事吸收了盖塞尔量表及其他婴幼儿测验的某些项目，并结合自己多年研究成果，编制了适合2~30个月儿童发展状况的测验。总量表包括三个分量表：精神发育量表（163项），调查感知觉的准确性、记忆和简单的解决问题能力、言语功能等方面的心理功能；运动量表（81项），测查粗大和精细运动能力；婴幼儿行为记录量表（24项），观察、记录儿童在调查过程中表现出的社会性、协作性、胆怯、紧张和注意力等个性行为[①]。如表7-5所示。

《贝利婴幼儿发展量表》的测试方法：施测时间约需45分钟。精神发育量表的内容有知觉、记忆、学习、问题解决、发音、初步的语言交流、初步的抽象思维等活动；运动量表测量坐、站、走、爬楼等大动作能力，以及双手和手指的操作技能；婴幼儿行为记录量表则是一种等级评定量表，用来评价儿童个性发展的各个方面，如情绪、社会行为、注意广度及目标定向等。

《贝利婴幼儿发展量表》的评分标准：每个婴幼儿在精神发育量表和运动量表上的分数按年龄组转换成平均数为100，标准差为16的标准分数，从而计算出心理发展指数（Mental Development Index）和心理运动发展指数（Psychomotor Development Index）。将原始分数与相同年龄的其他孩子的分数表进行比较。这个过程产生一个标准分数，使考官能够估计孩子的发育与其他同龄孩子的发展差距。审查员可以以此确定孩子是否有发育迟缓，判断孩子的发育程度，并为孩子制订适当的早期干预计划。

我国借鉴《贝利婴幼儿发展量表》检测了十二个城市（包括北京、上海、南京、长沙等）以及多处乡村总共2409名2~30个月的正常婴幼儿，制定了《贝利婴幼儿发展量表》（中国城市常模）。

---

①文颐，石贤磊.0~3岁婴幼儿核心能力与学习进程观察量表[M].成都：西南交通大学出版社，2017.

表7-5 贝利婴幼儿发展量表(部分)

年龄(月)	项目	年龄(月)	项目
3.8(2~6)	头转向铃声	11.0(9~16)	独站
3.9(2~6)	头转向拨浪鼓	11.7(9~17)	独走
4.1(2~6)	手接近方木	12.6(9~18)	自己站起来
4.3(2~7)	主动玩桌子边角	13.3(9~18)	投球
4.4(2~6)	在伸手够物时手眼能协调	14.1(10~20)	向侧面走
		14.6(11~20)	退走

拓展链接

动作发展障碍的早期发现

重视高危儿的随访。重视可能发生动作发展障碍的高危儿和婴幼儿时期出现的运动发育迟缓是早期发现幼儿动作发展障碍的关键之一。在病因上,围产期的损伤可能起着重要的作用。多认为本病与孕期和围产期的高危因素和脑损伤有关。宫内发育迟滞或轻度窒息、围产期轻度脑损伤、早产、小于胎龄儿、营养不良等情况都可能会造成婴幼儿动作发展障碍,故应重视高危儿的运动功能的早期发展状况的定期随访评价。动作技能的获得也受遗传和环境因素的影响,而后者起着更大的作用,对不同的个体影响程度也有不同。抚养与育儿方式不当也可能导致动作整合和精细能力缺陷。对在发育早期缺乏全面的感觉刺激、缺少运动技能形成过程训练的婴幼儿也应给予定期检查。随访检查和评价的方法可采用Gesell婴幼儿发育量表、GMFM运动功能量表等,此外,更应重点检查动作和姿势转换能力。由于动作发展障碍,儿童伴随的发育异常可能是多方面的,因此,对有动作发展障碍的儿童也需评价其他方面的功能,对婴幼儿运动发育迟缓者也应长期随访。

动作发展障碍早期表现:早期的表现常随年龄不同而有不同,在婴幼儿时期表现为达到精神运动发育目标存在一定的困难,如:手抓握、坐、爬、跑、穿鞋、系扣和拉拉链等运动技能发育迟缓(或称中枢性运动协调障碍)。家长和医师常常忽视了细微的精细动作的困难,这些问题在幼儿早期已出现,表现在跑步、扣纽扣、持勺等方面,并且这些问题并不随年龄的增长而减轻或消失,而且这些儿童并不是仅仅在这方面有缺陷,同时还伴有其他方面的缺陷,例如:注意力缺陷(多动症)、学习障碍、书写困难、画图技能障碍等,以及情感成熟延迟(障碍)。这些伴随的缺陷还可能随着年龄增长而加重并出现教育、社交和情绪问题。

有效地加强对早期发现工作的管理,重视家长或抚养者、社区保健医生和专科医生的各自作用和职责。家长常是最早发现问题的。可以定期向家长发放发育问卷和自评表，通过父母或直接抚养者的日常观察和注意，当发现异常时则及时转告保健人员，由专业人员进行评估检查。保健人员对父母等发现的怀疑有运动发育异常的婴幼儿进行初步发育评估，如有异常则转介至专科医师。由专科医师进行全面评定和做出诊断。在临床上DCD儿童就诊的原因常常是某一种表现，例如，动作笨拙、学习困难、注意力不集中、动作过多、行为问题和情感问题等，临床神经科医师或精神科医师常仅注意其中主诉的问题，而忽视其他方面的异常。因此，对DCD儿童做专业长期的随访和干预是必要的。对产前和围产期损伤儿童进行长期随访，应包括神经运动、精神行为和认知发展等方面。①

第三节

婴幼儿动作发展障碍的动作训练

宝宝4.5个月，妈妈发现她与其他宝宝不同，到了5个月不会主动伸手拿东西，拿玩具逗她只会看，不会伸手，不会笑出声音，一坐就倒，眼睛总不看人，叫她没反应，拉起来头是塌吊着的，全身软绵绵的。于是，妈妈就上网搜索，后来才了解到这属于运动神经发育迟缓，家里的老人、邻居都说妈妈乱想，说有些宝宝是发育慢些，没关系的，大一点儿就什么都会了，可是妈妈不这么认为，不想耽误宝宝，所以带她去做检查了，在县医院做了幼儿基本检查，保健科医生说宝宝情况不大好，要做康复治疗，妈妈很伤心。医生安慰妈妈说问题不大，而且现在医学这么发达，通过及时的动作训练治疗能够康复。那么如何早发现宝宝的早期动作发展障碍呢？发现了宝宝的问题通过及时干预能够康复吗？由于动作发展障碍，婴幼儿往往表现出动作的不协调，对于空间知觉、声音刺激不敏感，科学的动作训练有利于婴幼儿恢复动作发展功能。

一、婴幼儿动作发展障碍的动作训练的基本要求

运动发育迟缓常常是动作发展障碍的早期表现。由于0~3岁是运动技能发展的主要阶段，其中0~1岁是婴幼儿粗大运动发展的重要时期，1~3岁是婴幼儿双手的精细运动能力发展的重要时期。因此，应重视该时期婴幼儿的运动能力培养。在指导家长对婴幼儿进行运动技能训练时，要注意动作姿势质量和动作姿势的转换过程的训练，在学习运动技能的过程中避免过早训练与年龄不相适应的动作或跳过某个动作阶段，例如，没有经过爬行就直接进入站立和步行阶段。

---

①麦坚凝．儿童运动技能障碍[J]．中国实用儿科杂志，2004，19(012)：760-763．

粗大动作发展失调的主要原因是婴幼儿经常被安置于小床或限制地面活动，活动受限；婴幼儿期，缺乏大人协助伸展肢体。主要表现为较晚学会走路；容易碰伤自己；动作笨拙，容易绊倒；学习技巧性游戏或活动较困难。主要动作训练方式：穿轻便衣裤，在地板上充分活动肢体；在清洁、安全的环境中，满足孩子一切主动去尝试动作的欲望；随着孩子年龄的增长，家长可提供适当的运动玩具，以诱导婴幼儿进行粗大动作发展的训练。

精细动作发展失调（手不巧）的主要原因是触觉辨识力差、精细动作协调力差、视知觉判断力差、注意力分散。主要表现是拿东西时，容易失手掉落。主要动作训练方式是为幼儿多提供触摸和探索的机会，让幼儿多尝试独立进行生活自理操作的活动。

对不同年龄段婴幼儿动作矫正训练的建议如表7-6所示：

表7-6　不同年龄段婴幼儿动作训练指导建议

年龄	指导建议
2~3个月	(1)吃奶前1小时练习俯卧抬头，从半分钟开始逐渐延长时间，每天2~3次。 (2)可以做婴幼儿体操。 (3)用细柄玩具训练婴幼儿握物。
4~5个月	(1)在婴幼儿练习俯卧的基础上，让他用手支持前身，使胸部抬起。 (2)利用玩具培养婴幼儿翻身动作。 (3)训练婴幼儿抓握悬挂的玩具。 (4)握住婴幼儿双手把他拉坐起来，每日数次。
6~7个月	(1)经常给婴幼儿坐的机会。从靠坐逐渐锻炼到独坐。 (2)成人用双手扶婴幼儿腋下，让婴幼儿在成人腿上练习跳跃动作。 (3)用玩具引逗帮助婴幼儿练习爬行，必要时将手放在婴幼儿脚底。 (4)玩具倒手。练习将手中东西从一只手换到另一只手。
8~9个月	(1)用玩具引导婴幼儿爬的积极性。 (2)培养婴幼儿从扶站到学着迈步。 (3)给婴幼儿小的物品(如大米花)，练习用手指捏取。
10个月~1.25岁	(1)让婴幼儿练习扶站、扶栏杆走的动作。 (2)多给婴幼儿走的机会，从扶东西走到牵着一只手走。
1.25~1.5岁	(1)训练婴幼儿扶着栏杆上楼梯拿玩具，然后再走下来。 (2)用球练习扔、滚、踢等动作。 (3)鼓励婴幼儿推着婴幼儿车或小竹车向前走、转弯。

续表

年龄	指导建议
1.5~1.75岁	(1)教婴幼儿练习退走、跑、上下台阶、扔球等基本动作。 (2)练习搭积木、拿笔画画等手的精细动作。 (3)教婴幼儿做简单的模仿操。
1.75~2岁	(1)训练婴幼儿快路和绕障碍物跑。 (2)教婴幼儿双脚跳,要求双脚同时起跳,同时落地。 (3)让婴幼儿玩简单的插板游戏。
2~2.5岁	()让婴幼儿自己随意地跑、双脚跳、游戏,以发展基本动作。 (2)教婴幼儿用脚尖走,一只脚站。 (3)利用捡豆豆、用积木搭房子,来发展手的精细动作。 (4)锻炼婴幼儿独立上下楼梯。
2.5~3岁	(1)训练婴幼儿走、跑、跳跃、向前跳、攀登、钻爬、投掷等基本动作。 (2)教婴幼儿画画,折纸。例如学画简单人、房子、太阳、树、山等画。 (3)创造条件让婴幼儿多骑小三轮车。

婴幼儿动作发展障碍训练应注意以下要点:

(一)干预性照料与游戏

给孩子一个和谐放松的环境,进行游戏性的照料和有针对性的干预,可避免紧张和焦虑情绪。玩具的选择应以色泽鲜明,形式简单为原则。婴幼儿正确的卧姿、坐姿、站姿、被抱的姿势,都会影响运动技能形式的发展。

(二)刺激平衡反应和直立反应

这两个反应是维持正常姿势的基本要素,是有意义和协调动作的前提。巴氏球是训练平衡和直立反应的最好的方法,可重复不断地在各种姿势下练习,从而使这些反应由被动变为主动的动作行为。

（三）配合良好的家庭干预

在整个的干预措施中，父母用的时间最长，因此处于极其重要的地位。家长给婴幼儿的任何行为，不管好与坏都是一种刺激，直接影响婴幼儿的感觉和运动的发展。因此，对家长的培训非常重要，家长必须掌握简单的干预方法，并完成每日要求的习作和训练计划。医疗机构与家庭应建立良好的联系，才能使效果更好。

二、婴幼儿动作发展障碍的动作训练的具体方法

（一）粗大动作训练[①]

1. 头颈部运动障碍训练

患儿取仰卧位，成人双手扶住患儿肩部或握其双手，使患儿肩关节稍微屈曲内收，缓慢将患儿拉起至45度时停留片刻，以语言或玩具诱导患儿头颈主动屈曲。

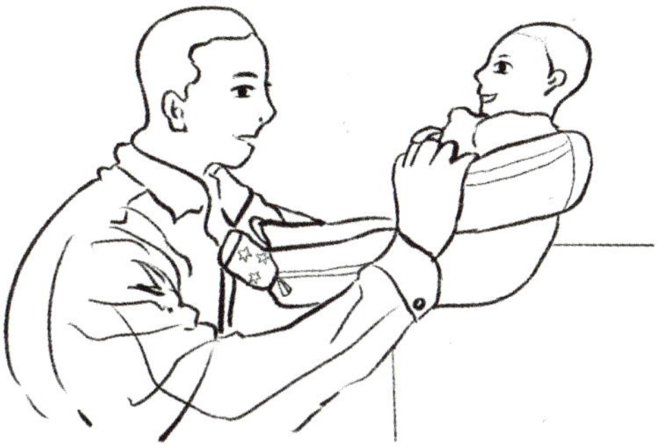

2. 翻身动作障碍训练

患儿侧卧于巴氏球上，颈部与躯干处于一条直线上，头部处于中立位，避免过度屈、伸，球位于患儿腋下，然后成人利用玩具作为视觉刺激诱导患儿做颈部侧屈动作，使翻身侧颈部的侧屈肌群能够得到充分拉伸，从而使患儿学习翻身运动中的头部侧屈引导动作。

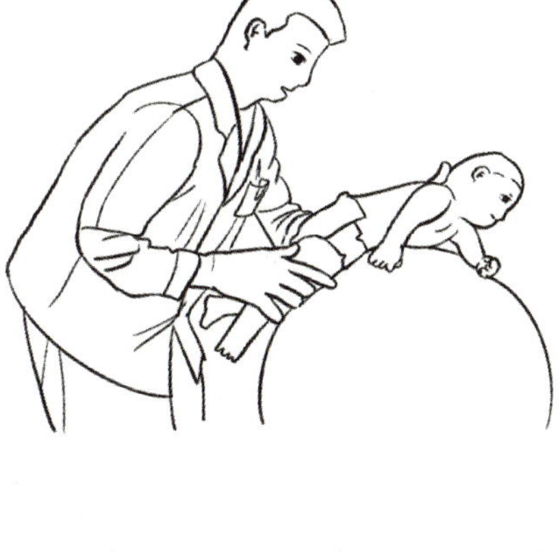

①以下七张图片均来自：周崇臣，尚清．婴幼儿运动障碍评估与康复[M]．北京：北京大学医学出版社，2017.

3. 躯干伸展训练

患儿俯卧于巴氏球上，成人双手放于患儿髋部，以起到稳定和保护的作用，以玩具引导患儿双上肢向前上方抓物，诱发躯干伸展，类似"燕儿飞"动作。

4. 爬行障碍训练

患儿取四点支撑位，成人于患儿后方，双手放置于患儿髋关节两侧，然后辅助患儿进行前后、左右的重心转移训练，为患儿交互性四肢爬运动做充分的准备工作。

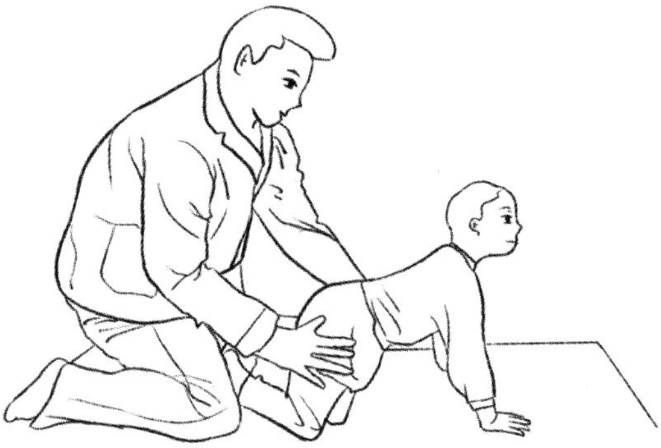

5. 跪立障碍训练

当患儿自行保持跪立位时，成人可诱导患儿使用助行器或悬吊系统，完成双膝跪立位行走。

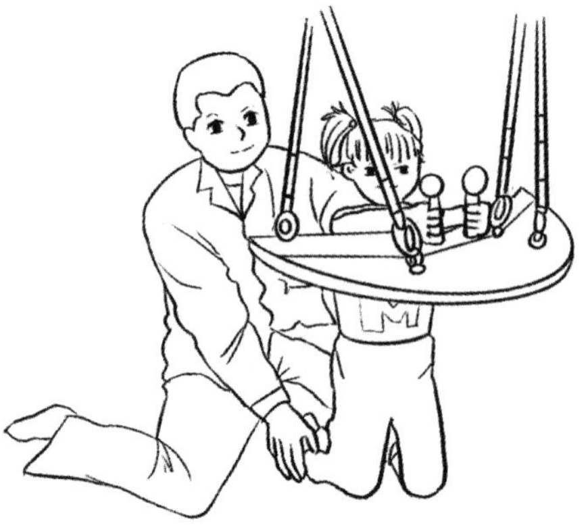

6. 行走障碍训练

将患儿置于下肢康复机器人跑台上，穿戴好步行装置，根据患儿情况，选择完全减重、部分减重或一侧减重，给患儿输入正确步行模式，重塑力线，纠正异常步态。

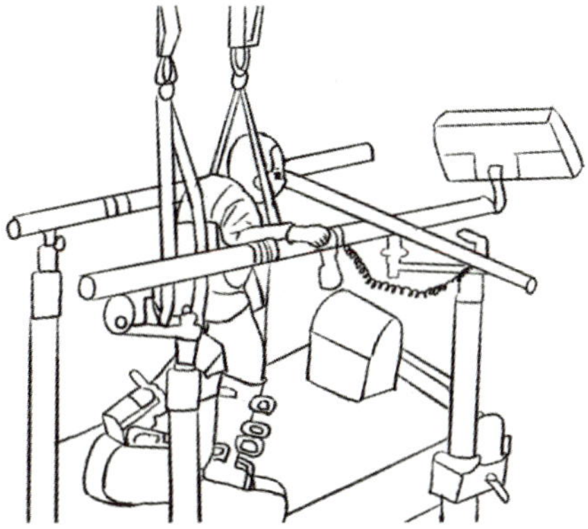

（二）精细动作训练

1. 上肢控制能力训练

患儿取四爬或高爬位，使肩、肘、腕关节处于一条直线上，成人将双手置于患儿肩部，对上肢进行加压。

2. 手的感知觉训练

（1）成人用粗布或刷子擦刷患儿前臂、手背及手指。

（2）成人将患儿手指放入橡皮泥中，让其用大拇指与其余手指将橡皮泥撑开。

（3）成人让患儿在装有沙子或豆子的容器内寻找小物体。

3. 手抓放物体训练

（1）患儿抓握物体困难时，成人可以将表面粗糙的柱形物体放于其手掌内，诱导患儿手指弯曲，抓握物体，并保持拇指处于对掌位数秒钟，然后成人向上拉动物体或转动该物体，使患儿的手指产生对抗，刺激患儿手抓握能力的产生。

（2）患儿抓握物体后无法放开，成人用指腹轻轻叩击患儿手臂背部伸肌腱，再用指腹沿着其腕部向手指方向轻轻刷擦，诱导患儿将手打开。

4. 手指分离训练

（1）诱导患儿捡拾珠子、蘑菇钉等小玩具，并将其放入容器内。

（2）诱导患儿使用单指可操作的玩具，如按按钮等。

三、国内外常见的婴幼儿动作发展障碍的训练方法

（一）国内的训练方法

1. 运动疗法：利用器械、徒手或患者自身力量，通过某些运动方式（主动或被动运动等），使患者获得全身或局部运动功能、感觉功能的恢复。康复医学所

要解决的最常见问题是运动功能障碍，因此运动疗法已成为康复治疗的核心治疗手段，属于物理疗法（physical therapy，PT）两大组成部分之一（另一组成部分为物理因子疗法）。

2. 作业治疗（OT）：日常生活活动训练（ADL），手的技巧训练，职业前训练，从事社会活动和娱乐活动训练。

3. 物理因子治疗：神经电刺激疗法（痉挛治疗仪疗法、低频脉冲激电刺激仪疗法、经络导频仪疗法、神经肌肉治疗仪疗法等）、温热疗、水疗、磁疗、光疗、超短波疗法、激光疗法、生物反馈疗法等。

4. 语言治疗（ST）〔限伴有语言障碍者）。

5. 中医、中药治疗及推拿按摩。

6. 针灸治疗（头针、体针、耳针）。

7. 穴位注射（躯体穴位、头、颈部特定区域）。

8. 西药治疗（苁蓉类药、随二磷胆碱、脑活素，盐酸苯海索等）。

9. 高压氧治疗。

10. 胎脑移植术，神经干细胞移植术。

11.SPR 手术、足跟腱延长术、手矫形术、内收肌切断术、闭孔神经前支切断术等。

（二）国外的训练方法

（1）Bobath 疗法

Bobath 为英国的神经病学博士。Bobath 疗法没有固定的治疗标准，但有许多的治疗手法。Bobath 疗法要求治疗人员必须有熟练的手法和丰富的经验，治疗时要有自身的感受和体会。该疗法以能诱导患儿出现正常的反应为目的，要不断总结，探索出最佳的治疗方法。

（2）Vojta 疗法

Vojta 为德国的神经病学博士。Vojta 疗法的优点是应用范围广，从新生儿到年长儿都可以利用，是早期治疗最好的方法。手法简单，容易掌握。在治疗中可以培训家长，便于开展家庭疗育，效果明显。Vojta 疗法不需要复杂的、价格昂贵的设备，只需要一个温暖、光线充足的场所和一张治疗台即可。缺点是治疗时由于在诱发部位上的压迫刺激较强，呼吸功能或体质较差的患儿不太适应，应当注意。治疗时，因较强的刺激，患儿往往哭闹激烈，特别是在刚开始训练时，会给家长带来严重的心理负担，甚至不能坚持治疗。

（3）Peto 治疗法

Peto 教授是匈牙利神经心理学家。Peto 治疗法属于神经心理学的教育训练方法，主要对运动障碍患儿进行全面的康复训练，包括运动、感觉、智能、语言等。主要特点是采用引导式的系统教育方式，将运动等治疗与语言训练合成一体，将游戏与日常生活能力训练相结合，集体训练与分组训练相结合，强调以教育的方式达到治疗的目的。

(4)Rood治疗法

Rood治疗是通过刺激相应感觉器官，反射性产生运动反应诱发有目的的动作。具体方法：擦刷法，用软毛刷擦拭。快速擦法（3~5次/秒，持续30秒），可提高肌张力来治疗肌张力低下的运动障碍；慢速擦法（1次/秒，30秒），降低肌张力来治疗肌张力增高型运动障碍。叩击法，轻叩使肌肉松弛，治疗痉挛脑性瘫痪；重叩使肌肉收缩，治疗肌力低下型运动障碍。通过抑制法，对关节、肌腱、肌群的压、叩、拉、抚摸、按摩、振动等治疗肌张力增高型运动障碍。

拓展链接

早期诊断与早期干预

每个孩子都是独一无二的，并以他自己的速度成长和发展。大多数同龄孩子间成长发育的时间差是无须担心的。但有十分之一的孩子，发育上的时间差则可能与发育迟缓有关，越早发现和干预，这些发育迟缓的儿童有可能越快追赶上同龄人的发育水平。

目前研究均视0~3岁为早期识别发育迟缓儿童的关键期。[①]参照脑性瘫痪早期诊断的概念，出生后6个月内做出发育迟缓的诊断更有意义，出生后3个月内做出发育迟缓的诊断为超早期诊断[②]。

早期干预是针对儿童早期发育相关问题进行的有目的、有组织的干预活动，是预防和降低儿童各类残疾的重要手段[③]。在临床症状出现前，进行超早期干预是减轻残疾障碍的关键。

患儿常常因为早期临床表现不明显而被忽略，导致错过了早期诊断的关键年龄期，留下了终生的运动或智力障碍。早期干预是发育迟缓儿童康复的关键，婴幼儿早期脑组织处于生长发育的旺盛阶段，即6个月内大脑处于迅速生长发育阶段，神经细胞数目增长不多，主要是体积增大，树突增多、加长以及神经髓鞘形成和发育，而脑损伤也处于初级阶段，异常姿势和运动尚未固定化。如此时进行干预，给予营养脑细胞药物治疗，脑神经损伤易于修复和再生，给予足够的运动语言和感觉刺激后可促进脑细胞的发育和髓鞘的形成，发育障碍较易恢复[④]。早期诊断和早期干预对预防发育迟缓有着重要的意义。

---

①梁爱民，王惠珊．儿童发育迟缓监测研究进展[J]．中国康复理论与实践，2011，17(12)：1128~1130.

②卢庆春．脑性瘫痪的现代诊断与治疗[M]．北京：华夏出版社，2000.

③梁爱民．儿童发育迟缓研究进展[J]．中国儿童保健杂志，2011，19(008)：726~728.

④ 王勇．早期干预对小儿脑瘫康复的临床意义[J]．广西医学，2003，25(009)：1676~1680.

本章回顾

本章围绕婴幼儿动作发展障碍的核心概念，概述了国内外学者对动作发展障碍的界定，梳理了婴幼儿动作发展障碍的影响因素，描述了婴幼儿动作发展障碍的主要临床表现；从诊断原则、诊断测验以及矫正训练三个方面对婴幼儿动作发展障碍进行诊断、分析与矫正。本章的重点是掌握婴幼儿动作发展障碍的临床表现，能根据个体婴幼儿的动作发展能力进行分析，并能根据婴幼儿动作发展能力的不足进行相关动作矫正训练。

思考与练习

1. 造成婴幼儿动作发展障碍的因素有哪些？

2. 0~3 岁婴幼儿动作发展障碍的主要临床表现有哪些？

3. 0~3 岁婴幼儿动作发展障碍的诊断方法有哪些？

实训与实操

1. 走进当地的婴幼儿动作发展障碍治疗机构，观察其中一位婴幼儿的动作表现并进行影响因素分析。

2. 针对患有动作发展障碍的 0~3 岁婴幼儿的家长准备一个主题为“如何运用测评量表来评估宝宝的动作发展不足”的小型讲座。

推荐阅读

1. 狄荣科，周龙影，王念. 0~3 岁婴幼儿早期发展与教养手册[M]. 镇江：江苏大学出版社，2015.

2. 刘振寰，戴淑凤. 儿童运动发育迟缓康复训练图谱[M]. 北京：北京大学医学出版社，2007.

第八章

0~3 岁婴幼儿感觉统合训练

感觉统合理论是指大脑把从身体各个感官传来的感觉信息，组织分析、综合处理，做出正确决策，使整个机体和谐有效地运行的过程。早期感觉统合研究是针对失调幼儿神经系统的不协调现象，借助专业器械，配上特殊设计的活动进行刺激和矫正。现在这样的训练已被广泛应用到婴幼儿的早期教育之中。0~3 岁是儿童心理发育的最佳可塑期，如果在这期间感觉统合能力发展不足，儿童易出现行为和情绪问题，在学龄期易出现学习困难的问题。本章将介绍感觉、感觉统合以及感觉统合失调，并为你提供有关 0~3 岁婴幼儿感觉统合训练的具体内容与方法。

学习目标

1. 了解七大感觉系统的概念、功能，理解婴幼儿各个感觉系统的发育特点。

2. 理解感觉统合训练的概念、价值，掌握感觉统合失调的表现及影响因素。

3. 掌握0~3岁婴幼儿感觉统合训练的内容与方法，能设计0~3岁婴幼儿感觉统合训练项目。

学习重难点

1. 理解感觉统合的概念及功能。

2. 掌握感觉统合失调的表现及影响因素。

3. 掌握0~3岁婴幼儿感觉统合训练的内容与方法，能设计0~3岁婴幼儿感觉统合训练的项目。

思维导图

- 0~3岁婴幼儿感觉统合训练
  - 认识人体的七大感觉系统
    - 视觉
    - 听觉
    - 嗅觉
    - 味觉
    - 触觉
    - 前庭觉
    - 本体觉
  - 感觉统合和感觉统合失调
    - 感觉统合
    - 感觉统合失调的表现
    - 感觉统合失调的原因
  - 0~3岁婴幼儿感觉统合训练
    - 感觉训练
    - 前庭觉训练
    - 本体觉训练
    - 视知觉训练
    - 听知觉训练
    - 0~3岁婴幼儿感觉统合训练的注意事项

第一节

认识人体的七大感觉系统

在日常生活中，外界的许多刺激作用于我们的各种感觉器官（眼睛、耳朵、鼻子、嘴巴、皮肤等），经过加工在我们的头脑里就产生了各种各样的感觉。[①]通过感觉我们能够看到事物的某种颜色、形状，闻到某种气味，听到某种声响，触摸到某种质地，尝到某种味道等。除此之外，我们还能够感觉到自己身体的变化以及身体内部的感觉，比如姿势的调整、运动，身体内部器官的疼痛、饥饿、舒适等。因此，感觉是人能够生存和发展的基础。

婴幼儿最初是依靠感知觉来认识世界的，感觉作为感性认识的基础，它帮助婴幼儿认识客观世界，辨别事物的个别属性，同时维持正常的心理活动。0~3岁这一阶段也是婴幼儿感觉学习的关键时期，感觉器官接受到来自外部世界丰富的感觉刺激，从而促进婴幼儿的大脑发育。因此，感觉刺激对婴幼儿的发展具有重要的价值。本节我们主要认识人体的七大感觉系统，包括视觉、听觉、嗅觉、味觉、触觉、前庭觉和本体觉，并了解0~3岁婴幼儿的各个感觉系统的发育特点及作用。

一、视觉

眼睛是视觉器官，视网膜是对光波非常敏感的接收器，由外界物体反射来的光，透过眼球的透明体（角膜、水晶体、玻璃体等）等进入视网膜，视网膜接受刺激后，把光能转换为神经冲动，经视神经交叉传达到大脑皮层的视觉区，进行分析综合后，再通过传出神经到达眼底，便产生了视觉。[②]视觉是人和动物最重要的感觉，通过视觉，人们能够感知到外界物体的大小、明暗、颜色、动静等，获得对人类生存具有重要意义的各种信息。而视知觉与视觉不同，视知觉是以视觉为基础的，它是人对视野内的物体进行观察和辨别的能力。

0~3岁是婴幼儿视觉发育的关键时期，刚出生的婴儿能够感觉到明暗，但是还看不清东西，1个月的宝宝有定点的视觉，他们喜欢粗的线条和粗体黑白图案。2个月时其眼球可以做移动追视，到6个月时会移动头部去注视和追踪光源，8个月时喜欢会滚动的玩具、电动玩具。到10个月时婴儿可以看到较小的东西，并去抓取它，还会模仿大人摇动身体，12个月时可以抓住东西放入罐子或瓶子内。1~2岁时，宝宝可以玩积木、串珠、沙、水等，手眼协调动作逐渐成熟，会注意到同类及相似东西的差异并将其分类，2~3岁时，幼儿能分清各种基本的颜

①黄希庭，郑涌. 心理学导论[M]，3版. 北京：人民教育出版社，2015.

②吴汉荣. 给孩子智慧的教育：0-3岁婴幼儿感觉统合训练与潜能开发[M]. 呼和浩特：内蒙古人民出版社，2004.

色如红色、黄色、蓝色、绿色，可以分别排出大小、长短、粗细的顺序。

眼睛的结构[①]

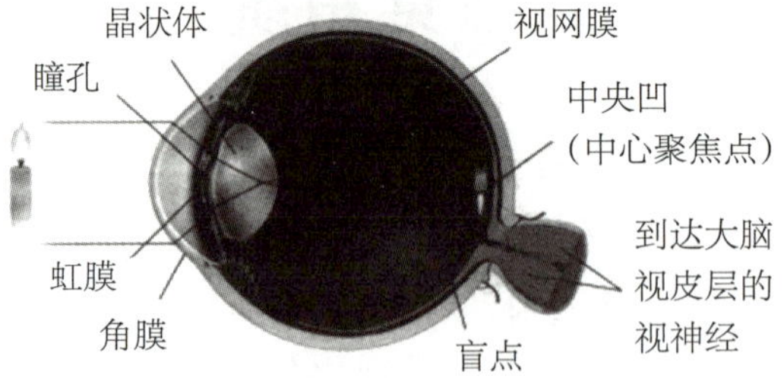

二、听觉

耳朵是听觉的感受器，当声波作用于听觉分析器时便产生了听觉。在听觉形成的过程中，外界声波通过介质传到外耳道，引起鼓膜振动。然后中耳通过由三块听小骨（锤骨、砧骨和镫骨）组成的活塞把鼓膜的振动传送到内耳中类似蜗牛形状的细管，即耳蜗中。耳蜗内的纤毛细胞再受到刺激而产生神经冲动，其沿着听神经传到大脑皮层的听觉中枢，之后便形成了听觉。[②③]

对于0~3岁的婴幼儿来说，听觉的发展不仅仅能够让婴幼儿听到周围各样的声音，成为他们认识世界和获取知识的重要途径之一，同时听觉功能的发展也利于促进婴幼儿语言能力的发展，帮助婴幼儿进行社会交往。对于听觉器官受损，听力障碍的儿童来说，其学习能力、语言能力以及社会交往能力都会比正常儿童较为弱一些。而听知觉不等同于听觉，听知觉主要包括专注力、分辨力、记忆力、理解力、排序力以及听说动作的综合能力等。

婴儿在妈妈的肚子里就能够分辨妈妈的声音，出生后的婴儿听觉是特别发达的。对于0~6个月的婴儿来说，他们对声音有了初步的辨识能力，可以找到声音的来源。6个月至1岁的婴儿他们对声音有了理解能力，可以辨别出不同的声音，尤其可以听出妈妈的声音，在听到别人叫自己名字的时候也会有反应。1~2岁时，幼儿可以按照大人的指令做动作，还可以模仿大人发出的声音。2~3岁的幼儿对语言语调有起伏的故事会特别感兴趣，开始表现出对某些音乐的爱好并尝试随音乐舞动。[④]

三、嗅觉

嗅觉是位于鼻腔上部的嗅细胞在受到某些挥发性物质刺激后，产生的神经冲动传入大脑皮层而引起的感觉。

---

①［美］戴维·迈尔斯．心理学导论 上 生物、发展与认知心理学［M］．黄希庭等译．北京：商务印书馆，2019．

②［美］戴维·迈尔斯．心理学导论［M］．黄希庭等译．北京：商务印书馆，2019．

③李俊平．图解儿童感觉统合训练：全彩图解实操版［M］．北京：朝华出版社，2018．

④李俊平．图解儿童感觉统合训练：全彩图解实操版［M］．北京：朝华出版社，2018．

嗅觉产生的过程[1]

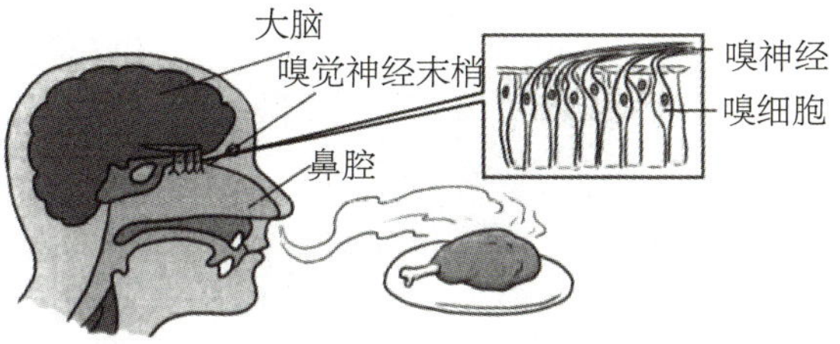

正因为有嗅觉人们才能闻到世界各种各样的气味，香甜、辛辣、果酸等味道，同时嗅觉也具有警戒作用，当遇到危险时或环境发生异常时，嗅觉会向我们发出警报，以帮助我们避开危险。如在家忘掉关闭煤气时，嗅觉会告诉我们这一信号，由此我们会去关掉煤气并离开家，避开煤气中毒的危险。另外，嗅觉会提高人们大脑的识别能力，如果儿童嗅觉失调，大脑会因为长期缺乏气味刺激而变得迟钝，注意力和记忆力的发展也会受到影响。嗅觉的灵敏度是不稳定的，当人们感冒、有鼻炎等呼吸道疾病时，嗅觉的灵敏度会降低，另外环境中的温度、湿度、气压等也会影响嗅觉的灵敏度。

新生儿的嗅觉已相当灵敏，他们对不喜欢的味道会有反应，能区别不同的气味，尤其对母亲身上的气味会特别敏感。等到婴儿4个月时，能稳定地区别好的和不好的气味。

四、味觉

味觉是能溶于水和唾液中的有味道的化学物质作用于味觉器官而产生的感觉。[2]舌头之所以可以感受到各种各样的味道是因为它的上面分布着很多小味蕾，这些味蕾的工作就是负责搜集食物味道并将其传递给味觉神经和大脑。一般认为有苦、酸、咸、甜这四种基本的味觉，也有研究者发现除此之外的第五种味觉，即像肉味的鲜味。

由于味蕾分布在舌头的不同部位，由此舌头的不同部位对不同味道的敏感程度是不一样的。舌面对甜味、酸味、苦味、咸味都有感受性，舌尖对甜味最为敏感，舌根对苦味最为敏感，舌的两侧对酸味最为敏感，舌的两侧前部对咸味最为敏感。[3]

①李俊平.图解儿童感觉统合训练：全彩图解实操版[M].北京：朝华出版社，2018.

②勾训，黄胜.心理学新编[M].成都：西南交通大学出版社，2018.

③ 黄希庭，郑涌.心理学导论[M]，3版.北京：人民教育出版社，2015.

舌头不同部位对不同味道的敏感程度

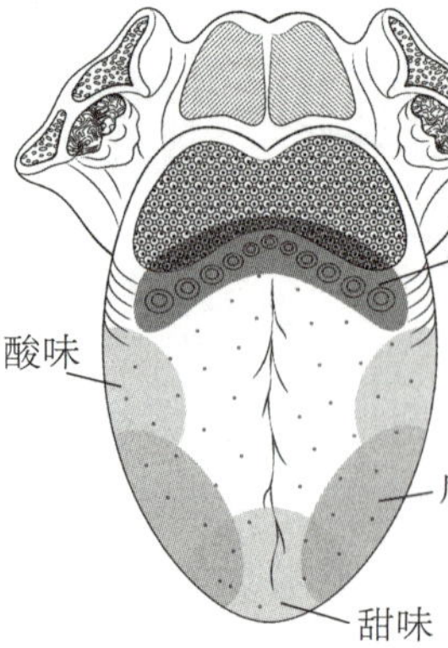

通过味觉人们能够感受到食物的味道，由此帮助人们认识不同的食物，其次味觉承担着身体的警戒作用，当人们接触到令人厌恶的食物时常常会避开这些食物以免身体受到伤害。如当人们在吃花生尝到了苦涩的味道时或是吃到有酸味的饭菜时常常会将食物扔掉以免危害身体健康。婴幼儿在受到味觉刺激后，也会影响其大脑的发育与发展。值得注意的是嗅觉与味觉是相互作用的，通过嗅觉与味觉的相互作用能够帮助我们判断出食物的味道，就像大部分人在喝中药时觉得捏着鼻子喝中药会减少中药的苦味。

刚出生的婴儿就有了味觉，他们对不喜欢的味道会有反应，比如对苦的味道会显露出不愉快的表情。到出生后的两个月，婴儿可区分出酸、甜、苦等味道，3个月时婴儿对不喜欢的味道会出现回避、退缩等行为。在6个月到1岁这一阶段婴儿味觉发展最为灵敏。

五、触觉

皮肤受到多种刺激后会产生各种各样的感觉。触觉是分布于全身皮肤上的神经细胞在接受来自外界的温度、湿度、疼痛、压力、振动等各方面的刺激后产生的一种感觉。我们身体的不同部位其触觉感受具有差异性，如我们的指尖、嘴唇、眼睑等部位会特别敏感，而背腹部的敏感性很低。

触觉是人体发育最早的感觉，影响着婴幼儿情绪、运动、吃饭、睡觉、社交等各个方面，对孩子的安全感具有重要的影响。具体地讲，触觉能够让婴幼儿避开危险，保护婴幼儿的身体健康，触觉能够帮助婴幼儿感知与体验事物，比如感受冰块的寒冷以及火焰的炙热。触觉能够加深彼此的情感，安抚婴幼儿的情绪，正如哈洛的恒河猴实验认为爱源于接触，而非食物，接触所带来的安慰感，是母爱最重要的元素。而丰富的触觉刺激也有利于促进婴幼儿脑功能以及神经系统的发育。对七个月大的婴幼儿进行实验，将婴儿分为两组，第一组婴儿的手或脚被触摸，第二组婴儿则看着别人的手或脚被触摸。研究人员通过脑磁图仪观察发现，所有的婴儿在小手被触摸时，他们的体感皮层都会被激活，而小脚被触摸时，除了一个婴儿没有激活外，其他宝宝的体感皮层都被激活了。研究表明，肌肤接触越频繁，触觉器官向大脑皮层传送的刺激也越频繁、越强烈，这有利于促进婴儿神经系统的发育以及大脑、小脑平衡的发育。

3岁前是触觉发展的关键期。胎儿在子宫内被温暖的软组织和羊水包围时就开始有了触觉。刚出生的婴儿，当成人刺激其口周、眼、手心、脚心等部位时，会出现无条件反射。这个阶段的宝宝躯干、大腿等部位的触觉还比较迟钝，痛觉也比较迟钝。1岁前婴儿会通过嘴、手等部位感受刺激，探索环境。2岁前幼儿开始把触觉和视觉、听觉等其他感知觉联系在一起使用，此时手与脚是感触世界的主要工具。2~3岁的幼儿，手变得越来越灵活，精细动作能力和大运动能力得到良好的发展，此时是训练孩子触觉的黄金时期。

六、前庭觉

前庭感受器是人耳内除了听觉感受器以外的重要感觉器官，它位于人的内耳（包括半规管、椭圆囊和球囊），主要感受人体的空间位置和运动情况，对人体运动的调节以及平衡的维持具有特殊作用。当前庭器官受到强度较大的刺激时，常会引起如恶心、呕吐、眩晕和皮肤苍白等现象。比如当我们转圈转得太快，转的时间较长时，会感觉到头晕、恶心。对于前庭器官兴奋高的人来说，常常会出现晕船、晕车等反应。而前庭觉是由前庭感受器产生的感觉，它是以大脑后下方脑干前面那个微小的雷达式感应器官——前庭神经核为中心组成的神经网络。

前庭觉具有多种功能，首先其可以接受来自脸部的所有感觉讯息（包括视觉、嗅觉、听觉、味觉、触觉），并将这些讯息过滤和辨识后再传入到大脑，从而使我们的大脑不至于太忙碌。由此前庭觉是人类大脑信息的门槛，它会把重要的信息过滤，以传递给大脑。其次，前庭觉跟空间感和平衡感息息相关。它能够精确地告诉我们现在是处于什么位置、身体处于运动还是静止状态、行走的速度有多快、运动的方向是什么，等等。①最后，前庭觉影响着婴幼儿的成长和学习。如孩子在进行认知性学习时，前庭觉功能失调，将会影响孩子对重要信息的过滤，会接收来自视觉、听觉等各种各样的外部信息，造成孩子注意力不集中等现象，从而影响孩子的学习。

胎儿在母亲的子宫里时，其前庭觉就在不断发育，母亲在散步、爬楼梯、做体操时都能够促进胎儿前庭系统的发育。当婴儿出生后，其前庭系统与运动系统相互影响，出生时婴儿能对身体的平衡有明显的反射性活动，比如抓握母亲、肌肉紧张等。宝宝1~2个月时能够借助前庭觉保持头部的直立和转动，宝宝在1岁前的翻身、坐、爬、站立等动作，2岁时的单脚站立动作，3岁时的单脚跳跃等动作都与婴幼儿前庭觉的发育息息相关。

---

① 吴汉荣.给孩子智慧的教育：0~3岁婴幼儿感觉统合训练与潜能开发[M].呼和浩特：内蒙古人民出版社，2004.

七、本体觉

本体觉又称为“姿势的感觉”“身体形象”“身体地图”。通俗来讲，它就是对自己身体的一种整体感觉，有了这种感觉我们能够了解自己身体的姿势、用力状况、前进方向、身体每一个部位的动作等，从而帮助我们更加准确地操控自身的身体，即有了本体觉，我们即使不看、不听也能对全身进行一个准确的掌控。例如上下楼梯时，我们不用刻意地去注意脚下也不会出现踩空的现象。当我们噎着的时候，我们能够感觉到食物卡在哪个部位。学习跳舞时，不需要照镜子就能跟着老师做出正确的动作。闭上眼睛时，我们依然能够用手准确地指出鼻子、耳朵、嘴巴等器官所在的位置。

本体觉系统是所有感觉系统中最慢成熟的一个，它以前庭觉和触觉发展为基础。所以，触觉系统没有发展成熟，本体觉绝对会受到影响而无法独自发展成熟，前庭觉没有发展成熟也会影响本体觉的发展。本体觉具有诸多功能，首先，本体觉能够奠定身体知觉度及身体概念，如走楼梯时，本体觉能够帮助我们不用眼睛看就能够知觉脚应抬多高、走多远、往哪个方向走以至于不出现踩空的现象。其次，本体觉能够维持姿势、肌肉张力及面部表情、音调的抑扬顿挫。本体觉发展良好的幼儿，能够在吃饭时维持正确的坐姿，手能够稳定地握住勺子，扶好碗；在说话时，能够调整音调与音量，能够控制自身的面部表情。另外，本体觉对婴幼儿运动能力的发展具有关键作用，婴幼儿的手眼协调、双侧协调性以及身体所有器官的自然协调性发展都依赖于本体觉，拥有良好的本体觉，才能有良好的动作，才能让我们在肢体操作上更有效率。如果幼儿在运动时，其躯干和腿不能传来适当的本体感受，那么他们在跑步、走路、走平衡木等运动时都会有困难。最后，有了本体觉我们能够产生情绪上的稳定感，有了本体觉，我们能够平稳地走路、快跑、爬楼梯、提箱子、坐下、站立、伸张和躺下等。当我们拥有正常的本体觉而能信任自己的身体时，我们会感到安全与安心，从而产生情绪上的安全感。

在妊娠的中后期，胎儿开始出现活动，加之母亲的运动，胎儿的本体觉得到发展，出生后的一个多月，婴儿就可以在母亲的怀里调整姿势。但本体觉系统的发展、强化和完善都必须依赖后天的训练，因此家长在养育婴幼儿时，应当为婴幼儿提供活动的机会，不限制幼儿活动，保障婴幼儿本体觉系统的正常发育。

第二节

感觉统合和感觉统合失调

小鑫今年3岁，在幼儿园里，当其他的小朋友轻轻地碰到了小鑫的手臂、腿时，小鑫便会出现打、推对方的攻击性行为，幼儿园的老师已告诉过小鑫正确交往的方式，但是这样的事情还是频频发生，因此，小鑫总是喜欢一个人玩。另外，小鑫也不喜欢玩接触身体的游戏，不爱玩泥工、沙石等，这让幼儿园的老师十分苦恼。

一、感觉统合

（一）感觉统合的概念

感觉统合理论（Sensory Integration Theory）是由美国临床心理学专家爱尔丝（A.Jean Ayres）博士于1972年系统地提出来的。感觉统合（Sensory Integration）是指机体在环境内有效利用自己的器官，通过视觉、听觉、味觉、嗅觉、触觉、前庭觉和本体觉等从环境中获取信息，并由大脑对其进行多次分析、综合处理，进而做出适应性反应的能力。简而言之，感觉统合就是一种大脑和身体相互协调的学习过程，其与大脑和身体的发展密切相关。①

感觉统合的运作过程

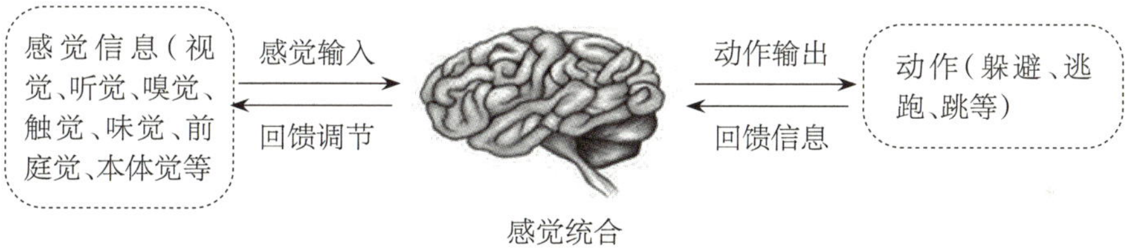

为了更好地理解感觉统合的概念，我们需要了解大脑是如何工作的。大脑的工作主要分为感觉输入、感觉统合、动作输出以及回馈信息四个阶段（见图8-4）。感觉输入是指通过视觉、听觉、嗅觉、触觉、味觉、前庭觉、本体觉等将外部信息进行采集，并将其传入中枢神经系统的过程，若我们的感觉器官出现缺陷时则会影响感觉输入。感觉统合是指将所接收的感觉刺激（信息）在中枢神经系统加以组织、比较和储存。在这个过程中，为了使人更加清楚地对现有信息进行认知，中枢神经系统还要将目前的和过去的各种各样的感觉信息进行有机结合，使个体能有效地选择并组织适当的动作。如婴幼儿已有“当手指碰到尖锐的东西会出现疼痛”这一感觉经验时，当他再次看到尖锐的东西后，大脑会将目前接收到的视觉信息与已有的视觉与触觉信息进行结合，从而帮助婴幼儿做出避开这类尖锐东西的行为。动作输出是指受中枢神经系统的支配所表现的

①李娟.儿童感觉统合训练[M].北京：中国妇女出版社，2016.

动作，它使人能够做出面对刺激的一系列动作反应。最后，人体还要对动作输出进行核对，并持续地回馈给大脑，这种回馈能够作为另一个输入的来源，使感知觉构成一个连续的过程，从而在大脑运作过程中起到调节的作用，使其不易出现错误。但同时回馈也依赖于感官和动作的配合，因此，动作和感觉是认知过程中不可缺少的因素。

（二）感觉统合的功能①

1. 组织功能

人们身体的不同感觉器官能够将众多的感觉刺激传递到大脑中，而每种感觉刺激都有各自的传入和传出通道。在这样的情况之下，大脑就必须把这些感觉信息整合好，并根据这些信息指挥活动顺利地进行。感觉统合就像在指挥交通一样，大脑需要把各种各样的感觉信息整合好，并根据这些信息指挥活动顺利地进行。如果各种感觉信息传入和传出的通道畅通、整体协调得当，个体的神经系统就会利用这些纷繁的感觉刺激来形成认知、动作等各种适应性活动。如果感觉流畅性不良，生命活动将如上下班时拥挤的交通一样，又慢又乱。

2. 检索功能

感觉统合能够检索出那些最重要、最有用的信息以供大脑使用。由于传入大脑的信息很多，大脑不可能对每种感觉都做出反应，因此，感觉统合的检索功能就尤为重要。

3. 综合功能

感觉统合能够将各种感觉进行综合，形成整体，以便人们对外部世界有更加完整的认识。

4. 保健功能

如果一个人的感觉统合很好，他就能很好地适应内外环境，产生胜任、满足等有利于身心健康的情绪情感，从而能够精力充沛地、更好地发挥机体的生理功能。

二、感觉统合失调的表现

如果个体的大脑与感觉系统有关的部分无法正常有效地发挥功能时，就会出现感觉统合失调的问题，也会影响到儿童的学习、生活、情绪、身心健康以及智能的发展等。若成人不能及时地识别出儿童出现的感觉统合失调问题并对其进行干预，严重的会影响到孩子的一生。

（一）触觉失调的表现

乔乔3岁，在幼儿园十分喜欢玩触觉大龙球，也喜欢玩冒险游戏。但让老

---

① 李淑英，王喜军，刘迪. 特殊儿童感觉统合训练理论与实践[M]. 天津：天津教育出版社，2014.

师感到奇怪的是，当老师用触觉大龙球对乔乔的脚底进行按摩时，她竟然一点都不觉得痒，有几次在玩冒险游戏中，乔乔的手和脚都磕破流血了，乔乔居然一点都不哭，像什么事儿都没有发生一样依旧乐此不疲地玩，为此幼儿园的老师们十分担忧乔乔在活动中的安全。

案例中的乔乔对疼痛、痒这类感觉反应较为迟钝，对危险没有一定的警惕，在出现意外受伤后没有知觉，可以看出乔乔的触觉系统过度迟钝，可能出现了触觉失调的问题。

触觉系统失调可分为触觉过分敏感与触觉过分迟钝两大类。触觉过分敏感的幼儿讨厌被触摸，对他人轻微的抚触会特别敏感，容易出现紧张、慌张、激动不安等情绪或是产生过激的反应。他们排斥洗澡、洗头、洗脸、刷牙、梳头、剪指甲等清洁活动，不爱玩接触身体的游戏。触觉过分敏感的孩子对外界新刺激适应性较弱，会固执于熟悉的经验上，害怕陌生人、害怕人多的地方和新场合。他们偏食、挑食、喜欢固定的某种食物和味道、爱吮吸手指、爱咬人、爱咬指甲等[①]。触觉过分迟钝的幼儿对危险和疼痛反应迟钝，如碰伤后没有知觉，缺乏好奇心以及探究性行为，反应较慢，动作较为笨拙。

（二）前庭觉失调的表现

亮亮每次出门爸爸妈妈总是提心吊胆，因为亮亮坐车的时候，都会因为不舒服、晕车哭闹不止，由于亮亮经常出现坐车晕车的症状，致使他一点也不喜欢坐车，所以，爸爸妈妈带亮亮出去玩时，能不坐车就不坐车。有几次在游乐场坐旋转木马、飞行船时，亮亮惊恐地大哭大叫，这让爸爸妈妈十分尴尬。

案例中的亮亮不仅仅在旋转或摇晃后出现敏感现象，同时还抗拒乘坐移动、旋转或者快速活动的设施，这些都是前庭觉失调的具体表现。

前庭觉失调的幼儿表现为在大幅度运动中容易出现头昏、呕吐等敏感现象，如易晕车、晕船（前庭功能过度敏感）。他们难以维持身体的平衡，方向感不好，他们对头部的任何姿势变化会产生不安，如不喜欢把头倒立。他们还会出现多动不安、不听劝阻、注意力不集中、上课不专心、爱做小动作、手脚笨拙、走路东倒西歪、常碰撞到东西、走路容易跌倒、动作协调能力差、经常弄乱东西等行为。此外，前庭觉失调的幼儿还会表现为喜欢看、玩转动的东西，也特别喜欢旋转而不觉得头晕，还有些幼儿可能会出现语言发展迟缓、说话词不达意、语言表达困难以及注视、追视能力弱等问题。

（三）本体觉失调的表现

老师跟成成家长反映成成上课的时候总是坐不住，即使坐在小板凳上也总是东倒西歪、东张西望。在吃饭的时候，成成总爱撒一桌子的饭，口水也总是控

---

①李俊平．图解儿童感觉统合训练：全彩图解实操版［M］．北京：朝华出版社，2018.

制不住地流出来，这让老师们感到非常的恼火。同时，成成人际关系比较差，表达能力和同龄的孩子比起来要差一些，情绪很暴躁。成成妈妈也发现，成成在家里也经常上蹿下跳没有静下来的时候，也总爱碰倒家里的一些东西，这让成成妈妈充满了担忧与疑惑：我的孩子到底怎么了？

案例中的成成出现了不能调整自己的姿势，坐无坐相的行为，同时在控制自己的行为上也出现了问题，如吃饭时掉饭粒、控制不住地流口水、容易碰倒东西，还具有不能自律，爱东张西望、上蹿下跳动个不停等行为，这些都是本体觉失调的具体表现。

本体觉失调的幼儿通常会出现身体协调能力以及身体控制能力差等现象。身体的协调能力差表现为走路容易摔倒，容易碰到东西、家具或他人，眼睛要注视着手、脚才能做出动作，肢体僵硬，手脚笨拙，手与眼之间协调能力差、手与耳之间协调能力差。身体控制能力差表现为自动调整姿势的反应差，站无站姿、坐无坐相，站立或坐下时东倒西歪，动作力度控制能力差，常会因用力过大而损坏玩具或因力度太小抓不住东西，在生活自理方面存在自己不能穿脱衣服、系鞋带、扣纽扣、洗手、擦脸、擦屁股等。幼儿若出现方向感差、容易迷路、容易走失、闭上眼睛容易跌倒、常常动个不停、小动作多[①]等行为也是本体觉失调的具体表现。

（四）视觉系统失调的表现

雯雯从小就不喜欢阅读，不愿意识字，阅读图书时，常常会出现跳行或是漏行的问题。家长和老师总爱批评雯雯不专心，可是雯雯觉得很委屈，她觉得自己已经在很专心、很努力地阅读了。

案例中的雯雯出现了在阅读时跳行、漏行的问题，而家长及教师却误认为是雯雯的不专心导致的。对于视觉统合失调的儿童来说，跳行、漏行也是其重要的表现之一。

对于视觉失调的儿童来说，他们常常会出现不能流利地看书，阅读出现漏字、漏行的现象，分不清相似的数字、文字、图形以及颜色，如2和5、6和9，字母如b和p、q和p，不能集中注意力看某样东西，眼睛容易红且感觉到疲倦、疼痛，经常会流眼泪，有时还会出现头痛的现象，在视觉追踪上有困难等行为表现。

（五）听觉系统失调的表现

涵涵刚上幼儿园小班，性格很内向，独来独往。午睡后，老师每次喊涵涵起床时，总要喊很久他才起来。在幼儿园里，涵涵总是喜欢把老师的话当耳边风，叫他名字时或者是让涵涵去做某一件事情时他像听不见一样。

案例中涵涵总是喜欢把别人的话当耳边风，这可能是幼儿听觉反应迟钝的

---

① 李俊平．图解儿童感觉统合训练：全彩图解实操版［M］．北京：朝华出版社，2018．

表现，这也是听觉系统失调的具体表现。

对于听觉系统失调的幼儿来说，他们很容易因为环境中的一些背景音而分心或烦心，如日光灯的声音、时钟的滴答声，特别害怕听到某些声音，常会掩耳朵或按压耳朵，对别人叫他名字或与他说话时经常没有反应，对尖锐或拉高的声音一点也不讨厌，甚至喜欢，对巨响反应较差，甚至不反应，难以分辨出声音的来源；分辨人声比较困难，似乎注意不到某些特定的声音；有时对很小的声音感兴趣，喜欢无端尖叫或自言自语，语言发展迟缓、语言表达能力不佳，记忆力差，交代的事情经常忘记或无法全部完成等。

三、感觉统合失调的原因

乐乐生活在城市，乐乐是由爷爷奶奶带大的。在乐乐8个月的时候，为了防止乐乐在家里到处爬而受伤，乐乐的爸妈便给他买了婴儿护栏，乐乐就只能在护栏里面玩。到乐乐2岁半的时候，当他需要什么玩具、吃什么食物时，爷爷奶奶都会把这些东西拿到乐乐的面前。有的时候爷爷奶奶见乐乐哭个不停便把手机动画片开着拿到乐乐的面前安抚他。现在乐乐即将上幼儿园了，但他比其他小朋友动作更加笨拙，反应更慢，走路时也东倒西歪，他还不敢和陌生人说话，甚至不敢和同龄的小朋友接触。这让乐乐的家人为此十分苦恼。

思考：1.乐乐出现了哪些不良行为？

2.影响乐乐出现不良行为的因素有哪些？

造成幼儿感觉统合失调的因素很多，大致可以归纳为两大类：第一是先天因素。具体包括孕妇在怀孕期间不良饮食，如酗酒、吸烟、饮浓茶、喝咖啡等，在怀孕期间受到X射线辐射、服用不合适的药物、病毒感染（感染水痘、肝炎等）、孕妇患糖尿病、甲状腺机能减退、妊娠反应严重、情绪紧张，过度劳累或过度静养等都可能会造成儿童的感觉统合失调。另外，剖宫产的胎儿由于没有经过产道的挤压，缺少了触觉学习的机会，这也可能会造成儿童的感觉统合失调。第二是后天因素，首先包括都市化生活产生的不良影响，比如缺少户外活动的时间、机会以及与同伴交往的机会。其次育儿方式不当是造成儿童感觉统合失调的重要因素，比如一些家长为了保障孩子的安全把孩子限定在一个很小的范围内活动，这使得婴幼儿活动空间不足，一些家长包办代替，对孩子娇宠溺爱，从而造成孩子动作能力欠缺。再次，婴幼儿缺少爬行，从小缺少对平衡感的锻炼，如摇篮、怀抱、童车代替了儿童正常的坐、立、爬、行，使得孩子的生长发育过程受到了阻碍，[①]婴幼儿成长过程中缺少丰富的感觉刺激，家长过早地对孩子进行认知教育，对孩子要求过高，限制过多、管教太严等都是造成婴幼儿感觉统合失调的重要因素。

---

① 鞠红珍，李作香，刘丰团.感觉统合与感觉统合失调[J].中国行为医学科学，2000(5)：397.

第三节

0~3岁婴幼儿感觉统合训练

感觉统合训练是让孩子通过各种专门的器械，在有计划、有指导、有针对性的游戏活动中，输入较强的感觉刺激，通过诱发顺应性反应，增强和改善大脑的整合功能。对于0~3岁的婴幼儿来说，其处于各方面发展的关键时期，也就是说这一时期是婴幼儿形成某种反应或学习某种行为的最佳年龄阶段。感觉统合训练有利于培养婴幼儿的协调能力、自控能力，矫正幼儿感觉统合失调的症状及其引起的心理障碍问题等。比如改善孩子语言发展迟缓、注意力不集中、平衡能力差等。除此之外，感觉统合训练还能够让婴幼儿在轻松、快乐的游戏中获取刺激，在玩中促进其神经系统整体功能的协调，在玩中建立自信、勇敢、敢于超越自我等品质。

感觉统合训练可以在日常生活中进行，如婴幼儿的生活自理活动、亲子间的游戏以及亲子运动等。早期教育机构、专门感觉统合训练机构等会借助专门的器械有针对性地进行练习。感觉统合训练的教具包括有滑板车、平衡台、大笼球、羊角球、球池、单杠、溜滑梯、吊床、秋千、海绵、跳床、平衡吊缆等。婴幼儿的感觉统合训练包括触觉、前庭觉、本体觉、听知觉以及视知觉的感觉统合训练。

一、触觉训练

触觉训练

触觉训练包括了对皮肤感受的训练（皮肤的触觉、痛觉、冷觉、温觉、压觉、痒觉）、对肌肉与骨骼中存在的触觉神经细胞所采用的训练和针对关节之间的训练。[①]针对0~3岁的婴幼儿我们常常可以利用触觉球、海洋球、大龙球、平衡触觉板、彩虹伞、彩虹隧道等专门器械进行感觉统合训练。

（一）抚触练习

准备的材料：抚触油、小薄毯、小浴巾、室温28℃左右。

抚触时间：5~10分钟左右，时间由短到长。

抚触的一般顺序：面部、胸腹部、四肢、背部。

训练的方法：在做抚触之前，成人首先要洗净双手，再将婴儿平躺放在小浴巾上，然后用小薄毯盖住婴儿的腹部以保暖，之后成人需在自己的掌心上倒入少量触摸油并轻轻搓揉，同时面带微笑地对婴儿说话，如：“宝宝我们来做抚触了。”

面部抚触：

1.将双手拇指从婴儿眉心轻轻滑向两侧的太阳穴，可重复此动作2~3次。

---

① 李俊平.图解儿童感觉统合训练:全彩图解实操版[M].北京:朝华出版社,2018.

2.将两拇指从婴儿下颚中央滑至两侧耳垂下，让婴儿成微笑状。

3.将双手的四指指腹沿婴儿的前发际向后划过，最后两手指分别停在婴儿的耳后。

胸腹部抚触：在进行胸腹部抚触之前，成人需拿掉盖住婴儿腹部的小薄毯，然后将抚触油涂抹在自己的指腹。

1.成人先用双手的中指和无名指指腹润滑婴儿的脖子和腋下的皮肤，然后用四指指腹在婴儿胸部画一个大的叉（从腰部至肩部，左右手交替，要避开婴儿的乳头）。

2.左右手顺时针方向在婴儿的腹部画一个“C”字。

四肢抚触：在进行四肢抚触之前，应将小薄毯盖住婴儿的腹部以保暖，成人用抚触油润滑自己的双手指腹。

上肢抚触：

1.一只手轻轻抓住婴儿的手腕，另一只手从婴儿的大臂到小臂轻轻挤捏，也可以从手腕到手臂上下搓滚。

2.用双手手指轻推婴儿的小手掌，抚摸五个小手指，同样的动作再抚触婴儿的另一边上肢。

下肢抚触：

1.一只手轻轻抓住婴儿的脚腕，另一只手从婴儿的大腿到小腿轻轻挤捏，也可以从小腿到大腿上下搓滚，然后按摩婴儿脚踝和足底部。

2.一只手托住婴儿的脚后跟，另一只手四指聚拢放在婴儿的脚背，用拇指从婴儿的脚后跟按摩至婴儿的每一个脚趾，同样的动作抚触婴儿的另一边下肢。

后背抚触：在进行后背抚触时要将婴儿翻身，让其趴在床上，值得注意的是让婴儿趴在床上时要保障其呼吸顺畅，然后将婴儿的两只手放在其头部两侧。

1.双手交替，从婴儿头部开始沿颈部顺着脊柱向下按摩。

2.双手指腹轻轻从上到下，从脊柱到两侧按摩，动作结束后还可以将手轻轻拍婴儿的小屁股或抵住婴儿脚底让其顺势往前爬行。

动作做完后要及时给婴儿穿上衣物以保暖，下次进行抚触时还可以给婴儿放一些轻柔的音乐。值得注意的是，成人在给婴儿进行抚触时还需跟婴儿多交流，告诉婴儿现在做的是什么，按的是婴儿的什么部位等，如果婴儿在抚触时出现哭闹的现象，应该停止抚触。

（二）钻隧道

训练的器械：彩虹隧道、小触觉球、脚印。

训练的方法：

1. 在彩虹隧道里面平铺好软毛巾，成人鼓励婴幼儿在彩虹隧道里面爬行。

2. 成人可在彩虹隧道里面放一个小触觉球，鼓励婴幼儿边爬行边将小触觉球推到彩虹隧道外面去。

3. 成人还可以在彩虹隧道里面放置脚印，鼓励婴幼儿踩着脚印从隧道一边钻到另一边。

（三）大龙球

训练的器械：大龙球。

训练的方法：

1. 婴幼儿躺或趴在地面上，成人将大龙球从婴幼儿身体一端推到另一端，如从腿部到肩部，推大龙球的力度有时候轻，有时候稍微重一点，成人还可以将大龙球放在婴幼儿的臀部、腹部、头颈、四肢、背部、膝盖，并轻压大龙球，由此促进幼儿触觉能力的发展。

2. 婴幼儿俯卧在大龙球上，成人双手抓住婴幼儿的小腿并往前推，让婴幼儿头朝下，鼓励其去捡地上的物品。

3. 成人将大龙球靠置在墙上，再引导婴幼儿用肩膀和背部挤压大龙球。

4. 成人还可以鼓励两个婴幼儿在大龙球的两侧相互挤压。

（四）小触觉球

训练的器械：小触觉球。

训练的方法：

1. 婴幼儿用手心、手背触摸小触觉球，在触摸时要细腻、慢慢地转动，通过此训练可以让婴幼儿手的每一寸皮肤、每一个关节都能够感受到小触觉球的刺激。婴幼儿可以随自己喜欢的力度进行触摸，成人不可干涉过多。

2. 手心、手背触摸完小触觉球后，可以将小触觉球放到婴幼儿的脚底，然后让小触觉球在其脚底轻轻地滚动。

3. 小触觉球还可以进行婴幼儿颈部的按摩，成人或婴幼儿可以手拿小触觉球，然后将小触觉球从婴幼儿的颈部左侧（右侧）滑至颈部右侧（左侧）。

（五）刷一刷

训练的器械：触觉刷。

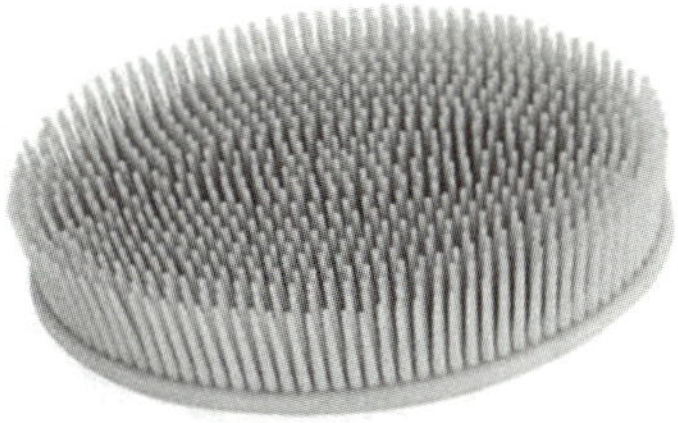

训练的方法：成人可以用触觉刷刷一刷婴儿的手心、手臂、腰部、脚底、腿部、背部等部位以此给予婴儿丰富的触觉刺激。

（六）踩一踩

训练的器械：榴莲球。

训练的方法：

1. 将榴莲球随意摆放，成人鼓励婴幼儿去踩一踩榴莲球。

2. 将榴莲球摆放成两列（左右有间距，前后没有间距），成人扶住婴幼儿的腋下让其站立起来保持平稳，然后鼓励婴幼儿左右脚踩在左右两列的榴莲球上行走。等幼儿熟练了这一训练并能够保持平衡后，可让婴幼儿在榴莲球上独立行走。为了提升游戏的难度，还可以将榴莲球前后的间距拉大，鼓励婴幼儿左右脚在左右两侧的榴莲球上行走。

家庭中的触觉训练

3. 将榴莲球摆放成一列（从前后无间距到前后间距不断增加），然后鼓励婴幼儿在榴莲球上行走。

前庭觉训练

二、前庭觉训练

（一）大龙球

训练的器械：大龙球。

训练的方法：

1. 婴幼儿俯趴或者是仰躺在大龙球上，成人抓住婴幼儿双腿然后前后、左右滚动大龙球。

2. 待婴幼儿适应此训练后，成人可以双手托着婴幼儿的腋下，让其坐在大龙球上，成人再前后左右滚动大龙球。

（二）吊床

训练的器械：吊床。

训练的方法：

1. 让婴幼儿轻松随意地仰躺或俯趴在吊床中，成人前后、左右推动吊床或者是按顺时针（逆时针）旋转吊床。

2. 在吊床的下方放置积木或小球，要求婴幼儿在前后摆动吊缆时伸手去拿积木或小球，或者给婴幼儿一个纸棒，要求婴幼儿在吊缆摆动的同时用纸棒去敲击积木或小球。

（三）蹦蹦床

训练的器械：蹦床。

训练的方法：让婴幼儿在蹦床上进行跳跃从而刺激其前庭觉，若年龄小一点的婴幼儿在蹦床上站立不稳，可以让其坐立或趴在蹦床上，成人在一旁弹跳。

（四）大陀螺

训练的器械：大陀螺。

训练的方法：让婴幼儿坐在大陀螺里面，双手扶住大陀螺，成人按顺时针或逆时针方向转动大陀螺。

训练时的注意事项：若婴幼儿在训练的过程中感觉紧张或害怕，成人应停止转动大陀螺，转动的速度应由慢到快，幅度应逐渐增大，成人需要根据婴幼儿的适应程度来调节转动的速度和转幅。

（五）爬呀爬

训练的器械：彩虹隧道、海洋球。

训练的方法：

1. 让婴幼儿头颈抬起，胸腹离地，用肢体支撑身体的重量进行爬行训练。

2. 在彩虹隧道里面填充部分海洋球，让婴幼儿在彩虹隧道里追逐海洋球、扔海洋球。

（六）平衡步道

训练的器械：平衡步道。

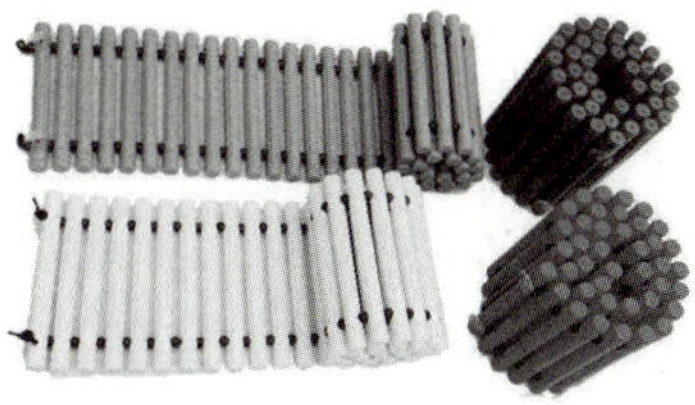

训练的方法：

1. 将平衡步道平铺于地面，婴幼儿将鞋子脱掉后，让他们从平衡步道上面爬过去。

2. 让婴幼儿双臂伸直从平衡步道上走过去。

3. 让婴幼儿从平衡步道的一端翻滚到另一端。

（七）羊角球

训练的器械：羊角球。

训练的方法：让婴幼儿坐在羊角球上，双手抓住羊角球的两个角，然后鼓励婴幼儿弹跳前进。等婴幼儿熟悉这一训练之后，可以在路上设置一些障碍，让婴幼儿绕过这些障碍弹跳前进。

（八）钻山洞

家庭中的前庭觉训练

训练的器械：彩虹伞。

训练的方法：两位成人拉着彩虹伞的两端使彩虹伞呈一个山洞的形状，然后鼓励婴幼儿从彩虹伞的一端爬到另一端。成人还可以在婴幼儿钻山洞时念儿歌："钻山洞，钻山洞，山洞长长像条龙，这边进，那边出，山里山外两头通。"

三、本体觉训练

本体觉训练

本体觉训练方法有助于强化前庭平衡、触觉发展、大小肌肉双侧协调，灵活身体运动能力，促进左右脑均衡发展。使用的感觉统合器械通常包括跳床、平衡台、晃动独木桥、滑板、S形垂直平衡木、S形水平平衡木、圆形平衡板等。

（一）滚球游戏

训练的器械：大(小)触觉球。

训练的方法：成人和婴幼儿面对面地坐着，然后成人将球推滚到婴幼儿身边，再鼓励婴幼儿将球推滚到成人面前，由此来训练婴幼儿从紧绷肌肉到放松肌肉、转动其关节，强化其肌肉及关节的运动强度。

（二）推球

训练的器械：大龙球。

训练的方法：成人给婴幼儿一个大龙球，让幼儿将大龙球推动到某一个地方。推球的距离可以视幼儿的具体情况，逐步加长。

（三）走S形平衡木

训练的器械：S形平衡木。

训练的方法：在婴幼儿平衡能力发展得还不成熟时，家长可以扶住婴幼儿的腋下或是牵着婴幼儿的手一起走平衡木，等婴幼儿熟练之后成人需鼓励婴幼儿尝试自己走平衡木。

（四）多功能平衡木组合

训练的器械：多功能平衡木组合。

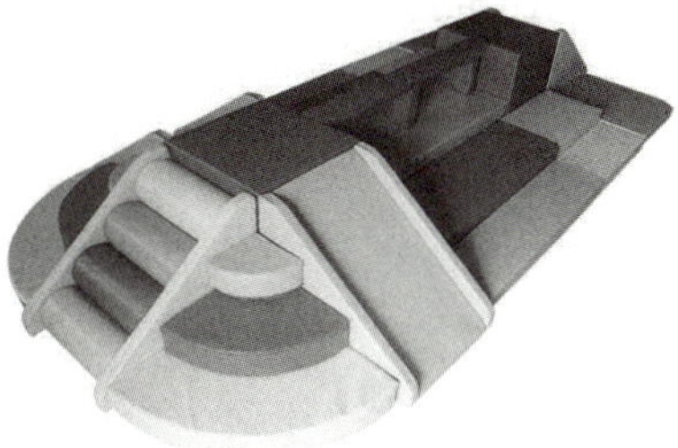

训练的方法：在保证婴幼儿安全的基础上，让婴幼儿自己或者是在成人的帮助下进行攀爬、过平衡木以及滑滑梯训练。

（五）吊缆

训练的物品：吊缆。

训练的方法：将婴幼儿的腹部吊在吊缆上，身体正面朝向地面，然后让婴幼儿往前爬行。婴幼儿在往前爬行的时候锻炼了他们的本体觉，婴幼儿四肢与地面接触的时候，锻炼了其触觉，在婴幼儿爬行与往后荡的过程中也锻炼了其前庭觉。

家庭中的本体觉训练

四、视知觉训练

视知觉是感觉统合能力中非常重要的一环，在日常生活中我们想要看清外界的世界，做成正确的行为反应，都需要依靠我们的视知觉。

（一）认识颜色

准备的材料：彩虹伞、海洋球。

训练的方法：

1. 让婴幼儿坐在彩虹伞上自由爬行，在爬行的过程中成人可以教婴幼儿认识彩虹伞上的不同颜色，成人可以说："宝宝，这是红色，看看这是蓝色……"由此引导婴幼儿感知颜色。除此之外，也可以在生活中引导婴幼儿感知不同颜色，如在给婴幼儿穿衣时，带婴幼儿到户外活动时都可以引导婴幼儿认识不同颜色。

2. 在帮助婴幼儿认识颜色的基础之上，成人可以说出某种颜色，然后鼓励婴幼儿指出（找出）与其颜色对应的东西。如成人说："宝宝，请指一指红色在哪里，宝宝请给我一个蓝色的小球。"

（二）颜色配对

准备的材料：红色、蓝色、黄色的海洋球若干以及红色、蓝色、黄色的篮子各一个。

训练的方法：成人引导婴幼儿将小球放到与其颜色相对应的篮子里。在开展训练前成人需进行讲解、示范。比如对婴幼儿说："宝宝，这里有许多的小球宝宝，现在我们要将小球宝宝送回家，我们要将红色的小球宝宝送到红色的篮子里面，黄色的小球宝宝送到黄色的篮子里面，蓝色的小球宝宝送到蓝色的篮子里面。现在请你来玩玩这个游戏，将小球宝宝送到自己的家吧。"通过这个游戏我们可以提升婴幼儿对颜色的分辨能力，除此之外，我们依然要引导婴幼儿去感知世界上各种各样的颜色，巩固婴幼儿对颜色的认识。

（三）搭积木塔

准备的材料：方块积木。

训练的方法：成人在婴幼儿面前示范将积木摞高成塔，然后把积木推翻，再将积木摞高成塔的这一过程。然后鼓励婴幼儿也尝试着这样做，对幼儿说："宝宝，我们来做一个积木塔吧。"一开始，幼儿摞高2~3块积木都会困难，成人可以握住婴幼儿的双手和婴幼儿一起搭积木塔，等到婴幼儿熟悉之后，可以让婴幼儿自己搭建，并鼓励婴幼儿反复练习这一动作，锻炼其手眼协调能力。

（四）找水果

准备的材料：准备若干画有苹果、香蕉、橙子的卡片。

训练的方法：将若干画有苹果、香蕉、橙子的卡片随意摆放到桌面上，然后让婴幼儿找出所有苹果或香蕉或橙子的卡片。训练时，先可以只给婴幼儿两种水果的卡片并各摆放两张，让婴幼儿找出同种类型的水果。等到婴幼儿熟练后，再逐步提升游戏的难度。比如增加水果的种类以及每一种水果的卡片数量。婴幼儿年龄大一点后，我们也可以将水果卡片换成数字卡片，让婴幼儿找相同的数字以训练其视知觉的发展。

拓展链接

婴幼儿视觉训练

(一)挂图游戏

准备的材料:黑白挂图。

训练的方法:将黑白挂图挂到墙上,成人抱着婴儿在距离挂图25厘米处的地方引导婴儿看挂图,每天看3~4次。当成人发现婴儿注视挂图的时间明显缩短时,家长可以更换新的挂图。

(二)追视训练

准备的材料:颜色鲜艳的小球、铃鼓等。

训练的方法:让婴儿仰卧在小床上,家长拿着鲜艳的小球(铃鼓等)在距离婴儿视线20~25厘米的地方摇晃,以吸引婴儿的注意力。等婴儿注视到小球(铃鼓等)后,成人左右缓慢地移动小球(铃鼓等),使得婴儿的视线能够追踪到眼前的小球(铃鼓等)。随着婴儿年龄的增长,成人可以加长小球离婴儿视线的距离,扩大左右移动小球的幅度,除了左右移动还可以进行上下移动。

五、听知觉训练

听知觉能够帮助我们辨别各种各样的声音,理解别人的言语,接收学习的经验等,它也是婴幼儿感觉统合能力发展的重要一环,可以通过以下方式来帮助婴幼儿进行听知觉的训练。

(一)动动小手还是小脚

准备的材料:铃铛、细绳。

训练的方法:用细线的一头系在床栏上,然后在线上吊上铃铛,再将细线的另一头拴在婴幼儿的手腕上。成人首先动一动细线,使得细线上的铃铛发出声音,这样婴幼儿也会动动自己的身体来使得铃铛发出声音。

最开始的时候婴儿可能会用自己的全身力气使劲地摇动细线让铃铛响起来,以后他便会知道动一动小手腕就能够让铃铛响起来。1~2天后,可以将细线拴在婴幼儿的脚踝上,婴幼儿多次尝试之后也会知道摇动脚踝也能让铃铛发出声音。通过这个游戏可以让婴幼儿的听觉与动觉相联系,以此培养婴幼儿的听知觉能力。

训练时的注意事项:细线不要在婴幼儿的手腕或脚踝上拴得太紧,在游戏结束后一定要记得解开绳子。①

(二)语句仿说

准备的材料:无。

---

① 吴汉荣.给孩子智慧的教育:0~3岁婴幼儿感觉统合训练与潜能开发[M].呼和浩特:内蒙古人民出版社,2004.

训练的方法：

1. 选择一些婴幼儿感兴趣的、较为简单的语句让其仿说。比如我们对婴幼儿说："我喜欢吃葡萄。"然后让婴幼儿听完这个语句之后再将这一句话复述出来。可以根据婴幼儿的接受能力提升句子的难度，比如将句子说得更长一些，然后让婴幼儿把这个句子复述出来。

2. 还可以让婴幼儿在听完材料后立即将语句复述出来，也可以等一段时间后让婴幼儿回忆之前所听到的语句并将其准确复述出来，通过这一训练来提升婴幼儿的听知觉记忆能力。

（三）是谁的声音

准备的材料：猫、狗、公鸡、小鸟的音频以及猫、狗、公鸡、小鸟的卡片。

训练的方法：成人为婴幼儿播放猫、狗、公鸡、小鸟的声音，让婴幼儿根据声音找出相对应的动物卡片，由此训练婴幼儿的听觉分辨能力。随着婴幼儿对动物叫声有了更加丰富的认识，成人可以逐渐增加不同动物的声音和动物图片，训练婴幼儿听音辨物。

（四）指五官

准备的材料：五官表情贴。

训练的方法：

1. 成人发出指令，让婴幼儿跟着指令做出相应的动作。比如成人可以对婴幼儿说："请你指指他的鼻子在哪里？请你指指他的眼睛在哪里？请你指指他的嘴巴在哪里……"

2. 成人还可以这样说："请你为他贴好眼睛、鼻子、嘴巴。"

3. 在婴幼儿能够指出别人的五官后，成人还可以发出指令让婴幼儿指一指自己的五官，由此通过指令游戏促进婴幼儿听知觉的发展。

拓展链接

家庭中的听知觉训练

（一）听不同的声音

训练的材料：舒缓的音乐、大自然的各种声音（如雨声、雷声、小鸟的声音等）、爸爸妈妈的声音、交通工具发出的声音等。

训练的方法：可以在家里给婴幼儿播放舒缓的音乐，常与婴幼儿对话，给婴幼儿唱歌，让婴幼儿听听自己熟悉的声音，除此之外也可以带婴幼儿到大自然中感知如雨声、雷声、小鸟的声音等，通过不同的声音来给予婴幼儿听觉上的刺激。

（二）猜猜是谁的声音

准备的材料：无。

训练的方法：这一游戏主要是让婴幼儿猜一猜与他亲近的人的声音，训练婴幼儿的听觉辨别能力。比如爸爸可以在隔壁唱歌，然后让婴幼儿猜一猜是谁在唱歌。爷爷奶奶在卧室说话，让婴幼儿猜一猜是谁在说话。

虽然在0~3岁这一年龄阶段，婴幼儿在语言表达能力上还较为欠缺，但是他们已经能够听懂、能够理解成人对其说的简单的话，因此成人需要对婴幼儿多说，让其多听，由此发展婴幼儿听觉理解、辨别、记忆等能力。

六、0~3岁婴幼儿感觉统合训练的注意事项

（一）训练需要遵循婴幼儿身心发展规律

首先我们应充分考虑婴幼儿的客观心理需要，例如婴幼儿对爱和安全感的需要、对新体验的需要、对赞扬和认可的需要、对被重视的需要、对被接纳的需要等。其次要遵循婴幼儿的身心发展规律，如婴幼儿动作的发展顺序是由上到下，由中心到外围，由大肌肉到小肌肉发展的。婴儿最早协调的是头部的动作，（如吮吸反射、眼及头随物体转动），以后是手的抓取，躯干的动作（如翻身、独坐、爬行），再是腿和脚的动作，即站立和行走。[①]在进行感觉统合训练时遵循由易到难、由简到繁、由粗到细、反复练习的原则能够促进婴幼儿感觉统合能力的向前发展；尊重婴幼儿对感觉刺激的需要和选择，给予婴幼儿选择感觉统合训练项目的权利，促使他们有意愿、自动自发地参与到感觉统合训练之中，而不是成人一味地强求做各种训练。

（二）训练时关注婴幼儿积极的情绪体验

良好的情绪是思维的润滑剂，当情绪良好时，大脑具有最佳的思维效率和表现。比如人们往往在面对自己感兴趣的事物时会学得更快，对不感兴趣的事物学起来会觉得很费劲。为了让婴幼儿在训练中有积极的情绪体验，我们首先要为婴幼儿创设温馨的活动环境并提供丰富的感觉刺激。其次应设计出适宜于婴幼儿的训练项目，让婴幼儿在项目中感受到成功的快乐。若孩子在训练时体验不到快乐，甚至感觉压抑、恐惧、抗拒，会出现不愿意参与到活动中的结果，最终达不到感觉统合训练的真正目的。当然，任何的训练还应当基于儿童的兴趣，用活泼有趣、丰富多样的训练项目来激发婴幼儿参与的兴趣。

（三）训练要体现婴幼儿的个体差异性

由于每个婴幼儿的感觉统合的发展水平、感觉统合失调的类型、所能接受的感觉刺激强度、对每种训练的反应等都不同，因此，在进行感觉统合训练时，要能够针对每个婴幼儿具体的情况实施训练的项目。有些机构没有对婴幼儿的具体情况进行详细分析，每个婴幼儿都接受统一强度的训练，这势必存在训

①杨霞，叶蓉.儿童感觉统合训练实用手册[M].上海：第二军医大学出版社，2007.

练不当或训练过度的问题，最终会影响婴幼儿参与训练的积极性和训练效果。对于个体婴幼儿的特殊情况应给予适宜、特殊关注。如触觉防御失调的婴幼儿，大多存在胆小、敏感、爱哭、脾气暴躁、不合群、行动上逃避退缩等特点，这需要在感觉统合训练时给予婴幼儿充分关爱、鼓励和支持，帮助他们在一点点的进步中建立自信。

本章回顾

本章主要围绕七大感觉系统、感觉统合、感觉统合失调三个概念系统地介绍了视觉、听觉、嗅觉、味觉、触觉、本体觉、前庭觉的概念与功能，0~3岁婴幼儿各个感觉系统的发展特点。阐述了感觉统合的概念与功能，帮助学生正确认识感觉统合的价值。结合案例，详细分析了不同感觉统合失调的表现，阐释了感觉统合产生的先天影响因素和后天影响因素。重点在于系统介绍了感觉统合专业器械训练项目和家庭中的感觉统合训练项目，旨在提供针对0~3岁婴幼儿感觉统合训练的内容与方法。

思考与练习

1. 人体七大感觉系统有哪些？
2. 感觉统合是什么？
3. 感觉统合失调的表现及影响因素有哪些？
4. 感觉统合训练的器械有哪些？
5. 对婴幼儿进行触觉、前庭觉、本体觉、视知觉、听知觉的训练方法有哪些？

实训与实操

1. 自主选择一项感觉统合训练项目，对仿真娃娃进行感觉统合训练，也可以选择同伴对其进行感觉统合训练。

2. 与同伴进行情景表演，一人当家长一人当感觉统合训练老师，家长需向老师反映宝宝的情况，老师需对宝宝的情况进行解读与分析，并设计出适合宝宝的感觉统合训练项目。

3. 自己设计并实施针对0~3岁婴幼儿的感觉统合训练项目。

推荐阅读

1. 李俊平. 图解儿童感觉统合训练[M]. 北京:朝华出版社,2018.

2. 吴汉荣. 给孩子智慧的教育:0-3岁婴幼儿感觉统合训练与潜能开发[M]. 呼和浩特:内蒙古人民出版社,2004.

3. 李淑英,王喜军,刘迪. 特殊儿童感觉统合训练理论与实践[M]. 天津:天津教育出版社,2014.

哈洛的恒河猴实验

主要参考文献

1. 董奇，陶沙．动作与心理发展［M］．北京：北京师范大学出版社，2004.

2. 林崇德．发展心理学［M］．杭州：浙江教育出版社，2002.

3. 周念丽．学前儿童发展心理学［M］．上海：华东师范大学出版社，2006.

4. 戴耀华，王书荃，王小萍，陈宝英．玩出大能力——0~3 岁婴幼儿早期运动发展指南［M］．北京：中国妇女出版社，2019.

5. 唐敏，李国祥.0~3 岁婴幼儿动作发展与教育［M］上海：复旦大学出版社，2011.

6. 周念丽.0~3 岁儿童观察与评估［M］．上海：华东师范大学出版，2013.

7. 李洁，雷华，杨娅娅．婴幼儿运动训练［M］．北京：中国人口出版社，2004.

8. 陈春梅.0~3 岁儿童动作发展与训练［M］．上海：复旦大学出版社，2014.

9. 王明晖，刘凌，杨梅．婴幼儿亲子教育活动设计与案例精选［M］．上海：复旦大学出版社，2017.

10. 文颐．婴儿早期教育指导课程(0~3)［M］．北京：北京师范大学出版社.2012.

11. 托尼·W. 林德．在游戏中评价儿童：以游戏为基础的跨学科儿童评价法［M］．陈学锋，江泽菲，等译．上海：华东师范大学出版社，2008.

12. 人力资源和社会保障部中国就业培训技术指导中心．育婴员［M］，2 版．北京：海洋出版社，2013.

13. 文颐，石贤磊.0~3 岁婴幼儿核心能力与学习进程观察量表［M］．成都：西南交通大学出版社，2017.

14. 吴汉荣．给孩子智慧的教育：0~3 岁婴幼儿感觉统合训练与潜能开发［M］．呼和浩特：内蒙古人民出版社，2004.

15. 周崇臣，尚清．婴幼儿运动障碍评估与康复［M］．北京：北京大学医学出版社，2017.

16. 李娟．儿童感觉统合训练［M］．北京：中国妇女出版社，2016.

17. 李俊平．图解家庭中的感觉统合训练：全彩图解实操版［M］．北京：朝华出版社，2018.

18. 刘馨，钟桂英，王兴华，王智莹，刘丹.0~3 岁婴幼儿动作发展评估工具的分析与启示［J］．幼儿教育(教育科学)，2017(12)：11-15.

19. 霍力岩，陈雅川，周彬 . 美国学前儿童观察记录系统的评价内容、实施方法与借鉴意义[J]. 中国特殊教育，2015，(1)：63-67.

20. HighScope. Assessment: COR advantage [EB/OL] [2017-04-24]. http://www.highscope.org.

21.HighScope.Observing and assessing children's development[EB/OL].[2017-04-24]. http://coradvantage.org.

22.Teaching Strategies Inc.Teaching strategies GOLD®: Birth through kindergarten [EB/OL].[2017-11-03].http://www.teachingStrategies.com.

23.LEDESMA L.The Early childhood care and development (ECCD) checklist: Technical and administration manual [D]. Quezon City: University of the Philippines, Diliman, 2002.

24. 张丽丽，金春华，李瑞莉等 .《中国儿童发育量表》北京地区常模(0~4 岁部分)修订与信度分析[J]. 中国儿童保健杂志，2015，23(6)：573-576.

25.Gallahue, D.L, Ozmun, J.C.& Goodway, J.D. (2012). Understanding Motor Development: Infants, Children, Adolescents, Adults (7th ed).New York: McGraw-Hill, 89-106.

26.. 梁爱民 . 儿童发育迟缓监测研究进展[J]. 中国康复理论与实践，2011，17(12)：1128-1130.

27. 麦坚凝 . 儿童运动技能障碍[EB/OL].[2010-08-21].https://www.youlai.cn/yyk/article/83332.html.